# A EQUAÇÃO
# DO CASAMENTO

CB021913

LUIZ HANNS

# A EQUAÇÃO DO CASAMENTO

O QUE PODE (OU NÃO) SER
MUDADO NA SUA RELAÇÃO

paralela

Copyright © Luiz Hanns, 2013

A Editora Paralela é uma divisão da Editora Schwarcz S.A.

*Grafia atualizada segundo o Acordo Ortográfico da Língua Portuguesa de 1990, que entrou em vigor no Brasil em 2009.*

CAPA Rodrigo Maroja

PREPARAÇÃO Mariana Delfini

REVISÃO Jane Pessoa, Ana Maria Barbosa e Marise Leal

Dados Internacionais de Catalogação na Publicação (CIP)
(Câmara Brasileira do Livro, SP, Brasil)

Hanns, Luiz
A equação do casamento : o que pode (ou não) ser mudado na sua relação / Luiz Hanns. — 1ª ed. — São Paulo : Paralela, 2013.

ISBN 978-85-65530-34-7

1. Amor 2. Casamento 3. Escolha do companheiro 4. Homem-mulher - Relacionamento 5. Mulheres - Psicologia 6. Relações interpessoais I. Título.

13-06352 CDD-158.2

Índice para catálogo sistemático:
1. Casamento : Relações interpessoais : Psicologia aplicada 158.2

*3ª reimpressão*

Todos os direitos desta edição reservados à
EDITORA SCHWARCZ S.A.
Rua Bandeira Paulista, 702, cj. 32
04532-002 — São Paulo — SP
Telefone (11) 3707-3500
editoraparalela.com.br
atendimentoaoleitor@editoraparalela.com.br
facebook.com/editoraparalela
instagram.com/editoraparalela
twitter.com/editoraparalela

*A meus pacientes,*
*que há vinte anos*
*vêm me permitindo ver mais*
*do que eu seria*
*capaz vivendo apenas*
*minha própria vida.*

*A minha parceira de vida, Daniela,*
*e a Antonia e Julia,*
*que ainda estão começando*
*suas jornadas.*

*E, eternamente, a*
*Gunther e Eva,*
*por todo apoio e confiança.*

# Sumário

PARTE III — AUTOCONHECIMENTO E ESCOLHAS DE CASAMENTO



APÊNDICES

# Para ler este livro

Este livro foi concebido para permitir uma leitura em módulos. Portanto, você pode lê-lo de modo linear, tradicional, ou escolher os capítulos de seu interesse.

A Introdução, "O que você deveria saber antes de se casar", descreve o contexto atual do casamento.

A Parte I, "A Equação do Casamento", apresenta os fatores que as pesquisas indicam ser essenciais para a satisfação matrimonial. Cada capítulo é dedicado a um fator. No final da Parte I, você pode construir *sua* própria Equação do Casamento e ter uma visão mais detalhada da arquitetura de seu relacionamento e de suas fortalezas e vulnerabilidades.

A Parte II, "Sobre a arte de conviver a dois", trata de cinco competências que, além de favorecerem a atmosfera matrimonial, serão úteis para você explorar as possibilidades de mudanças na sua relação, tema da Parte III, "Autoconhecimento e escolhas de casamento".

Cada capítulo da Parte III refere-se a uma situação distinta: resgatar um casamento em crise, conviver com um parceiro difícil, incrementar uma relação sem afinidades e encanto, buscar mais sintonia sexual, lidar com um caso extraconjugal ou separar-se. Cada uma dessas situações enfatiza diferentes questões do casamento, e a ideia é que você possa ler sobre o tema que corresponde ao seu interesse atual, testando algumas possibilidades de mudança.

Nos Apêndices, você encontrará uma breve descrição dos "Atuais conhecimentos sobre terapia de casal e a contribuição deste livro", além de algumas páginas que escrevi respondendo às inevitáveis perguntas que durante palestras sempre me fazem sobre meu próprio casamento.

Ainda dois esclarecimentos:

O termo "casamento" está sendo utilizado na acepção de "relação de compromisso". Portanto, também se refere a parceiros não casados, que assumiram o compromisso de viver uma relação de longo prazo.

No decorrer deste livro serão apresentadas histórias de diversos casais que já atendi em terapia. Não se preocupe se não lembrar de cada personagem — as cenas de casamento valem por si, independentemente do casal citado. As histórias foram devidamente alteradas e fundidas com outras, de modo a preservar a privacidade de cada casal, mas todas são reais. Elas ilustram diferentes formas de como é possível estar casado e modos de explorar o que pode ou não ser mudado nas relações.

INTRODUÇÃO

# O que você deveria saber antes de se casar

Juliana, sempre tensa, não tem vontade de fazer sexo em casa, algo que seu marido, André, não entende. Penélope e Ricardo vivem entre tapas e beijos. Pedro, dono de casa, pai dedicado, era sustentado por Silvana, executiva, que não conseguia concluir se era feliz com ele ou não. Lembro-me também das sessões com Letícia, monossilábica, e Alfredo, um excelente parceiro em vários quesitos, mas que gostava de fazer sexo vestido de mulher (o que incomodava muito sua esposa). Todos tiveram de fazer ajustes em seus casamentos.

Nossos bisavós e avós tinham menos acertos de casal a fazer e, se não eram mais felizes, estavam em média mais satisfeitos ou conformados. Em sua época, havia uma hierarquia de valores em nome dos quais alguns desejos teriam de ser deixados de lado. A resposta aos impasses fundamentais da vida a dois — que em essência são insolúveis — não era resolvê-los, mas regulá-los.

Eles contavam com quatro condições favoráveis à manutenção do casamento.

1. Os deveres se sobrepunham à busca da felicidade. Nossos avós tinham uma lista de obrigações a cumprir com os pais,

a religião, a pátria e assim por diante. Priorizar o amor e a realização pessoal era um egoísmo inadmissível, sobretudo por parte da mulher. Hoje, ainda que nos disponhamos a fazer algum sacrifício pelos filhos, a meta de cada um é buscar a felicidade pessoal. Se o casamento se mostra inadequado, você não se conforma facilmente. Talvez tente mudá-lo ou queira sair dele.

2. Os parceiros seguiam tradições, usos e costumes. Não tinham dúvidas sobre como agir na maior parte das ocasiões e havia menos divergências de opinião. Hoje não acreditamos mais nos usos e costumes que nos poupariam de tantas dúvidas. Não sabemos mais o que é "certo e errado" e a que temos direito ou não.

3. Não se negociava. Se você fosse homem, seria o chefe da família e teria autoridade decisória; como mulher, você deveria obedecer. Com a igualdade de gêneros, passamos a ter um sócio com 50% dos votos para discutir e negociar todos os aspectos da vida. Não é à toa que empresas evitam montar estruturas societárias com apenas 50% do controle. No casamento atual, as divergências de opinião tendem a virar impasses.

4. O casamento dos nossos avós era quase indissolúvel. Uma eventual separação seria trágica, portanto os cônjuges tinham muita disposição para fazer o casamento perdurar. Hoje, separar-se não é mais tabu. Embora desgastante, é um ajuste comum na vida das pessoas.

Havia clareza sobre expectativas, havia regras nítidas e havia o consenso de que "as coisas são assim". Hoje, graças ao avanço da liberdade pessoal, à igualdade de gêneros e à transparência, as tarefas entre marido e mulher redistribuíram-se de modo mais equitativo, mas novas dificuldades surgiram para ambos. Juntamos num mesmo projeto concepções de diferentes séculos e décadas, algumas incompatíveis entre si. Não sabemos como acomodar o romantismo do século XIX, a solidez confiável do modelo vitoriano "papai e mamãe", os ideais do feminismo e libertarismo dos anos 1960, o individualismo dos anos 1980, a valorização da qualidade de vida dos anos 1990 e o valor da transparência nas relações dos anos 2000.

Daí por que muitos casais acabam se vendo numa bela enrascada de metas conflitantes. Queremos uma boa vida sexual, parceria e companheirismo, projetos em comum, consenso sobre como levar o dia a dia e como educar os filhos, apoio, fidelidade, compreensão, parceiros felizes e bem-sucedidos. Nossas expectativas ficaram imensas.

Temos de reformular o projeto de casamento. É preciso aprender a pensar, desejar e sentir de outro modo as coisas que dizem respeito à relação. O rio deve encontrar um novo leito.

Precisamos também aprender a lidar com três fenômenos da contemporaneidade que nossos avós não conheciam:

1. Todo mundo está on-line, comparando suas alternativas. Juliana já viu homens mais sexy que André, que tem caspa e não gosta de escovar os dentes. Pedro conheceu mulheres mais meigas que Silvana, sua esposa executiva. Você e seu parceiro foram expostos, antes e ao longo do casamento, a experiências de namoro e a modelos midiáticos de beleza, prazer, sexo, supervitalidade e alta performance. Por isso, tenderão a avaliar seu parceiro (e eventualmente a si mesmos) com mais rigor e a compará-los com parceiros anteriores ou com os modelos de supercompetência e superfelicidade que todos os dias a mídia e os amigos do Facebook lhes esfregam na cara. Ainda não aprendemos a conviver com tantas opções.
2. Todos somos produtivos, acelerados e estamos gozando. O erotismo de Juliana reflui sob o peso das obrigações domésticas. Seu marido, André, não entende a inapetência sexual dela. Desde a infância, somos submetidos a uma maratona de otimizações para aproveitar oportunidades: sempre estamos atrasados, prestes a perder uma chance única. No casamento, multiplicam-se tarefas e zeladorias: criar filhos,

planejar férias, constituir patrimônio, manter-se em forma, comprar alimentos orgânicos, cultivar a vida social, buscar sucesso profissional, fazer seguro de vida, de saúde, de roubo, de viagem, checkups. O estresse que cada um pensa ser uma "incapacidade pessoal de ser feliz" é em parte fruto dessa epidemia. Somos mais produtivos que no início do século XX, mas continuamos trabalhando muito. Somos mais livres, mas temos mais estresse, depressão e ansiedade. Ainda não sabemos lidar com a nova condição que conquistamos.

3. Os ciclos de homens e mulheres estão em dessincronia. Ricardo, aos 36, queria se dedicar à carreira, e Penélope, 32, sentia que era a hora de investir na relação e de viver intensamente. Estavam eternamente em conflito. Depois nasceu Miguel. Onze anos mais tarde Ricardo quer "viver intensamente", e ela quer se dedicar à carreira. Também o ciclo dos divórcios não coincide. Aos 47, Ricardo, embora queira se separar, não quer perder o convívio com o filho, nem dilapidar o patrimônio, e decidiu (mas não comunicou) continuar por mais quatro anos com Penélope. Ela, agora com 43, também pensou em se separar, mas concluiu que devia tê-lo feito aos trinta. Em média, mulheres se casam entre 28 e 32 anos, acuadas entre ambições profissionais, o desejo de aproveitar a solteirice, a pressão do relógio biológico e o timing no mercado de escolhas matrimoniais que privilegia as jovens. Os homens, por motivos análogos, casam-se entre trinta e 35 anos. Aos 55 ou sessenta anos, nossos avôs se aposentavam e nossas avós enviuvavam. A potência e o desejo sexual — que já vinha declinando desde os quarenta — minguavam de vez. Hoje os cinquentões e as cinquentonas ainda podem ter diversos ciclos de produção e gozo. Eventualmente se separam com os filhos já adultos.

## Constituir um lar ou uma relação a dois?

Dos quatro casais citados, só Pedro, o dono de casa, e Silvana, a executiva, não têm conflitos nesse quesito. Os outros, apesar de tão diferentes entre si, têm a mesma divergência quanto ao sentido do casamento.

Para seu bisavô e avô, criados entre o século XIX e os anos 1950, o lar era um lugar de aconchego, complacência e amor incondicional. Era onde encontraria carinho, conforto e sexo sempre disponíveis. De sua esposa teria apoio emocional e logístico para cumprir suas metas de homem no grande teatro de operações (na carreira, na política, como acadêmico ou na esfera social). Caberia à esposa também gerir e cuidar de seus herdeiros, a continuidade de sua estirpe. De dia, o lar era a moldura de sua vida; à noite, seu esteio, "seu castelo". Essa concepção patriarcal ainda habita os corações e as mentes de muitos homens, mesmo que numa versão modernizada.

Mas essa concepção não faz mais parte da visão de mundo de muitas mulheres. Suas bisavós e avós sabiam que tinham a missão de dar um lar ao marido. Casar implicava uma malha de obrigações sociais e familiares. Sua felicidade consistia em cumprir essa missão em troca de proteção, dignidade e algum carinho. Cabia a elas prover tudo de que o marido necessitasse. Sempre compreensivas, meigas, deviam aguardar sua vez e preservar o marido dos problemas domésticos, sem jamais molestá-lo com seus desejos egoístas e fúteis de mulher. Dizia-se que "atrás de todo grande homem há uma grande mulher", e o que era uma "grande mulher", senão aquela que sabia abdicar de si para que o marido realizasse seu destino de "grande homem"? Até os anos 1950, boa parte das mulheres cumpria esse roteiro.

E o que esperavam Juliana, Silvana, Letícia e Penélope? Com exceção de Silvana, a executiva, todas imaginavam selar com o marido um pacto de união na aventura da vida a dois. Imaginavam que usufruiriam de uma relação de intimidade profunda com um homem, que dividiriam com ele seus sonhos e medos, que teriam compartilhamento e cumplicidade.

Penélope, mais romântica, fantasiava que teria com Ricardo uma relação de trocas intensas. Compartilhariam os relatos sobre as miudezas do cotidiano, fariam planos e explorariam a vida juntos. Para ela, o namoro foi uma amostra do potencial da relação. O cavalheiro prestativo e romântico, as viagens, os programas prazerosos a dois, os sonhos construídos ao pôr do sol, tudo isso eram só as preliminares. Agora começaria a grande aventura! Não haveria mais tantas distâncias logísticas (moradias, horários e compromissos individuais) que entrecortavam o seu cotidiano de amor. Queria também fundar uma família com dois ou três filhos.

Nem todas sonhavam com um príncipe encantado, mas tampouco sonhavam com um lar. Juliana se casou para se consolar de uma paixão recém-frustrada. Foi uma decisão pragmática, levando em conta o relógio biológico e as opções de pretendentes disponíveis no mercado. Letícia amava Alfredo, mas também pesou o fato de ele ter dinheiro.

Todas esperavam um companheiro que se dedicasse, que lhe prestasse as homenagens merecidas de esposa e, se ela se tornasse mãe, que a indenizasse por ter se "entregado" a ele, por ter lhe dado filhos, por cuidar de sua prole. E, quem sabe, que a deixasse brincar de casinha e de Barbie, mas que não a impedisse de ter uma carreira.

Que decepção para Penélope quando ao longo do tempo tudo ficou claro. Em casa, Ricardo agora aprecia a rotina, o sossego, sugere irem ao restaurante que fica ao lado, que é tão prático, ou próximo, ou custa menos, ou que já conhecem. Ele quer ler seu jornal, encontrar os amigos, colegas de trabalho. Eventualmente, ele até lhe conta sobre o seu dia, mas, na hora de ouvi-la, não interage, não se envolve com episódios que a ela parecem tão significativos. Ele mal nota seu empenho em promover a graça e o encanto da vida a dois, não enxerga os enfeites e os arranjos da casa que ela tanto se dedicou a providenciar. A ele, tudo parecem miudezas irrelevantes e coisas de mulherzinha. Aos poucos aquele namorado romântico, sintonizado, empático, inventivo e interessante se revela uma fraude. Foi tudo uma sedução provisória? Mesmo o sexo que ele tanto quer, se dispõe a fazê-lo apenas em casa e de modo conveniente, em horários que para ele são práticos, sem grande empenho (no máximo as preliminares protocolares, ou palavras românticas reservadas para a ocasião sexual, ou uma aflita busca de informação sobre se ela teve orgasmo).

Penélope percebe que foi "enquadrada", tornou-se parte da moldura da vida de Ricardo. Queria tanto que ele fosse mais aventuroso, que celebrassem a vida, as datas, mas ele mal se lembra. Sempre tão prático, tão sem graça. Tudo o que restou é um cotidiano tarefeiro. Mesmo o lazer é programado e recebe muitas restrições de orçamento, de datas, de prazos. Ela gostaria que o trabalho, os amigos, brincar com os filhos e outras atividades não estivessem sempre em primeiro lugar, sendo ela a opção para quando (e se) sobrar tempo.

De início, Penélope tenta se fazer notar, depois tenta falar com ele, fazê-lo entender. Mas ele não a entende; zomba, silencia ou vai enrolando. Mais adiante, irritada, ela tenta se fazer escutar de modo ainda mais contundente. Ele ainda parece não entender ou não está ligando a mínima. Ela começa a cobrar, a se tornar agressiva, amarga, entra em desespero e se torna irracional, descontrolada, impacienta-se até com os filhos que tanto ama. Aos poucos ela desiste, definha; confinada ao "lar doce lar", sua seiva seca. Ela poderá ter um amante, alguém que parece notá-la, que a escuta, que a percebe (ao menos enquanto for amante).

Nos casais de hoje, a insatisfação é mais comum por parte das mulheres. Em média, 70% dos pedidos de divórcio partem delas. Homens, ainda que insatisfeitos, tendem a "ir levando" por mais tempo. Mulheres tendem a se estressar mais no casamento, mesmo quando o marido divide com ela as tarefas da casa e a criação dos eventuais filhos. Nos assuntos domésticos, elas tendem a ser mais tensas e perfeccionistas, e eles costumam ter um olhar mais superficial, complacente e relaxado. Além disso, quando a mulher dá uma pausa na carreira, desloca a busca da realização pessoal para a relação. Mas, em geral, trombam com homens menos treinados (e desinteressados?) em se sintonizar com o outro. É provável que elas se frustrem com a qualidade da relação.

Ricardo, aos poucos, também se vê numa armadilha. Onde ficou a namorada tão companheira? Quando a mulher se sente segura, começa a cobrar a conta? Cobra tanto e coisas tão estranhas, e está sempre insatisfeita... Ou porque ele disse algo que não deveria ou porque não disse algo que deveria. Tudo é complicado. Ela se ofende, se ressente e faz comentários ácidos. Conversar é insuportável, ela logo se exalta, e como chora, grita, acusa, se põe no papel de vítima. Ela é tão carente. Tudo o que ele queria era um lar, sossego, e o que tem hoje? Uma mulher ressentida, impaciente, que o sufoca. Não fazem mais sexo e, quando fazem, ela impõe restrições moralistas às fantasias dele e se estressa com miudezas. Ela se queixa de que ele não lhe dá atenção, mas quando ele se propõe a fazê-lo, ela não usufrui, diz que ele "não pensa em nada", que para ele "tudo é fácil e simples". Penélope virou uma chata! Não suporta que ele descanse; ao vê-lo lendo o jornal, pede que se levante para resolver agora, naquele momento, alguma tarefa doméstica. Seu senso de urgência para resolver afazeres é insensato, histérico. Ele precisa de um respiradouro para fugir desse massacre: uma amante, leve, divertida, com a qual possa exercer os dotes de namorado romântico, que o valorize, que lhe dê sossego, apoio e, importante: sexo à vontade e sem tantas restrições (ao menos enquanto for amante).

### A Equação do Casamento

Não percebemos ainda quão complexo é o atual projeto de felicidade no casamento. Não fomos preparados para ele. Ainda pensamos que o amor resolve tudo ou que com bom senso equacionaremos as coisas. No entanto, as estatísticas mostram que a maioria não consegue fazê-lo. O número crescente de divórcios, o incremento das queixas, a insatisfação matrimonial e a dificuldade dos solteiros em achar um companheiro ou dos divorciados em se casar de novo são testemunhos da árdua tarefa de ajustar tantas expectativas.

O atual modelo de casamento igualitário, voltado à felicidade pessoal e ao amor eterno, exige um ajuste de expectativas que não era necessário no século XIX e no início do XX. É preciso mudar o conceito, as perspectivas e as regras de convívio. Temos de adquirir competências matrimoniais que até há pouco nem sequer imaginávamos necessárias.

É disto que trata a Equação do Casamento: dos ajustes de desejos que cada um tem de fazer consigo — e também com seu companheiro. E de aprender novas competências para lidar com os desafios de estar casado hoje.

A Equação apresenta seis dimensões que as pesquisas mostram precisar estar ajustadas para que marido e mulher queiram permanecer casados e tenham satisfação em fazê-lo. Ela permite discutir o casamento contemporâneo e serve para você refletir sobre o seu próprio casamento e o que pode (ou não) ser mudado nele.

### Os casais deste livro

Como já mencionado, as cenas de casamento apresentadas neste livro valem por si, independentemente do casal citado. Além dos quatro casais mencionados nesta introdução, falaremos também de Ronaldo, sempre furioso com a doce Denise; de Jayme, que ama Catarina, mas não suporta fazer sexo com ela; dos septuagenários Rui e Helena; da sensual Rita e de seu marido, Sérgio; dos casamentos chochos de Glaucia e Claudio e de Marcela e Rogério; de Márcia e Leonardo, cujos projetos de vida eram incompatíveis e logo se separaram; e dos dois casais "perfeitos", Armando e Thais e João e Emília.

# PARTE I

# A EQUAÇÃO DO CASAMENTO

# Por que construir uma Equação do Casamento

Você não encontrará na Equação nada em que já não tenha pensado antes e que não conste das dezenas de teorias e métodos para tratar de relacionamentos de casal. A questão é que, numa relação amorosa, há um número enorme de fatores em jogo, e não é fácil visualizar quais são as fortalezas e vulnerabilidades de seu casamento nem testar como esses elementos se relacionam entre si. Ao construir a Equação, meu objetivo foi justamente ajudá-lo a visualizar sua relação antes de buscar eventuais mudanças.

Para lhe dar uma ideia de como pode ser difícil pensar na intricada rede de fatores que atuam em seu casamento, pense nos exemplos a seguir.

Imagine que seu parceiro teve um pai autoritário e se tornou alérgico a pessoas de personalidade forte, precisando de parceiros tímidos. Mas talvez você tenha uma personalidade forte e, por sua vez, sonhe com um parceiro divertido, como era sua avó, que você tanto admirava. No entanto seu parceiro não tem senso de humor e se ofende com facilidade. E hoje você e seu cônjuge se percebem muito incomodados um com o outro. Nem sempre esse tipo de discrepância fica evidente antes do casamento. Quem sabe durante o namoro você tenha desconsiderado esses aspectos porque estava fascinado pela beleza e gentileza do parceiro, ao passo que ele estava ansioso para se casar antes dos quarenta.

Vejamos um segundo exemplo. O modelo de casamento de nossos pais costuma influenciar muito nosso modo de lidar com o parceiro. Em geral, você tende a repetir o padrão de relacionamento de seus pais, ou, ao contrário, tenta evitar a todo custo a relação que assistiu entre eles. Digamos que seus pais vivessem brigando. É possível que você interprete qualquer crítica como ataque pessoal e responda sempre no estilo "bateu-levou". Seu parceiro também tinha pais em eterno conflito, mas, ao contrário de você, ele ficou tão traumatizado com as brigas dos pais que acha que um bom casamento não pode ter conflitos, e por isso se tornou demasiado contemporizador e engole mais "sapos" do que deveria.

Um terceiro exemplo: a sintonia entre o temperamento e o ritmo dos parceiros. Talvez você seja um tipo mais acomodado e introvertido e seu parceiro, espaçoso, vitalizado e acelerado. Talvez você não aguente o ritmo dele, nem ele o seu. E por isso se irritam com o jeito um do outro.

E para mencionar um último exemplo, imagine que os ciclos de vida de cada um possam não estar coincidindo mais. Digamos que para seu parceiro, que teve uma fase de solteiro divertida e aventurosa, casar faça parte do projeto pessoal de se assentar, "achar um rumo" e se dedicar a construir uma carreira e uma família sólidas. Mas quem sabe você tenha tido uma vida de solteiro cheia de restrições e busque no cônjuge um parceiro aventuroso, disposto a viajar, morar em outros países, e por isso você quer adiar por muitos anos os projetos de "ter filhos" e "investir na carreira", que ao parceiro parecem tão urgentes.

Esses e muitos outros aspectos se entrecruzam num casamento e têm pesos diferentes. A Equação do Casamento procura descrever de modo articulado essas diversas possibilidades.

Podemos comparar os fatores da Equação às categorias utilizadas para descrever fenômenos climáticos. Alterações na umidade, chuva, vento, temperatura e topografia se afetam mutuamente e estão interligadas a todo o planeta, bem como ao Sol e à Lua. Estão interconectadas entre si, ao entorno, e em alguns momentos têm uma relação de causa e efeito; em outros, atuam juntas, se fundem ou se retroalimentam. Nem sempre conseguimos separá-las. Abordar numa mesma Equação diversos desses fatores é apenas um modo de falar de vários ângulos de um mesmo fenômeno: seu casamento.

Trabalho há mais de vinte anos com problemas de casamento e, para formular a Equação, passei cerca de sete anos coletando e analisando os temas de conflito e de convergências dos casais que atendi em terapia, bem como correlacionando aspectos como gênero, idade, diferenças culturais e sociais, estilos de comunicação, entre outras dezenas de variáveis. Também estudei um grande número de modelos de análise de casamento já existentes. Durante quatro anos testei em consultório, cursos e workshops algumas versões da Equação até chegar na versão mais operacional e completa delas — que apresento neste livro. Ela permite rapidamente reconhecer padrões e ciclos de casamento, bem como mapear as convergências e divergências entre os cônjuges.

Mais importante, ao construir sua Equação e perceber como os diversos aspectos se influenciam mutuamente, você poderá buscar mudanças em determinadas áreas de sua relação.

Mas trata-se apenas de um modelo, há outros e seguramente nenhum é capaz de captar todas as facetas do fenômeno psíquico. Ainda assim, espero que a Equação o ajude a refletir sobre seu próprio relacionamento e sobre como se posicionar em relação a ele.

A Equação do Casamento apresenta seis dimensões presentes na estrutura de todo casamento ou relação de compromisso em qualquer época, e vale tanto para relações hetero como para homossexuais.

Como você verá nos próximos capítulos, cada uma das dimensões da Equação foi desdobrada em diferentes aspectos. São 22 no total, mas não se preocupe em memorizá-los. Concentre-se apenas nas seis dimensões das quais todos esses aspectos derivam. Depois de conhecê-las, você poderá construir sua própria Equação do Casamento.

As três perguntas que a Equação procura responder são: o que leva você e seu parceiro a quererem permanecer casados? E com que grau de satisfação? E como você pode se posicionar em relação aos eventuais problemas?

---

**As seis dimensões da Equação do Casamento:**

---

- Compatibilidade psicológica +
- Saber conviver a dois +
- Graus de consenso +
- Atração e vida sexual +
- Ciclos de vida, pressões e frustrações externas +
- Vantagens de permanecer casado

= *Grau de satisfação do casamento*

---

As seis dimensões acima se influenciam mutuamente e se somam. Em tese, qualquer uma delas pode estar tão prejudicada que inviabiliza o casamento. Ou, ao contrário, ela pode ser tão satisfatória que compensa deficiências nas outras áreas.

Como mencionado, as seis diferentes dimensões valem para relacionamentos em geral, mas o peso de cada uma delas varia de acordo com o contexto pessoal e cultural. Neste livro nos concentraremos nos casais contemporâneos, em que ambos os parceiros buscam a felicidade pessoal e se relacionam considerando a igualdade entre os gêneros. Se este for seu caso, muito do que será dito aqui irá lhe servir.

Nos próximos capítulos, além de tratar do funcionamento de cada dimensão, também discutiremos até que ponto elas podem ou não ser mudadas.

Ninguém sabe a priori o que torna uma dimensão da Equação importante para você ou seu parceiro, tampouco se pode adivinhar quais das diferentes combinações possíveis serão satisfatórias para vocês. Esses balanceamentos na arquitetura de seu casamento são sutis, móveis e muitas vezes inconscientes. Daí os modelos prontos não serem bons conselheiros.

Mas, ainda assim, é possível apontar algumas tendências mais comuns nas Equações dos casamentos atuais. Na Parte III, descrevo diversas situações e tipos de casamento, e proponho que você teste na prática novos arranjos, explorando o potencial de mudança em cada dimensão.

Espero que, ao compreender melhor como os vários elementos se articulam em seu casamento, você possa se conectar mais com seu parceiro e consigo mesmo.

# 1
# Compatibilidade psicológica

A *Compatibilidade psicológica* se refere ao quanto seu temperamento e sua personalidade combinam ou não com as características psicológicas de seu parceiro. Você pode até mudar comportamentos e atitudes, mas não seu temperamento e sua personalidade.

Temperamento refere-se a sua natureza constitutiva, suas disposições biológicas, por exemplo, ser passivo ou vitalizado, ser mais imediatista ou do tipo que adia as coisas, ser mais físico e esportivo ou mais mental. Até certo ponto, você pode criar novos hábitos para "corrigir" seu temperamento, mas ele estará sempre lá. Sua personalidade é a soma do temperamento com o que aprendeu ao longo da vida. Por exemplo, se você passou por muitos traumas e "aprendeu" a ser mais inibido ou se foi positivamente reforçado e se tornou mais ousado. Seus valores, hábitos e suas habilidades fazem parte de elementos aprendidos e contribuem para formar sua personalidade e direcionar seu temperamento.

Portanto, embora temperamento e personalidade sejam difíceis de mudar, podem ser moderadamente calibrados. Mas não desanime. Ainda que seu parceiro não mude o "suficiente", até certo ponto você pode aprender a conviver com algumas características psicológicas dele.

Neste capítulo, abordarei a *Compatibilidade psicológica* sob três ângulos: *Complementaridade de fortalezas e carências*, *Funcionamento psicológico individual* e *Sintonia de temperamentos e estilos*.

Se você e seu parceiro forem altamente compatíveis nos três quesitos, vocês falarão a mesma língua, vibrarão juntos pelas mesmas coisas e, ainda que não tenham uma boa atração sexual, serão ao menos grandes amigos. Se além disso vocês se sentirem sexualmente atraídos, provavelmente terão um grande casamento! Os outros itens da Equação do Casamento nem precisarão ser ajustados; vocês provavelmente convergirão de modo natural. Mas casos assim são raros. Pessoas comuns são compatíveis em alguns aspectos e não em outros, por isso é necessário ter uma certa sabedoria de casamento e aprender a fazer diversos ajustes nas outras cinco dimensões da Equação. Apresentarei a seguir as três facetas da *Compatibilidade psicológica*, e nas Partes II e III discutirei modos de você desenvolvê-las.

### Complementaridade de fortalezas e carências

A complementaridade psicológica traz uma sensação de acolhimento e aumenta o prazer em conviver.

*Casal perfeito*

Armando, um workaholic, e sua esposa, Thais, formam um casal perfeito nesse quesito. Têm três filhos. Ele, 45, é extrovertido, dominador e egocêntrico. Ela, 39, é meiga e sempre equilibrada. Com o marido é apoiadora e paciente, não se importa de esperar sua vez (e tem de esperar muito). Em troca de amá-lo incondicionalmente e preservá-lo dos problemas cotidianos, ela recebe tudo de melhor que Armando tem para dar. Ele sente gratidão pela paz de espírito que ela lhe proporciona e conta para quem quiser ouvir que "Ela é meu esteio". Sente até ciúmes dos filhos quando ela lhes dá atenção. Ela é dependente, protege-se do vazio interno vivendo em função dos outros, parentes, filhos, marido. Sabe entrar no mundo de cada um e dar a palavra certa. Mas não cobra e não exige, tem uma personalidade "evitativa": foge até dos próprios conflitos. Estivessem casados com um cônjuge de outro perfil, ambos talvez enfrentassem dificuldades. Para a maioria das mulheres ele seria demasiado obsessivo, autoritário e autocentrado, um marido difícil. Ela talvez fosse percebida como desinteressante e muito submissa. Ambos só vieram me procurar por causa de um episódio de infidelidade.

Diferente de Armando e Thais, André e Juliana são pouco complementares psicologicamente e potencializam o pior de cada um.

*1 + 1 = 0*

André, um publicitário de 44 anos, tem um leve déficit de atenção: é desligado e bagunceiro. Além disso, é extrovertido e não gosta de rotinas. Outra característica dele é ser moderadamente "evitativo", ou seja, foge de conflitos, e faz isso por dois mecanismos: tenta não se importar com as coisas, minimizando problemas, e, quando resolve enfrentá-los, busca a todo custo acomodar situações. Juliana, uma editora de 37 anos, é perfeccionista e tensa. Ao contrário de seu marido, é tímida e introvertida, caseira, gosta de segurança e sente-se desconfortável diante de imprevistos. É hipercrítica e, sob pressão, se torna irritável. Nesses momentos, tende a maximizar os problemas e ser briguenta.

Quando ela conta ao marido que a babá não pôs na mala os remédios do bebê para a viagem, fala disso com indignação, esperando que ele a apoie, talvez desejando que ele se ofereça para falar com a babá. Mas ele se assusta com a veemência dela e sugere que ela está exagerando. Juliana se exaspera com a "cegueira" e a "falta de apoio" dele. Carrega nas cores do problema para tentar convencê-lo da gravidade. Ele então se irrita com a "tempestade em copo d'água". Acaba se afastando, e ela se sente sozinha.

Ela pede que, na manhã seguinte, ele deixe os documentos do carro na gaveta da sala, mas ele os leva por engano para o trabalho – afinal, ele é distraído. Indignada por ter de ir de táxi e se atrasar "por causa dele", ela lhe dá uma bronca por telefone. Ele, que não sabe lidar com confrontos, se fecha. Ela se torna autoritária: exige uma explicação, não se conforma; ele parece ignorá-la! Não entende por que ela é tão severa e rigorosa com coisas tão pequenas, sempre querendo educar a todos (a babá, a mãe, a irmã dela e a ele).

Ela se queixa que ele é bruto e desinteressado, se sente pouco apoiada nas responsabilidades e pouco acolhida no estresse de executiva. Uma vez por mês, ele tem uma grande explosão que culmina em quase separações.

Ser moderadamente obsessiva ou ser mais desatento não são transtornos psicológicos; são traços que, com outros parceiros, poderiam se amenizar. Mas Juliana e André são psicologicamente incompatíveis, eles se potencializam no que têm de pior. Sobretudo porque não sabem como conviver a dois, algo de que falaremos no próximo capítulo. Porém, mesmo pessoas tão diferentes como eles podem preferir continuar juntos se outras dimensões do casamento compensarem essas dificuldades.

## Funcionamento psicológico individual

A qualidade de seu *Funcionamento psicológico individual* pode favorecer ou prejudicar o casamento.

*Flexíveis e felizes*

Emília não é tão alegre, otimista e nem inerentemente tão feliz como João, mas é uma pessoa equilibrada por natureza, tem inteligência emocional suficiente para perceber a si mesma e o outro, e em geral usufrui da vida e não tem grandes problemas psicológicos. João é daquelas raras pessoas que nasceram com uma inabalável disposição para a felicidade e o bem-estar. Desde pequeno seu temperamento é otimista, vitalizado e exala alegria de viver.

Como a maioria das pessoas mais satisfeitas com a vida, Emília e João são menos rigorosos com pequenos deslizes. Se Emília misturou a papelada da gaveta, João não se importa em arrumar a bagunça. Ela também não faz caso de lavar a louça que ele sempre esquece suja. Não que seja submissa, apenas não se sente explorada. Resolve em minutos o assunto sem contabilizar quem trabalhou. Ambos veem as coisas em proporção, não enxergam tudo de modo trágico. Não consideram tudo um ataque pessoal e não contaminam as dificuldades com uma baixa autoestima. Não sobrecarregam o cônjuge tornando-o responsável por sua felicidade. Vivem e deixam viver. Não idealizam tanto, exigem menos. Enfatizam mais o lado positivo das coisas.

Apesar de tolerantes, pessoas assim não ficam atoladas em relacionamentos neuróticos ou conflituosos. Percebendo que a relação não tem conserto, elas têm coragem de romper, sem medo da separação e do conflito. São menos dependentes e aguentam melhor a solidão, sem "grudar" no outro. São também mais flexíveis quanto ao leque de parceiros aceitáveis. Podem se interessar ou se apaixonar por muitos tipos. Usufruem do que a vida real tem a oferecer. Portanto, ser uma pessoa de bem com a vida o torna compatível com um maior número de parceiros.

Mas a maioria das pessoas não é inerentemente tão feliz como João e tampouco tão equilibrada como Emília. Pessoas comuns são vulneráveis às adversidades, porosas a críticas, e enfatizam tanto o lado negativo como o positivo — e se o negativo for intenso, elas esquecem o positivo. Na adversidade, podem se frustrar e se tornar pessimistas. Também tendem a ser mais dependentes e mais vulneráveis. Precisam saber o quanto são amadas. Por isso ajustes nos outros fatores da Equação, que serão explorados um a um neste livro, são tão importantes.

E se você for como Ronaldo, o marido rabugento de Denise? E se pertencer ao grupo de pessoas constantemente pessimistas, desvitalizadas, coléricas, ansiosas ou dependentes? A verdade é que se você (ou seu parceiro) tiver sérios transtornos de personalidade ou alterações de humor, não será compatível com a maioria dos outros parceiros.

Mas, em alguns casos, mesmo um parceiro com transtornos psicológicos pode valer a pena. Foi o que concluiu Denise.

*Marido difícil*

Ronaldo é um parceiro pesado por causa de sua distimia, um quadro psicológico de constante mau humor, pessimismo, ataques de fúria alternados com depressão. Dificilmente encontrará alguém que tenha condições de conviver bem com ele. Não é apenas questão de "encaixe" de personalidades, mas também de desequilíbrio psicológico.

Ronaldo é hipercrítico e muito agressivo, mas, apesar das brigas, ela se sente segura ao lado dele. Tem a sensação de que alguém a orienta, ainda que essa "orientação" venha de modo belicoso. Ela também o acha interessante e atraente.

Concluiu que valia a pena investir na relação, desde que aprendesse a lidar com a distimia dele e com as suas próprias vulnerabilidades. Para tanto, Denise precisou incrementar sua autonomia psíquica, sua capacidade de usufruir da vida e sua habilidade para lidar com divergências.

Estar casado com alguém desequilibrado pode ser uma experiência terrível. É possível que, eventualmente, seu parceiro o agrida verbalmente, você seja objeto de constante e infundada suspeita, sofra punições e chantagens emocionais, ou ele o arraste para a depressão, o pânico ou a ansiedade em que habita. Enfim, você vive em um inferno doméstico.

Nem sempre percebemos que nosso parceiro tem um sério problema psicológico. Às vezes atribuímos os conflitos a posturas egoístas ou a uma questão de caráter. Ou então nos culpamos, achamos que são nossas falhas que estão causando tantos conflitos, ou pensamos que é uma "fase", um problema de comunicação. Nem mesmo psiquiatras e psicólogos treinados têm sempre certeza do que se passa.

Mas nem todos os briguentos têm transtornos de personalidade como Ronaldo. Nem sofrem tanto como André e Juliana. Os briguentos Ricardo e Penélope, apesar das queixas, vivem bem, mesmo que às turras. Para eles as brigas intensas são um modelo familiar com o qual cresceram, para eles brigar tem também um papel de estímulo antitédio. Vivem entre tapas e beijos.

A verdade é que a maioria dos casais não é nem totalmente equilibrada, nem mentalmente perturbada, nem 100% complementar, mas tampouco os parceiros são totalmente incompatíveis. A maioria se complementa em alguns setores e se faz mal em outros. Por isso as outras dimensões da Equação podem ser determinantes para sua satisfação matrimonial.

**Sintonia de temperamentos e estilos**

O casamento tradicional propõe que você e seu parceiro atrelem suas vidas. Finda a lua de mel, irão morar juntos, compartilharão a escolha dos móveis, dos talheres e do tipo de colchão. Coordenarão horários de refeição, terão lazer em conjunto e amigos em comum. Presenciarão os momentos menos glamorosos e mais mesquinhos de cada um. Você e seu parceiro tornaram-se irmãos siameses, e o modo como um respira afeta o outro. Cada aspecto em que não estejam sintonizados é percebido imediatamente. Seu ritmo no lazer, no trabalho, na vida doméstica, o modo como conversa, adormece: tudo é notado. E por saber que sofrerão na pele as consequências de inadequações do outro, tornam-se vigilantes e controladores. Atos que antes eram privados se transformam em áreas comuns. Sem uma sintonia de temperamentos, estilos e ritmo, seu dia a dia será desgastante.

*Não seja você!*

Mariana, 32 anos, achava Paulo, 35, espaçoso, espalhafatoso e extrovertido demais desde o namoro. Ficava incomodada com o modo familiar como ele lidava com garçons, manobristas e desconhecidos. Além disso, ele era o piadista de plantão, o que a deixava constrangida. Também se sentia atropelada pelo seu ritmo acelerado. Quando namoravam, a atração física, o desejo de casar e o carinho de Paulo encobriam os primeiros sinais desses incômodos. Achava que com o tempo ele poderia ser mudado.

Nascido o pequeno Tomás e tendo a rotina de casamento se

instalado, Mariana começa a se exasperar. Ela às vezes o acha insuportável. Tenta abordar o assunto, mas o faz de modo agressivo, e ele reage ao seu estilo bonachão, fazendo piada. Inicialmente, ele imaginava que ela estivesse mal-humorada, sobrecarregada com o bebê. Na terapia, ambos avaliam a maioria dos outros itens da Equação com notas elevadas, mas as rusgas do cotidiano começavam a contaminar as outras esferas, inclusive a sexual. Ao não gostar do jeito do parceiro, de certa forma ela pede que "ele não seja ele". O que lhe solicita não são mudanças de atitude, mas "de ser".

Nem sempre é viável mudar uma química de repulsão entre temperamentos incompatíveis. Nesse caso foi possível porque a repulsa só partia de Mariana e porque havia outros itens que os uniam fortemente. Em terapia, ambos reviram suas suscetibilidades e trabalharam a habilidade para lidar com divergências, para no final experimentarem até onde seria possível fazer acordos.

Tentar conviver com ritmos, jeitos e temperamentos que não apreciamos é algo que não se "cura", apenas se ameniza. Depois de quatro meses, Paulo e Mariana encerraram a terapia e, oito anos depois, ainda estão juntos. Essa incompatibilidade ficou de certo modo "precificada", pois eles cuidaram dos outros fatores da Equação.

Costumo examinar com cuidado a química de temperamentos e ritmos, pois nem sempre a ojeriza ao jeito do outro é um problema real. Se você estiver alérgico ao "estilo e jeito" de seu parceiro, pode na verdade estar frustrado com outras dimensões da Equação. Como Emília, que, apesar do casamento "perfeito" com João, passou por um período de grande estresse, que discutiremos mais adiante. Com tantas divergências, passou a se irritar com a mera presença do marido e por extensão ficou alérgica ao estilo e jeito dele (durante uma época não aguentava nem ouvir a voz do marido). Diferentemente de Mariana e Paulo, cujo problema em grande parte estava numa genuína ojeriza ao temperamento.

Alguns casais sofrem de uma falta de sintonia de temperamentos e estilos ainda mais séria que Paulo e Mariana. Não se irritam, não se odeiam, tampouco estão ressentidos. Na verdade, não se encaixam nem para "o bem", nem para "o mal". Não há um enlace, não há encanto. O parceiro é visto como "bonzinho", mas sem charme, sem graça. Isso geralmente se atrela a um desinteresse sexual, talvez até a uma crescente ojeriza sexual, ainda que o parceiro tenha boa aparência e seja habilidoso na cama. Mas mesmo que o problema sexual pareceça ser a causa da falta de encanto, na verdade, se você acha seu parceiro sem graça, isso tende a incidir simultaneamente em todas as atividades ligadas ao prazer.

*Marido "bonzinho"*

Claudio, 38, descobriu que Glaucia teve um caso extraconjugal. Estavam casados havia oito anos, sem filhos. Ele entrou em depressão. Glaucia, 35, embora aprecie o caráter de Claudio e ache o parceiro inteligente e atraente, sente por ele apenas um amor fraternal. Não vê nele graça ou charme. Ele lhe parece apagado, desinteressante, sem iniciativas, pouco imaginativo, demasiado cordato. Não tem "sal nem pimenta". Quanto aos outros itens da Equação do Casamento, são de médios para bons. Embora tenham afinidades, apreciem os mesmos programas e compartilhem dos mesmos projetos de vida, ela sente-se triste a seu lado. Sente mais solidariedade que atração, e culpa-se por ter casado sem estar apaixonada (embora na época isso não fosse tão claro). Pensa que Claudio "merece alguém que realmente o ame".

De fato, faltava a Claudio carisma, entusiasmo, vibração e autonomia psíquica, no campo do prazer e dos interesses próprios. Ao longo da terapia de casal, ele veio a diversas sessões individuais, durante as quais pôde avançar muito nesse aspecto. Baixa autoestima, uma discreta depressão subclínica e a falta de hábitos e de traquejo em buscar prazer e autonomia foram abordados. Apesar de no final terem se separado, Claudio obteve muitos benefícios psicológicos no processo. A rejeição que sofreu por parte de Glaucia lhe serviu de "chacoalhão" para se rever. Sua natureza obviamente não mudou, mas a seu modo ele se transformou numa pessoa mais interessante, mais satisfeito e independente. Hoje está casado e tem filhos com uma mulher muito mais compatível com suas características. Glaucia também não se arrepende de ter se separado e descobriu que pode viver bem sozinha, embora ainda esteja experimentando e conhecendo diversos novos parceiros (inclusive uma intensa relação de seis meses com uma mulher).

Como é possível você ter casado e só após alguns anos chegar à conclusão de que na verdade acha seu parceiro sem "sal"? Talvez isso já existisse antes. Você pode ter casado porque precisava superar uma decepção amorosa (como Glaucia, que escolheu alguém que não a "faria sofrer"). Ou porque achou que era a hora de fundar uma família e se casou por inércia ou influência do meio, por pressão do parceiro, que, embora fosse pouco instigante, era confiável, uma "ótima pessoa", "a pessoa certa para mim". Uma mescla de autoengano e opção consciente. Ou seu parceiro já foi mais carismático e, ao longo da vida, perdeu a cor, esmaeceu ante sucessivas frustrações. Ou *você* mudou e não mais vê encanto nele, que continua o mesmo.

Marcela, de quem ainda falaremos, também tinha queixas sobre Rogério, seu marido tímido e "velho demais para ela". Acabou tendo de descobrir que, na verdade, *ela mesma* se achava "sem graça" e precisava de um parceiro que suprisse seu déficit. Esperava do parceiro, supostamente "sem graça", uma excepcional vitalidade e entusiasmo, que valesse pelos dois. Como ele era apenas uma pessoa comum, parecia-lhe insuficiente. Também Marcela pôde moderadamente incrementar seu próprio charme e graça.

Durante muito tempo, Glaucia resistiu a encarar o que se passava. Em geral isso não funciona. Ocorrem sonhos reveladores, ou surge uma paixão por outra pessoa, ou uma depressão e eventualmente um adoecimento, ou uma "inexplicável" raiva de um parceiro que em si é "uma ótima pessoa". Há casos mesmo de reações alérgicas à genitália do parceiro, como Jayme em relação a Catarina, cujo caso discutiremos mais adiante.

Se você, como a maioria, não for tão complementar ao parceiro, ou se individualmente não for muito equilibrado e tiver dificuldades com diversos aspectos do temperamento e estilo do cônjuge, será importante aprender mais sobre a arte de conviver a dois, tema do próximo capítulo.

# 2
# Saber conviver a dois

Saber conviver a dois é uma arte. No casamento, pode ser dividida em cinco competências diferentes: *Habilidade para lidar com divergências*, *Etiqueta de casal*, *Conexão com diferenças de gênero*, *Conexão com diferenças de personalidade* e *Conexão com diferenças de situação*. Todas exigem inteligência emocional, portanto, autoconhecimento e autocontrole.

Depois da compatibilidade psicológica, essa é a dimensão de maior impacto na vida a dois. A boa notícia é que esses são os itens que você e seu parceiro mais podem mudar no casamento. Aprimorar os cinco fatores (ou competências) que compõem a arte de conviver é essencial para você atuar sobre todas as outras áreas da relação, até mesmo se decidir se separar de seu parceiro. Aqui, apresento brevemente essas competências fundamentais; a Parte II é inteiramente dedicada aos vários modos de como você pode desenvolvê-las.

## Habilidade para lidar com divergências

Casamentos sem divergências podem estar mortos. Como o de Glaucia e seu marido “bonzinho”, Claudio.

Mas brigar o tempo todo é infernal, a não ser que seja um

estilo de vida — como no caso de Penélope e Ricardo, que reencontraremos por todo o livro entrando em conflito e, a seu modo, se amando. A diferença entre casamentos mais ou menos satisfatórios está em grande parte no padrão de resolução de conflitos.

Alguns casais conseguem evitar que os conflitos surjam: antecipam o problema e o contornam, ou simplesmente mudam de atitude. Quando não podem evitar o embate, dialogam de forma construtiva formando novos consensos. Até mesmo grandes problemas são tratados de forma cooperativa, e não destrutiva.

No caso de Armando e Thais, o casal "perfeito", que se complementa nas carências, isso ocorre porque eles são muito complementares. Também João e Emília, o segundo casal "perfeito" deste livro, quase não brigam porque ambos são bem-humorados e equilibrados. Quando havia divergências, os dois casais resolviam seus conflitos de forma a não deixar sequelas ou alguém cedia. E acima de tudo sabiam se reconciliar. Mas esse não é o padrão da maioria dos casais. Em geral, conflitos terminam num desgastante embate em que ou um dos lados cede de modo ressentido, ou o assunto se arrasta sem solução.

No caso de Denise e Ronaldo, foi preciso que ela, em terapia individual, desenvolvesse a *Habilidade para lidar com divergências*, de forma que nem todas as diferenças se transformassem em conflitos. Saber lidar com divergências é tão importante que pode ser suficiente se só um dos dois conseguir desenvolver essa capacidade. Denise aprendeu também a dialogar de forma franca sobre divergências e a dar limites de modo leal e não destrutivo.

Quando há conflitos insuperáveis, e o casal resolve se separar, o estilo destrutivo de se comunicar também é desvantajoso: inicia-se uma guerra que gera desgaste psicológico, despesas elevadas e traumas em eventuais filhos pequenos. Casais com um padrão cooperativo se separam de modo mais consensual, tendem a superar melhor a tristeza e lidam de maneira mais adequada com os filhos.

*"Nhé, nhé, nhé"*

Ricardo, 47 anos, e Penélope, 41, casados há doze, travam um diálogo agressivo do início ao fim a respeito de uma viagem com os filhos para casa de praia que ela abomina.

Ricardo (já provocativo): "Vou amanhã com o Fê e o Rafa à praia. Tô te convidando também, mas já sei que você, pra variar [enfatizando a última palavra], prefere ficar aqui gastando em bobagens no shopping. Depois não reclame e não me encha o saco [imita-a com trejeitos de mulher afetada e chata]: 'Ai, você nunca faz nada comigo no fim de semana, nhé, nhé, nhé'".

Ela (irônica): "Muito obrigada pelo convite tão gentil, mas para sua informação essas 'bobagens' no shopping são roupas de inverno para os seus filhos. Ser pai não é ficar levando os filhos para pescar quando você quer e depois largar os meninos sozinhos, ficar bebendo com os amigos e voltar bêbado para casa".

Ele (já elevando a voz com raiva): "Sua intriguenta! O que você está pensando? Escute bem [com dedo em riste]. Primeiro: no shopping você nãããão vai gastar o meu dinheiro. Já que você trabalha tanto de [ironiza com uma pronúncia pomposa do inglês] *personal stylist*, use o seeeu dinheiro para torrar naquele cabeleireiro ridículo. (Mais calmo e irônico) Aliás, não sei por que você fica tanto no cabeleireiro em vez de fazer ginástica ou uma dieta, que não te fariam mal. E, para sua informação [agora subitamente gritando com fúria]: bêbado é o teu pai!".

Começam a berrar um com o outro, fazem acusações variadas. Os filhos, de dez e onze anos, presenciam tudo.

Até certo ponto a capacidade de perceber, antecipar e resolver conflitos pode ser ensinada a qualquer casal, sobretudo se não houver sérios transtornos de personalidade, como era o caso do marido de Denise, o irritadiço Ronaldo.

Entre Ricardo e Penélope, essas brigas eram quase diárias e entremeadas de reconciliação e bom sexo a cada cinco, seis dias. Embora para eles brigar não fosse um grande problema, esse diálogo poderia ter transcorrido de modo diferente. Bastaria que ao menos um dos dois (de preferência ambos) tivesse certo equilíbrio para reagir de modo adulto e mais terno. Mas eles não queriam — e não precisavam — ser assim, diferentemente da grande maioria dos casais que precisa e se beneficia de maior capacidade de perceber e resolver conflitos.

Mesmo pessoas não tão equilibradas e com alguns déficits psicológicos importantes são capazes, quando motivadas, de aprender essas habilidades. E, ao implementá-las com frequência, se tornam mais equilibradas e satisfeitas.

## Etiqueta de casal

Esse tópico deveria ser parte de um "curso de noivos" ou uma matéria no currículo escolar intitulada "o que devemos saber antes de nos relacionar". Deveríamos aprender que ser espontâneo ou ter intimidade não nos autoriza a ser displicentes, impulsivos e agressivos. Etiqueta tem muito a ver com educação, tal como boas maneiras à mesa ou em sociedade. Muitos casais não se dão conta de que justamente com quem vivemos mais intimamente, mais desgaste tendemos a ter e mais diplomacia, educação e cuidados são necessários.

O senso comum que questiona "se não posso ser espontâneo com quem compartilho a vida, com quem vou ser?" é — sem dúvida — o atalho certo para o desastre. Se ser espontâneo é dizer o que pensa, na hora que lhe vem à mente, sem considerar o momento do parceiro, e sem levar em conta as vulnerabilidades dele, é melhor que você não seja espontâneo! Mas você pode aprender a ser genuíno, íntegro e sincero sem deixar de ter cuidado com o parceiro e com a relação. Para a maioria das pessoas isso é uma competência a ser adquirida.

*Dois mal-educados*

A boa vontade inicial de Márcia, de 36 anos, e Leonardo, de quarenta, casados há dois anos, encobria o padrão "mal-educado" de ambos. A falta de tato foi minando a relação.

Márcia achava que ser espontânea lhe dava o direito de dizer tudo o que sentia. Criticava os familiares dele e dela e queixava-se da vida quando lhe aprazia, sem levar em conta o cansaço, o estresse ou a vulnerabilidades do marido. Ele também era descuidado, falava livremente sobre a aparência cansada da esposa ou de sua celulite e criticava-a por fazer gastos que, embora pequenos, para ele soavam desnecessários.

Quando um deles estava de mau humor, achava que tinha salvo-conduto para descontar no parceiro. Se irritados, usavam palavrões. Quando o programa proposto pelo parceiro não era de seu agrado, faziam críticas, e quando um acompanhava o outro, ia de má vontade, estragando o passeio. E sempre esperavam que o outro adivinhasse suas necessidades e se irritavam se não o fazia. Não entendiam que, num convívio tão íntimo, cabia a cada um se empenhar em tornar o cotidiano mais leve e fácil.

Quando na intimidade, entre quatro paredes, achamos que a espontaneidade nos autoriza a sermos descuidados, facilmente nos tornamos impacientes demais e atropelamos o parceiro. E quando o outro é "espontâneo" conosco, queremos "empatar" o jogo dando ao parceiro uma lição ou descontando nele nossa mágoa. Ficamos então obcecados por "justiça" e contabilizando em voz alta o quanto nos empenhamos na relação e nosso parceiro não. Se você aprender a manter uma boa etiqueta de casal, muitos conflitos nem sequer surgirão. Na Parte II dediquei um capítulo extenso à etiqueta no casamento. Vale a pena empenhar-se nesse aspecto.

### Conexão com as diferenças de gênero

Somos influenciados pelas diferenças de gênero adotadas na sociedade em que vivemos. Respeitar as influências que seu parceiro recebeu ao longo da vida sobre o que é "ser homem" e o que é "ser mulher" é meio caminho para estabelecer uma *Conexão com as diferenças de gênero*. É muito provável que seu parceiro siga diversos padrões culturais de gênero, que em parte correspondem a tendências naturais, mas que em grande medida foram reforçados culturalmente.

Embora alguns homens possam ser sensíveis e investir em relações, e algumas mulheres possam ser carreiristas e objetivas, o contrário é mais comum. Mas, salvo os exageros, é preciso respeitar o "pacote de gênero". Dar espaço para que o parceiro exerça algumas dessas "necessidades de gênero" e possa ter as "deficiências e inépcias" típicas de homem e mulher é uma sabedoria de casamento.

*Ronaldo e "Ronalda"*

Ronaldo, o "parceiro difícil", é um executivo de sucesso e acha importante que Denise também seja bem-sucedida. Quer uma mulher ambiciosa, dedicada à carreira, de quem possa se orgulhar. Não admite que seja "fraca", que chore diante de adversidades, que se queixe, que desista diante dos obstáculos. Irrita-se se ela não é objetiva nos orçamentos familiares e se insiste para que viajem com o filho à praia durante a temporada, quando os preços das diárias dobram. Fica enfurecido quando ela mima o filho, e teme que vá "transformá-lo num maricas". Interfere na administração doméstica: "Denise não sabe comandar os empregados, não é objetiva, não sabe decorar com a sobriedade necessária". Se ela não responde às suas investidas sexuais, fica ressentido. Indigna-se que ela perca tanto tempo falando ao telefone com as mães dela e dele. Também não aceita que ela não levante às 5h30 para correr seis quilômetros. Enfim, ele não quer uma Denise. Quer uma "Ronalda".

Ronaldo não percebe que gênero, personalidade e situação marcam diferenças. Que muitas mulheres alocam de outro modo suas prioridades e tentam compatibilizar carreira, família, relacionamentos pessoais e cuidados com o corpo. Ele não compreende que haja outras lógicas para marcar férias com o filho, além de otimizar o orçamento. Também não entende que para sua mulher sexo não se programa e compartimentaliza do mesmo modo que para ele. Ele não aceita que relacionamentos com mães, sogras e amigas façam parte de uma rede feminina de obrigações que demandam dedicação, que ela seja meiga com o filho, que tenha outro corpo, outra bioquímica, que queira acordar com calma, que tenha outros desejos de decoração, que seja mais pessoal com funcionários, que demore para se arrumar.

Entrar em *conexão* não é apenas aceitar; é também interagir e integrar as diferenças do jeito masculino ou feminino. Implica também interessar-se genuinamente pelo mundo do parceiro. Formas como se pode fazer isso serão exploradas na Parte II deste livro.

### Conexão com as diferenças de personalidade

Ronaldo também desconsiderava as diferenças de personalidade entre ele e Denise. Independentemente de ser mulher, ela também tem outro modo de funcionar. Autoritário, ele não entende que ela seja "evitativa", insegura, que seja mais imediatista e goste de celebrar a vida, e que seja alegre. Não aceita que ela seja distraída, quase tanto quanto André, marido de Juliana, e não percebe o quanto ela é inteligente, divertida e intuitiva. Ele mede tudo por sua régua. Se entrasse em *Conexão com as diferenças de personalidade* e aprendesse a apreciar diferenças, a levá-las em consideração, ele mesmo usufruiria muito mais da vida.

Arrisco afirmar que a maior parte dos conflitos de casal se origina não de personalidades incompatíveis, mas da nossa falta de conexão com as diferenças de personalidade, o que nos leva a não perceber que o outro não está agindo contra nós, apenas habita outro planeta. Denise não adiava a conversa com o filho sobre a falta de empenho dele nas aulas de natação porque queria boicotar Ronaldo, mas porque ela tem dificuldade de se impor e exigir do filho mais responsabilidade. Entrar em conexão com o parceiro é algo ao alcance de todos, mas pode exigir algum aprendizado.

### Conexão com as diferenças de situação

Muitas das diferenças que atribuímos à personalidade ou ao gênero são, na verdade, diferenças de situação.

*Se eu fosse você*

Pedro, o dono de casa, e Silvana, a executiva, vivem uma inversão de papéis no casamento. No começo, ele ocupava a posição tradicional de macho provedor, e ela, embora trabalhasse, era mãe e dona de casa. Reproduziam em parte o roteiro de conflitos tradicionais, ele voltado ao mundo externo; ela, à relação matrimonial e familiar. Agora, ele é o dono de casa, cuida dos filhos, e ela é a provedora, executiva bem-sucedida, workaholic. Grande parte dos conflitos também se inverteu. Invertidas as posições, ele, que fica o dia todo em casa, de noite quer sair, se distrair, enquanto Silvana quer sossego no "lar doce lar". Ele se empenha em preparar um bom jantar, e ela mal nota seus esforços, só reclama das despesas e quer paz para ainda responder a alguns e-mails. Ele a vê como egoísta, pouco amorosa, hipercrítica, se sente desvalorizado e acha a vida rotineira demais. Ameaçou diversas vezes arranjar uma amante. Só quando revisitaram suas experiências anteriores do "outro lado" se deram conta do que se passava. Falaremos deste casal ao tratarmos de sexualidade e das "exigências" de Pedro.

Muitas vezes, para se conectar ao parceiro é preciso se pôr em sua situação, o que, independentemente do gênero e da personalidade, pode demandar certas atenções.

Reconhecer as características genéticas e culturais de gênero e de personalidade, bem como das diferenças situacionais, e respeitar as necessidades do parceiro, reforçam a conexão e fazem bem à autoestima do parceiro. As regras de etiqueta evitam conflitos inúteis, e saber lidar com divergências permite brigar sem se destruir mutuamente. Por isso denomino as cinco formas de conviver em harmonia de "coringas" da Equação do Casamento. São especialmente importantes para se alinhar expectativas, valores e propósito de vida. Esse é o tema do capítulo a seguir sobre *graus de consenso*.

# 3
# Graus de consenso

A maioria dos conflitos matrimoniais se manifesta como falta de *consenso* — por exemplo, sobre como educar filhos, como fazer sexo ou como decorar a sala. São divergências (ou convergências) que classifiquei em quatro categorias: *Concepções de casamento*, *Projetos de vida*, *Valores e senso de propósito* e *Afinidades de gostos e interesses*.

As *Concepções de casamento*, embora causem muitos dos conflitos, são em parte disputas conceituais, e, em geral, com habilidade para lidar com divergências podemos construir novos consensos.

Já os *Projetos de vida* referem-se a sonhos essenciais dos quais temos mais dificuldade de abdicar. Em alguns casos você pode tentar "indenizar" seu parceiro compensando em outra área, mas pode não bastar. Talvez, dos quatro, seja o item mais difícil de conciliar.

*Valores e senso de propósito* são difíceis de mudar, mas se não forem valores incompatíveis, vocês têm uma boa chance de conviver bem. Para isso precisarão aprender a tolerar essas diferenças essenciais quanto ao sentido que a vida tem para cada um.

Quanto às *Afinidades de gostos e interesses*, elas se referem ao prazer de fazer e usufruir das coisas juntos. Não ter gostos e interesses comuns não era essencial no casamento patriarcal; hoje a maioria dos casais tem altas expectativas nesse quesito. Moderadamente, afinidades podem ser incrementadas, mas não espere milagres nesse item. A boa notícia é que se outras dimensões da Equação estiverem bem atendidas, incrementar um pouco as afinidades pode ser suficiente. Nas Partes II e III discutiremos detalhadamente as possibilidades de atuar sobre esses diversos aspectos de consenso.

## Concepções de casamento

Não temos mais usos e costumes homogêneos. Em nós convivem, num aglomerado muitas vezes incoerente, concepções de casamento oriundas de diversos séculos e diferentes décadas. Nossas expectativas são ambíguas, queremos tudo um do outro. Se você é homem, é possível que tenha o desejo de manter diversos dos direitos masculinos do século XIX, acrescidos dos novos direitos masculinos do século XXI, e queira se livrar dos antiquados deveres do século XIX, além de não incorporar as novas pesadas funções do século XXI. E talvez deseje o inverso para sua mulher: que ela mantenha alguns deveres femininos do século XIX, acrescidos de deveres do século XXI. O mesmo vale para o homem, se você é mulher. Alfredo e Letícia, sua esposa, também tinham conflitos fora da cama.

*A princesa e o tarefeiro*

Alfredo tinha como ideal uma esposa participativa, tarefeira como ele, e uma mãe presente para os filhos, diferente de seus pais desmiolados dos quais ele acabou tendo de cuidar. Seus ideais de casamento construíram-se, portanto, em oposição às más experiências que teve em casa quando criança. Letícia, ao contrário, admirava o casamento dos pais. Seu pai era um cavalheiro e provedor; sua mãe, uma madame dedicada à vida da sociedade. Eles eram muito unidos. Ela imaginava ter um marido dedicado, que assumisse todas as zeladorias da vida (da declaração de imposto de renda e consertos do carro ao planejamento das viagens). Não queria cuidar dos filhos em período integral e delegava a educação das crianças a duas babás, tal como sua mãe fizera.

Divergências nas *Concepções de casamento* causam reações emocionais intensas, porque atingem valores arraigados e sua identidade pessoal. Mas, apesar disso, é um item com grandes possibilidades de ser ajustado, porque diferenças sobre o propósito da vida matrimonial e sobre direitos e deveres são, em grande parte, disputas conceituais. Nossas convicções conceituais são mais plásticas e respondem mais facilmente a ponderações do que nosso temperamento, nossos traumas e nossas preferências.

Foi o que aconteceu com Letícia e Alfredo. Ela, por exemplo, entendeu que o estilo atual de maternidade exige mais a presença da mãe e do pai, que a educação atual implica intensas relações de afeto entre pais e filhos. Também compreendeu que o homem contemporâneo não necessariamente reproduz o modelo do marido provedor que foi seu pai. Alfredo, por sua vez, entendeu que Letícia não é por temperamento vocacionada para a maternidade e que tinha sido criada para ser uma "princesa". Letícia não tinha condições de modificar tudo, mas entendeu que alguma coisa ela teria de mudar. Ele também percebeu que estava demasiado focado em trabalho, deveres e em poupar dinheiro, deixando pouco espaço para lazer e romance.

### Projetos de vida

A passagem do namoro ao casamento consiste em formar um compromisso de projetos. Se o seu projeto for somente "viverem felizes para sempre", ou "serem fiéis um ao outro", ou "curtirem" a vida juntos, vocês têm um projeto frágil, vulnerável a contrariedades. Projetos fortes selam alianças de luta. São um poderoso enlace de casal. Como criar os filhos, construir um patrimônio ou dedicar-se a uma causa política: esses projetos dão ao casal um senso de propósito, um ideal comum e mais condições de superar contrariedades em nome dos ideais. A soma de pequenos projetos, como comprar uma casa de campo ou morar dois anos no exterior, também tem esse efeito. Casais engajados na conquista de metas comuns se mostram mais dispostos a tolerar discrepâncias em outros fatores da Equação do Casamento. Os mal-humorados Márcia e Leonardo não coincidiam em seus projetos de vida, o que enfraqueceu muito sua dedicação a resgatar o casamento.

*Ou isto, ou aquilo*

Márcia teme ter cometido um erro ao se casar com Leonardo. Acha seu marido atraente sob todos os aspectos – sexual e intelectualmente – e sente orgulho dele. Mas, dois meses antes do casamento, o relacionamento começou a ficar tenso.

Ainda noiva, ela mencionou o relógio biológico e a necessidade de terem filhos em breve, mas ficou chocada quando Leonardo disse que queria esperar mais quatro anos. Além disso, ele queria só uma criança, "economicamente, o mais razoável", enquanto ela sonhava em ter "a casa cheia", pelo menos quatro filhos. Ele queria um apartamento em uma região de vida cultural e perto do trabalho; ela sonhava morar em uma casa com jardim para as crianças. Ele queria viver alguns anos em outros países; ela não tolerava a ideia.

As diferenças nos projetos de vida eram bastante grandes, mas se casaram mesmo assim. Afinal, a festa de casamento já estava marcada e achavam que dariam um jeito nas diferenças. Depois de nove meses, estavam atolados em impasses sobre ter filhos, arranjar uma moradia e sobre tantas outras coisas que não foram alinhadas durante o namoro.

Quando projetos de vida não coincidem, ficamos aflitos. Afinal trata-se de seus sonhos fundamentais. Que vida vale a pena ser vivida? Na cidade ou no campo? Com filhos ou sem? Voltado à carreira ou ao lazer?

Um bom parceiro talvez negocie uma compensação: "O.k., não teremos filhos, mas serei um parceiro dedicado e teremos uma vida romântica e aventurosa". Indenizações compensam sonhos perdidos? Às vezes, mas podem também deixar uma dívida e ressentimentos eternos. Se um dos cônjuges passar a vida imaginando que não teve a carreira, os filhos ou os amigos que tanto sonhou, por culpa do parceiro ou por sua própria culpa (por ter cedido), pode tornar a relação mais pesada a cada ano. Viver ao lado do "sabotador de sua felicidade" pode ser insuportável, é preciso valer muito a pena.

## Valores e senso de propósito

*Valores e senso de propósito* não são a mesma coisa que projetos de vida. Você e seu parceiro podem ter o projeto de viver no campo, mas enquanto seu cônjuge imagina uma vida isolada, afastado das tensões urbanas, cultivando hortaliças orgânicas, você talvez pense em convidar amigos para o fim de semana e trabalhar via internet. *Valores e senso de propósito* tendem a ser ainda mais arraigados do que concepções de papéis no casamento e projetos de vida. Eles podem ser um grande problema em seu casamento, pois afetam tanto as concepções de direitos e deveres de cada cônjuge como seus projetos futuros.

*Valores e senso de propósito* formam-se em grande parte ao longo da infância e adolescência, e têm a ver com seu temperamento e personalidade e com os ideais de vida que você incorporou ao longo da formação de seu caráter e personalidade.

Se seus valores e propósitos forem incompatíveis, vocês não conseguirão concordar nem nos projetos de vida, nem na concepção de casamento. Foi o que descobriram Márcia e Leonardo, mencionados no exemplo anterior. Ele, desde a adolescência, conferia muito valor à independência, autonomia e ao espaço vital, sendo que ela, desde a infância, cresceu dando importância à ligação familiar, ao convívio com parentes e a manter a família unida. Seus valores e propósitos eram incompatíveis em essência.

Denise e Ronaldo coincidem nos projetos de vida. Infelizmente, não têm os mesmos *Valores e senso de propósito*.

*Sua fútil!*

Entre Ronaldo e Denise as diferenças nos valores e na concepção do sentido da vida fazem com que mesmo projetos em comum se tornem objeto de disputas. Ele enxerga a vida como uma luta cheia de sacrifícios. Ela, como uma busca de alianças e espaços de encontro e usufruto. Ele enxerga as regras e leis como princípios rígidos a seguir, e é movido a metas de desempenho. Ela considera as regras e leis segundo as circunstâncias, e é movida a conexões pessoais. Essa diferença não permite que as inúmeras convergências de ambos fortaleçam a relação.

Mas como outros elementos da Equação do Casamento de ambos eram suficientemente fortes para compensar essa fonte de conflitos, eles puderam evoluir para um bom casamento, sobretudo graças a Denise ter incrementado as cinco competências para conviver a dois.

### Afinidades de gostos e interesses

Paulo e Mariana, além de terem diferenças de temperamento e estilo, de que já tratamos no capítulo 1, não coincidiam nos gostos e interesses.

*Your way, my way?*

Paulo gosta de montanhismo e ecoturismo, Mariana prefere um confortável hotel de praia. Ele adora tomar cerveja numa grande roda de amigos, ela gosta de um vinho branco na companhia de um ou dois casais. Ele assiste a comédias e filmes de ação, ela prefere filmes de arte e teatro. Em decoração, ela é clean, e ele gosta do rústico. A música dela é jazz e clássica; a dele, rock e country. Ela é sedentária, ele joga squash e basquete.

A lista de diferenças é interminável. É difícil descobrir o que eles têm em comum. Livros, programas, amigos, moradia, gastronomia: nada coincide. Ao se conhecerem, sentiram-se muito atraídos sexualmente e parecia haver uma grande sintonia geral. Tinham os mesmos projetos de vida: ter dois filhos, viajar pelo mundo e privilegiar mais o usufruto da vida do que juntar patrimônio. Tinham também muitos valores e senso de propósito em comum. Por exemplo, concordavam que aproveitariam a vida antes de ter filhos e que, assim que os tivessem, ela pararia de trabalhar por três anos.

De início, ainda tímidos em expressar seus desejos e no afã de agradar, ambos cediam facilmente às sugestões do outro, sobretudo Paulo às de Mariana. Passados dois anos, eles se veem diante de constantes desentendimentos. Ela critica suas preferências, e ele não cede em itens que para ela são vitais.

Ambos precisaram testar o quanto conseguiriam incrementar suas afinidades. No final da terapia, embora tivessem conseguido avançar em alguns tópicos, em outros tiveram de aprender lidar com as diferenças sem perderem o contato vital. Ao aprenderem como não perder a conexão mesmo sendo tão diferentes, eles conseguiram algo que muitos casais não conseguem e evitaram que seu casamento se transformasse numa relação superficial de vidas paralelas.

Os gostos e as preferências fundamentais se desenvolvem sobre matrizes de gosto precoces. Elas são formadas por tendências biológicas inatas, bem como por vivências marcantes que vão se inscrevendo em sua memória. Mas ainda assim há muito espaço para aprendizagem e mudanças. Podemos, em parte, "educar nosso gosto". Fatores como quantidade de vezes em que você é exposto a determinados estímulos, a formação de hábitos, a associação de certos estímulos a valores positivos ou a vivências agradáveis são relevantes na formação de seu gosto. Em alguns casos, você pode ensinar a seu parceiro que estava acostumado a só tomar cerveja a gostar também de vinho. Mas se ele for um conhecedor de vinhos que não suporta os tintos, será difícil "ensiná-lo" a apreciar justamente vinho tinto. No primeiro caso, passar da cerveja ao vinho pode ser uma ampliação de horizontes (gostar de novos sabores, ter acesso à sofisticação e ao status associado ao bom vinho etc.). O mesmo ocorre com passar da música popular à erudita. Seu gosto pode às vezes se ampliar. No segundo, passar do vinho branco ao tinto pode ser impossível. Você talvez esteja brigando com a bioquímica e com memórias pré-verbais do prazer de quem não gosta do cheiro, da textura, da cor, do sabor ou da acidez dos vinhos tintos.

À medida que o sujeito vai consolidando suas preferências e decreta a si mesmo "gosto de" e "não gosto de", a tendência é que vá se fechando para mudanças de gosto. Algumas possibilidades de mudança de gosto se fecham cedo na vida, ainda na infância, outras ao longo do tempo. De modo geral, seu gosto por música, roupas, comidas e estética se consolida em grande parte na adolescência e na juventude, até os trinta anos. Mas não só seu gosto estético; também o prazer em certas atividades, suas preferências por locais e por determinado ritmo de vida, apesar de ligados ao temperamento, são muito influenciados pelo ambiente das primeiras três décadas de sua vida.

Embora novas preferências ainda possam se adicionar ao longo da vida adulta, e outras possam ser alteradas, é comum que seu cônjuge esteja fechado a muitas mudanças de gosto que você tanto gostaria de ver nele. O mesmo vale para seus interesses. Isso impõe um grande desafio ao casamento contemporâneo!

Quanto às afinidades de *interesse*, em parte elas têm muito a ver com diferenças de gênero culturalmente reforçadas. É comum em sociedades que cultivam distinções e estereótipos de gênero, que homens e mulheres não se interessem pelas mesmas coisas. Por exemplo, áreas como decoração, cozinha e relacionamentos são consideradas "femininas". Mas também o temperamento, a personalidade e as influências externas despertam interesses específicos e atrofiam outros.

Apesar da importância da vida sexual para o prazer na vida a dois, a longo prazo as afinidades de interesse são um campo de prazer tão relevante quanto bom sexo (em alguns casos até mais relevante). Considere que mesmo bom sexo só ocorre algumas horas por semana e com frequência decai em importância ao longo do tempo. As afinidades de interesse, ao contrário, podem ocupar um período enorme da vida conjunta e tendem a se intensificar no decorrer do tempo. Por isso, não ter afinidades de interesse sobrecarrega outros itens da Equação, que terão de compensar a ausência. É claro que isso não significa que sexo ruim seja compensado por afinidades de interesse (em geral isso simplesmente não ocorre), mas não há como subestimar a importância de afinidades de interesse para a longevidade da maioria dos casamentos contemporâneos.

Discutiremos algumas possibilidades de lidar com as diferenças de gostos e interesses na Parte III.

# 4
# Atração e vida sexual

*Erotismo* é aquilo que o excita e pode levá-lo ao orgasmo. É o que lhe "dá tesão". Mas os erotismos femininos e masculinos em muitos aspectos não se complementam. Quantas vezes parceiros de cama parecem estar tão próximos e, de repente, pequenos e grandes mal-entendidos eróticos interferem na felicidade sexual. Por isso, antes de discutir sexo no casamento e abordar a *Química sexual*, as *Preferências eróticas*, a *Habilidade sexual* e o *Ambiente erótico-sensual*, tratarei das diferenças nos *Erotismos* e das possibilidades de você se conectar com o tesão do seu parceiro.

## EROTISMOS

Você possui uma camada primitiva em seu erotismo. Ela pode, por exemplo, ser ativada por toques físicos, num mecanismo arco-reflexo de excitação. Também brota como um "tesão espontâneo", por exemplo, quando a mulher ovula ou quando o homem, de manhã, acumula testosterona, e você se excita com a própria excitação. Pode também ser ativada por sinais visuais ou olfativos (a visão de uma parte do corpo, um odor). Ou ser provocada por sensações afrodisíacas, roupas leves, vento, água do mar.

Mas também existe uma camada de tesão que se excita com

determinadas situações. Por exemplo, há pessoas que se excitam com a ideia de fazer sexo em grupo, ou têm prazer em ser tratadas de forma bruta. Esse tipo de excitação aparece muito em nossas fantasias sexuais.

E você também tem uma camada erótica que depende das relações com a pessoa desejada. O tesão que ela demonstra por você, os elogios, as afinidades, a gratidão, a rejeição, o estresse, a admiração, tudo pode excitá-lo. Ou brochá-lo.

Além das diferentes camadas de erotismo, há diferenças entre homens e mulheres. Embora ninguém seja nem anatômica, nem psiquicamente 100% masculino ou feminino, tratarei do tema diferenciando homens e mulheres.

Se você for mulher, talvez reconheça nos homens com quem conviveu (ou convive) diversas características descritas a seguir sobre o erotismo primário. Essas camadas primitivas são poderosas e podem se manifestar não em todos, mas na maioria dos homens até cerca dos quarenta anos, quando costuma haver maior queda de testosterona.

**Relações com os orifícios**

Desde pequenos, homens têm ereções involuntárias diurnas e noturnas que provocam excitação. Intumescido, o pênis produz sensações prazerosas, mesmo sem um objeto de desejo que o estimule. Na adolescência, precisam regularmente descarregar o sêmen acumulado. Ou por meio das poluções noturnas e diurnas, ou masturbando-se. Essa disposição sexual surge diariamente e se impõe de modo imperativo à percepção masculina do mundo.

E logo os meninos descobrem os orifícios, com os quais estabelecem uma relação masturbatória. Antigamente, na zona rural, muitos meninos iniciavam-se sexualmente com galinhas ou animais domésticos. Em centros urbanos praticavam jogos de "troca-troca", alternando-se na função ativa e passiva, cada um tolerando ser penetrado para ter sua vez de penetrar. Os estupros ilustram de forma bruta essa dimensão pênis-orifício. Numa forma extrema, essa tendência de descarregar suas necessidades em orifícios pode se manifestar em homens adultos que, sob anonimato — e numa total desconsideração em relação aos desejos da outra pessoa —, praticam estupros coletivos, como lamentavelmente vemos acontecer até hoje em diversos casos de tropas militares que tomam cidades inimigas. A essa disposição masturbatória se acrescenta, muitas vezes, tendências sádicas.

Mas, apesar de um grande número de homens tender a tratar o objeto sexual como "coisa", se, desde a infância há um convívio em família, em sociedade, e há uma educação afetiva e ética, as tendências brutas costumam se atrofiar. Elas se transformam em fantasias e encenações mais sutis que podem servir de jogos sexuais com a companheira.

Na paixão, os orifícios da amada se tornam objeto de culto. Como Sérgio, de quem ainda falaremos, que cultuava a vagina, o ânus e a boca de sua sensual esposa Rita, tomando-os por orifícios sagrados de sua "deusa do sexo". Para a mulher, as coisas se dão de outro modo; a vivência sexual envolve muito mais sentidos e se distribui por diversas atividades. O pênis e a penetração terão seu valor em dado momento, mas não é em torno do pênis que se organiza a experiência sexual feminina. Portanto, diferente da fantasia masculina, não há uma fêmea sempre ávida pelo pênis poderoso para levá-la ao gozo radical (tema clássico de filmes pornôs).

As sensações sexuais femininas não se concentram de modo tão exclusivo na genitália, se distribuem de modo mais uniforme pelo corpo. A vagina e o clitóris estão embutidos, não se apresentam à consciência várias vezes ao dia, chamando a mulher ao sexo, embora haja ciclos de disposição sexual, ligados à ovulação e aos hormônios.

Outra diferença é que uma vez excitado, o menino ainda imaturo quer logo gozar. Não há preliminares, sutilezas. Só com o tempo descobre que pode estender o prazer por meio de masturbações prolongadas acompanhadas de fantasias eróticas. Depois descobre a necessidade de seduzir e aprende a ter mais calma, a transitar por curvas, picos e vales, embora possa, por toda a vida, continuar a enxergar a corte, o namoro e as preliminares como um contratempo muito incômodo. É verdade que há homens que passam até a usufruir do flerte, das conversas e da sedução, mas a maioria continua a enxergar a sedução como um trabalho penoso e, no casamento, se sente à vontade para encurtar os rituais de sedução. Sendo assim, o ritmo sexual é algo que na maioria dos casos precisa ser ajustado entre os gêneros, já que ambos despertam para o sexo por vias diferentes.

Não só o amor, mas também a timidez e a ansiedade mitigam os ímpetos brutos masculinos. A maioria dos homens já foi um menino tímido. Muitos continuam a sê-lo. Como abordar uma mulher? Como chegar do flerte ao sexo? Vou brochar com uma mulher tão sexy? E meu pênis, será demasiado pequeno? Inseguro, depende das respostas da parceira. A mulher que deixá-lo seguro terá preferência sobre outras mais atraentes. Ao menos por um tempo.

## Gatilhos e fantasias sexuais

A visão da genitália feminina em filmes pornôs pode gerar ereções, mesmo que o "roteiro" seja ruim. Em culturas repressoras basta que o homem veja elementos associados ao proibido, tornozelo, cabelos ou lábios. Também cegos têm seus gatilhos sexuais: tato, olfato ou audição. Em geral, o ponto de entrada para a paixão masculina está nos gatilhos eróticos. Para Ricardo, os seios e os lábios carnudos de Penélope; para Armando, o workaholic, as ancas "de potranca" de Thais. Como num arco-reflexo os meros gatilhos podem inundar o homem de volúpia, que se manifestará como um intenso desejo de penetrar a mulher.

*Você é um grosso*

Ricardo comparece ao encontro com Penélope sentindo "necessidade sexual". A primeira coisa que notou em sua futura esposa foram os seios fartos e os lábios carnudos! Logo desejou intensamente possuí-la. E impaciente segue o ritual anterior ao sexo: levar para jantar, conversar, criar um clima, dançar, então propor um motel. Enquanto conversam no restaurante sobre viagens, sobre a família dela e sobre esporte, ele enxerga o decote, os contornos do corpo e a desnuda na fantasia. Não se incomoda que ela seja inculta e vote em partidos de seu desagrado. Só quer "comê-la". Penélope também não estava procurando um grande romance. Só queira se divertir, mas preferia que o percurso do jantar à cama tivesse sido outro. Em vez de buscá-la em casa, Ricardo pediu que viesse de táxi e quis pagar a corrida. Como se fosse uma prostituta! E o cheiro do prato de bacalhau que ele pediu a incomoda. Sua camisa social não combina com o blazer, e ele é rude com o garçom. Tampouco os temas de conversa a interessam, sobretudo a insistência em falar das eleições! Mas ela está carente, deixa-se convencer a ir a um motel. Lá, uma estranha mancha no lençol derruba em definitivo seu ânimo. Ricardo insiste que cubram o lençol com uma toalha trazida às pressas do banheiro. Propõe-lhe sexo no sofá, na banheira, ou irem a outro motel. Mas para ela passou o momento, talvez outro dia, sobretudo se não for pressionada. Não entende por que Ricardo faz tanta questão. Ele se indigna. Dane-se o lençol, não é possível que ela recuse sexo por motivos tão fúteis! Imaginava uma Penélope "molhada", louca para ser penetrada, mas encontrou uma mulher decepcionada porque ele não a buscou, incomodada com uma mancha e irritada com um comentário machista dele a caminho do motel. Penélope esperava flertar, divertir-se e ter uma noite instigante, mas Ricardo estava obcecado em "comê-la". Após colocá-la num táxi, ele saiu com uma prostituta. Até hoje ela se queixa das grosserias dele naquela noite.

O interesse erótico feminino é mais variado: a mulher sente-se atraída por nádegas, mãos ou pele. Também a voz e o conteúdo da fala podem excitá-la. E sobretudo o olhar dele pode fazer a diferença, um olhar de desejo que não a desnude de modo constrangedor, mas a provoque e convide a uma cumplicidade erótica, sem uma palavra ser dita. Ela pode se excitar porque se comove com a gentileza ou a fragilidade do parceiro. Ou porque admira a inteligência, o carisma. Até tristeza ou raiva podem se transmutar em excitação. Também praias, cenários relaxantes, situações aventurosas, luxuosas, podem excitá-la.

*Tesão por cetim preto*

Desde a lua de mel Letícia estranhou a excitação de Alfredo por roupa de cama de cetim preto. No terceiro mês de casamento, um sex-shop despertou grande entusiasmo nele. Nos meses seguintes começou a lhe trazer roupas e acessórios eróticos. Passados dois anos, ela se via solicitada a se paramentar com tantos apetrechos – meias, botas, ligas, cintas, acessórios de couro – que sonhava com um homem que a desejasse em pelo, nua. Ele também insistia em penetrá-la analmente com um vibrador. Dois anos mais tarde, depois de tomarem ecstasy em uma festa, ela acordou de madrugada e se percebeu nua, ao lado o marido, que vestia sua lingerie. Daí em diante, passaram a fazer sexo em duas rodadas: a segunda com ele usando roupas dela. Depois, ele pede que ela o penetre analmente com o vibrador. No primeiro round ele faz sexo convencional para agradá-la, e no segundo, ele goza loucamente. Ela não consegue lhe impor um limite. Foi preciso que tratasse deste e de outros temas em terapia de casal para que chegassem a um acordo sexual.

Para Letícia, os apetrechos e as atividades "diferentes" são estímulos recreativos, não condição sine qua non para o gozo. As fantasias femininas variam conforme o parceiro e o momento. Hoje a esposa quer ser prostituta, amanhã dominadora, e depois mulher de estivador. Agora quer carinho; outro dia, sexo bruto sem beijos.

Para o homem, passada a intensidade juvenil do erotismo primário (quando a excitação é autônoma e fácil), as fantasias passam a ser um grande incrementador da vida sexual no casamento. Mas a maioria das fantasias masculinas não é complexa como a de Alfredo. Muitas já estão padronizadas em sites pornôs e fazem parte da oferta padrão na prostituição. Sexo oral, lingeries, sexo anal, sexo com duas mulheres, swing de casais. Muitos homens se constrangem em revelar suas fantasias, alguns optam por vivê-las fora do casamento com prostitutas, amantes ou virtualmente. Outros, como Alfredo, vão tateando e propondo à parceira certas práticas. Se ela se escandaliza ou zomba, eles recuam.

### Erotismos primários femininos

Mulheres podem ter comportamentos análogos ao erotismo primário masculino.

*O jardineiro gostoso*
Glaucia, 42, que se separou de Claudio, o marido "sem sal", ficava inebriada ao observar o jardineiro da casa de seus pais, o porte, os braços, as mãos, as nádegas, o rosto clássico... Ela pensava: "Seja apenas belo e deixe que eu o possua". Foram nove meses de encontros que até hoje a perseguem em sonhos.

*A sensual Rita*
Rita, 34, casada com Sérgio, sempre foi fascinada pelos homens e sua diversidade. Gostava de seduzir e de sexo recreativo. Ao longo da juventude formou vínculos eróticos com dois homens, cuja química sexual e entendimento na cama eram mágicos. Depois de se casar, reduziu os encontros com ambos a poucas ocasiões por ano. Mas há dez meses tem um amante fixo, Carlos. Embora continue a encontrar seus dois outros "amigos", está sexualmente envolvida com Carlos, que é ousado, desbocado e cheio de vontades sexuais, como ela.

Muitas mulheres, sentem em algum momento um forte erotismo primário, que prescinde de sintonias delicadas. Vão "direto ao ponto", como fazem tantos homens. Mas para entrar nesse estado de "caça sexual" algumas condições são necessárias. Que tenham autoestima quanto à sua aparência e atratividade sexual. Que não temam ser condenadas moralmente e se autorizem para o prazer. Que tenham tomado para si o controle das condições de gozo para suprir as inépcias sexuais masculinas. E que possam separar o prazer sexual da relação amorosa.

Muitas mulheres só preenchem essas condições após certa maturidade. Além disso, a plena adaptação física à penetração pode exigir anos de experiência. É comum mulheres jovens terem mais prazer em seduzir e na farra, do que efetivamente no sexo.

Mas ainda não abordei a assimetria erótica responsável pela maioria dos desencontros, sobretudo em relações longas: a diferença entre *Gozo ativo* e *gozo passivo*.

**Gozo ativo**

Como mulher você pode ter uma experiência de gozo ativo ao estourar plásticos bolha, apertar tubos de tinta, morder o talo crocante da alface ou amassar argila. No gozo ativo você utiliza seu próprio corpo (dedos, dentes) ou uma extensão dele (varetas, chicotes) para manipular objetos, deformá-los e obter um alívio ou gozo.

Também no sexo você tem gozos ativos parciais. Quando beija, morde, aperta ou monta em cima do parceiro. É como se houvesse uma comichão se acumulando em seus músculos, nervos, e uma vontade de descarregar o excesso de energia acumulada.

Por meio do contato com objetos que absorvem essa energia, você pode remover a sobrecarga que tensiona seu corpo e sua mente. Exerce então um domínio sobre o objeto, que pode ser furado, amassado e até destruído.

Há algo de sádico no gozo ativo, mesmo que não haja toque físico. Por exemplo, ao lançar um olhar que devassa, afeta, constrange ou excita o objeto. Você está no controle e manipula o objeto a seu bel-prazer. E usufrui disso.

Homens e mulheres têm gozo ativo. Mas homens costumam enfatizá-lo. Anatomicamente, a vagina "come" o pênis, mas subjetivamente o pênis penetra, agride e domina a vagina. Descrevemos ações sexuais masculinas como "tomar", "pegar" e "possuir". Embora sejam encenações eróticas, em que, autorizado por ela, ele encena e ambos se excitam, no gozo ativo a mulher é um objeto (talvez um plástico bolha).

Essa coisificação do objeto sexual, inerente ao gozo ativo, facilita o gozo e favorece a promiscuidade. Muitos homens "pegam" duas, três parceiras na mesma noite ou buscam sexo grupal, ou ainda prostitutas. Se você for mulher, pode ser que tenha algumas relações em paralelo. Mas mesmo tendo vários parceiros, a maioria das mulheres prefere reeditar as relações mais prazerosas do que a cada noite ter um novo homem desconhecido. O erotismo feminino é mais complexo, é mais difícil de se encaixar sexualmente com um parceiro.

### Gozo passivo

Como homem, você pode vislumbrar o gozo passivo imaginando que seu corpo serve de meta sexual e que você necessita de outro corpo (ou objeto) que manipule e remova a tensão prazerosa acumulada em você, promovendo alívio e prazer. Homens e mulheres têm pequenos gozos passivos parciais ao serem acariciados, beijados, tocados, olhados com volúpia; enfim, nas atividades em que sejam objetos. Mas o gozo passivo pleno é mais complexo. Ocorre em etapas. Alterna-se entre a camada do erotismo primário e secundário, como ilustra o exemplo a seguir.

Se você for um homem, imagine-se com uma tensão nas costas, precisando de massagem. À porta da clínica de massagem você nota que o local é malcuidado, não inspira confiança. Tenso, você se afasta, procura outra clínica. Mas imaginemos que isso não ocorreu. A estética externa e interna são condizentes com sua expectativa. Você então contrata a massagem, porém na sala de massagem encontra um massagista que fala errado e usa roupa amarrotada. Você se tensiona, talvez desista. Mas deixemos que tudo corra bem e o massagista seja adequado. Então, em vez de uma música relaxante, ele põe um rock no máximo volume. De novo, você se tensiona, e com os músculos contraídos, não há como massageá-lo. Mas imagine que nada disso ocorreu, a música é relaxante, e enfim dá-se o início da massagem. O massagista o aperta com força demais, ou, ao contrário, o toca de modo muito débil, ou faz movimentos muito rápidos. Nessa esfera sutil, qualquer excesso ou falta, bem como mudanças no ritmo, fazem diferença. Seu prazer e relaxamento dependem de uma sintonia fina nas manobras. Mas imagine que a massagem seja perfeita. Você está feliz, relaxado. Subitamente escuta o choro estridente de um bebê da vizinhança. Você se contrai. Porém digamos que não houve choro algum e você esteja relaxado, tendo prazer... até que se lembrou de um processo tributário que poderá levá-lo a perder seu patrimônio! A tensão varre seu corpo, não consegue mais se entregar. Afinal, sua vida é um todo, interligado, e a reunião com os advogados hoje à tarde o preocupa. As manobras físicas sobre seu corpo agora o incomodam, até irritam. Você decide interromper e ir embora.

O gozo passivo depende de balanceamentos. Uma das chaves é *relaxar*. E para isso é preciso *confiar*. Também a estética e o conforto importam. E necessária uma sintonia fina de ritmos. Não há uma predeterminação de um trem-bala que quer apenas penetrar e gozar. Foi algo que André teve de entender a respeito de Juliana, a esposa tensa e perfeccionista.

*Sexo: só longe de casa*

Juliana não gosta dos pelos que crescem na orelha dele nem da caspa. O jeito como ele a toca é hesitante. Queria uma pegada mais forte, "de homem". O beijo é demasiado molhado. Na cama, ele prolonga o ato em demasia, faz movimentos lerdos demais e, pior de tudo, fica perguntando se ela está para ter, está tendo ou terá um orgasmo! Ele insiste em sexo oral, anal e variações sexuais que a deixam ansiosa. Ela tem dificuldade de relaxar em casa, pensa nos problemas com a faxineira, na sogra infernal. Só longe da família, das obrigações, quando sai de férias com André, se solta e deseja transar.

Lembra-se do mal-entendido descrito na introdução deste livro? De como muitos homens se casam para ter um "lar", enquanto suas mulheres querem construir uma relação a dois?

Também no campo erótico homens e mulheres têm erotismos assimétricos e tendem — equivocadamente — a imaginar que o erotismo de seu parceiro é semelhante ao seu. Pensam que os desejos se complementam, se encaixam. Quantas vezes mulheres acham que o erotismo primário masculino é um desvio ou defeito de certos homens, e não uma característica de gênero? Elas não percebem que mesmo homens mais sensíveis e sintonizados também têm essas camadas brutas (elas estão apenas calibradas pela empatia, pela educação e pelo amor).

E quantas vezes homens atribuem equivocadamente às esposas desinteresse por sexo, sem perceber que a chave que as excita não é a mesma que a deles?

Homens e mulheres, mesmo quando conseguem seduzir o parceiro, muitas vezes não sabem *como* o fizeram. Pensam que foi devido a algo que, na verdade, nem é tão importante. Arrisco dizer que em muitos dos bons encontros eróticos ambos miraram num alvo e acertaram em outro, tendo sucesso sem saber por quê. Assim, no início do relacionamento, o encontro erótico foi um delicioso mal-entendido que não se esclareceu, mas que, ao longo do tempo, pode se tornar problemático. Na Parte III discutiremos possibilidades de atuar nessa área.

Tantas diferenças próprias de gênero e ainda nem falamos das diferenças eróticas entre os tipos psicológicos! Obsessivos, histéricos, fóbicos, narcisistas, distraídos... cada "tipo" tem um estilo erótico. Para lidar com todas essas diferenças numa relação de longo prazo, é importante dar atenção à *Química sexual*, às *Preferências eróticas*, à *Habilidade sexual* e ao *Ambiente erótico-sensual*, temas de que trato a seguir.

Você já deve saber — ou ter descoberto por conta própria — que rotina, hábito, estresse doméstico e profissional, envelhecimento, intimidade, previsibilidade, segurança, dependência e cobranças são verdadeiros assassinos do desejo e do tesão. Sentimos frisson diante do novo, da aventura, do desconhecido e do arriscado, talvez diante do proibido. Nesse sentido, casamento e tesão simplesmente não rimam.

Mas, como veremos, é possível que ousadia sexual, somados a uma boa química, habilidade sexual, sensualidade e fantasias permitam indenizar a perda do frisson no casamento e trocá-lo por sexo recreativo e divertido. Mas isso não significa que todos casais necessitem de muito sexo ou de frisson. Alguns valorizam mais as outras dimensões da Equação do Casamento. E outros até preferem se aconchegar num sexo acolhedor e "fofinho" do que em sexo ousado. Outros, dependendo do ciclo de vida, passam por diferentes fases, ora necessitando de aventura, ora de aconchego. Na Parte III discutiremos essas questões detalhadamente. Por ora, vale abordar cada um dos quatro aspectos da vida sexual.

### Química sexual

Ninguém sabe por que você se sente sexualmente atraído por alguém. Homens e mulheres relatam muitas vezes sentir uma química sexual irresistível por "pessoas nem tão bonitas assim". Especula-se que preferências e repulsas eróticas sejam influenciadas por uma combinação de fatores biológicos — como a complementaridade imunológica, hormônios sexuais e um programa genético da espécie — com fatores psicológicos, como vivências infantis e adolescentes e as primeiras experiências sexuais.

*Alergia sexual*

Jayme, 33 anos, queria se casar com Catarina, mas não gostava de seu cheiro, nem da textura da pele (que segundo ele tinha "uma penugem sobre uma pele rugosa"), tampouco das sardas, das cores pálidas e dos cabelos crespos e loiros. Também achava os seios dela pequenos e murchos. Mesmo assim pensava que Catarina era a mulher certa para fazê-lo feliz, e queria saber de mim se poderia aprender a desejá-la sexualmente, ou ao menos se acostumar. Já eram noivos, queria apenas que eu confirmasse sua escolha. Depois de dois anos, com um filho recém-nascido, voltou a me procurar: havia desenvolvido uma grave alergia no pênis às secreções vaginais de sua esposa. Mas esse era um dos raros casos em que mesmo assim parecia fazer sentido continuarem juntos. Ele tinha tantas dificuldades em seu funcionamento psicológico individual, e Catarina cobria tão bem as áreas em que ele era deficitário, que por estranho que possa parecer permanecerem juntos o deixava melhor do que se separarem (o que ele tentou por quatro meses). No final, o pouco sexo que tinham passou a ser feito com preservativo. Algumas vezes por ano ele buscava experiências fora do casamento. Para Catarina também parecia fazer sentido ficar com Jayme. Ele se inseria no mundo dela e não a desafiava em seus fantasmas (medo de lidar com a própria feminilidade e de enfrentar divergências interpessoais). Não há receitas de como deve ser seu arranjo de casamento.

Mas casos como o de Jayme e Catarina são raros. Uma radical falta de química sexual tende a ser restritiva, com o tempo mina toda relação. Por outro lado, ter uma boa química pode não bastar para sustentar o desejo sexual, como mostra o caso de Denise, que, antes de se casar com Ronaldo, teve uma inesquecível experiência erótica.

*Deus grego*

Denise, 32, era editora e convivia com uma elite cultural e financeira onde tinha muitas amizades e casos ocasionais. Conheceu então na praia, durante um fim de semana no Rio de Janeiro, um homem de quarenta anos. Ao vê-lo sair do mar, pareceu-lhe estar diante de "um deus grego". De início um caso de férias sem maiores pretensões. Sentia por ele uma química de pele inigualável, e encaixavam-se tão bem! Embora notasse sua inteligência mediana e suas limitações financeiras, a química, o entendimento na cama, o charme e a beleza falavam alto. Continuou o caso para além das férias. Percebeu-se numa fissura sexual. Foram meses de ponte aérea. Sentia desejo nos momentos mais impróprios (em reuniões de trabalho, em jantares familiares). Mas ele queria aprofundar a relação e constituir família. Ela não poderia apresentá-lo a seu meio social e tampouco queria conviver com suas restrições financeiras e intelectuais. Foi perdendo o tesão. Decidiu então encerrar a história e, apesar de passar meses deprimida, não se arrependeu da decisão. Três anos depois encontrou um homem por quem sentia uma química sexual mediana, mas que a completava em outros quesitos: seu marido, Ronaldo.

Com frequência não casamos com quem tivemos a química sexual mais inebriante. Pessoas com grande carisma sexual podem não ser parceiros confiáveis ou não ter competências suficientes em outras áreas. Os outros três aspectos da vida sexual, discutidos a seguir, costumam ser ainda mais relevantes em relações de longo prazo.

### Preferências eróticas

Como mencionado, sobretudo os homens tendem a conferir excepcional importância às preferências eróticas.

*Sacanagens telefônicas*

Pedro, 43, o dono de casa, acha que Silvana, quarenta, executiva, é "uma chata na cama". Nas últimas semanas, buscando esquentar a vida sexual, ele adotou a tática de ligar logo de manhã sussurrando-lhe as fantasias de como pretende ter sexo com ela à noite. Sexo de pé, contra a parede, ela de joelhos na posição missionária, ou fazer sexo oral nela. Em sessão, para surpresa dele, ela diz odiar esses telefonemas matinais, eles a deixam em pânico. Enquanto ele passa o dia antevendo uma noite com uma mulher sedenta de sexo, ela passa o dia pensando em como escapar da noitada.

As fantasias e preferências nem sempre são tão vitais (como eram para Alfredo, obcecado por usar lingerie e consolos). Mas mesmo Pedro, André e Armando, que não conseguiram convencer as esposas a aceitar fantasias mais modestas, como sexo oral e anal, acabaram realizando-as com prostitutas ou em casos ocasionais.

Mulheres muitas vezes não entendem e não aceitam a insistência do marido em determinada fantasia, pois elas próprias tendem a ser mais flexíveis e a tolerar melhor que os maridos as frustrem nas suas preferências sexuais.

## Habilidade sexual

A área sexual de maior potencial de mudança é a competência "técnica" na cama. Isso se marido e mulher não estiverem travados ou constrangidos por tabus. Com uma genuína disposição de se entender na cama, ambos podem aprender a interpretar e tocar melhor o parceiro.

*Pedro continua insatisfeito*

Além de topar "no máximo duas vezes por semana", Silvana era displicente na cama. Havia meses, Pedro procurava instruí-la a respeito de técnicas sexuais enviando-lhe por internet cenas de sexo explícito e vídeos "didáticos" de como fazer sexo oral e masturbação. Ele era habilidoso em fazer a esposa gozar e se queixava da falta de reciprocidade. A única explicação que ele conseguia imaginar era que talvez ela não gostasse de sexo ou não o amasse.

Embora Pedro fosse o queixoso, já vimos que o gozo passivo

depende muito da perícia do parceiro, daí ser mais comum as esposas se queixarem da inépcia masculina nos ritmos e manobras sexuais. Após anos, muitas relatam que o parceiro ainda faz carinhos inábeis que machucam ou incomodam. E é comum homens e mulheres não terem coragem de conversar e instruir o parceiro de como tocá-los de modo prazeroso.

Mas além de inexperiência, timidez e tabus, a falta de habilidade no sexo pode também estar ligada a dificuldades psicossexuais, como ejaculação precoce, vaginismo, anorgasmia, entre outras. Embora muitos deixem de procurar ajuda por constrangimento, terapia sexual, de casal e medicação costumam ser muito eficazes para tratar certas dificuldades.

### Ambiente erótico-sensual

Essa é uma demanda mais feminina, e muitos maridos não estão à altura das necessidades eróticas da esposa fora da cama. Ainda que na cama eles se entendam, fora dela não se sentem ligados eroticamente. Esquecem-se de que, como mencionado, rotina e previsibilidade são verdadeiros assassinos, e que testemunhar diariamente os aspectos menos glamorosos da fisiologia e psicologia do parceiro também não ajuda. Sem contar que o estresse cotidiano (filhos, obrigações, desentendimentos) nos torna todos mais irritadiços e distantes.

*Fofinho*

Na primeira sessão, Rogério, 59, veio com Marcela, quarenta, para que ela "explicasse" o problema. Marcela há cinco anos "desistiu de lutar" por Rogério. Acha que ele não lhe dá atenção, que parece ausente e que faz sexo de modo mecânico. Cansou-se de reclamar, ele nem ao menos lhe responde, fica em silêncio, encarando-a, atônito. Rogério é um tipo acomodado, introvertido, tímido, pouco criativo e afeito a rotinas. Nem sequer entende o pedido dela para que "resgatem a época do namoro". Tudo que percebe é que tem uma mulher ressentida e que pode perdê-la. Mas apesar de seu jeito travado, aos poucos Rogério passa a ser mais "fofinho" e a demonstrar que a nota. Propõe programas que interessam a ambos, também entendeu que sexo em casa não era estimulante para ela, e se organizou com a babá para "escapar" com Marcela uma vez por semana. Passados dois meses, Marcela está mais carinhosa e eles retomaram as relações sexuais.

Para algumas esposas basta sentir certo enlace romântico, algo como "sinto saudades", "te amo", ou uma pequena lembrança comprada a caminho de casa. Marcela tinha horizontes sensuais mais modestos, e não foi difícil para Rogério corresponder. Outras necessitam de algo menos "fofo", mais apimentado — no estilo de Carlos, o amante da sensual Rita, que a instigava eroticamente. Diferente do marido Sérgio, que embora adorasse as "surpresas" de sua mulher, não era capaz de promover algo análogo por conta própria. No máximo abordava Rita de pijama, com um estranho gesto desajeitado (como que a galope, segurando rédeas, donde ela depreendia que seria a égua).

Criar espaços inusitados, divertidos, momentos a dois, tende a ser percebido, sobretudo pelas esposas, como estimulante, seja você "fofo", sensual ou instigante. O capítulo 16 é inteiramente dedicado ao tema "buscar mais sintonia sexual". Como você pode depreender do que já leu, se há pouco a ser incrementado a respeito de química sexual, muito pode ser feito nos outros três aspectos (habilidades, preferências e ambiente), sobretudo se desenvolverem uma conexão com as diferenças de erotismo entre vocês.

# 5
# Ciclos de vida, pressões e frustrações externas

As pressões externas e os ciclos de casamento e de vida são o inimigo silencioso de seu casamento. Assim como a frustração com a falta de gratificações fora da relação. Nunca deixo de examinar esses três aspectos nos casais que vêm à terapia.

Amadurecer e envelhecer, criar filhos, mudar de carreira, ter sucesso pessoal — tudo isso ocorre em ciclos. Mas nem tudo são ciclos; há dificuldades provisórias ou permanentes — como acidentes, adoecimentos, cataclismos financeiros —, que costumam se instalar abruptamente em sua vida. Além dos ciclos de vida e das pressões externas, pode ocorrer que você não esteja conseguindo ter gratificações fora da relação e se sinta frustrado com a vida em geral. Isso é algo que se percebe aos poucos, que se acumula insidiosamente, minando seu ânimo geral, e por fim faz com que você espere cada vez mais que o parceiro supra seu vazio. Comecemos pelas pressões externas.

## Pressões provisórias e permanentes

Algumas são clássicas, como nascimento de filhos, mudança de casa, morar com parentes. Mas há também doenças graves, crônicas, desemprego, conflitos com filhos. Algumas podem ser mudadas por providências práticas; já outras exigem mudança no modo de enxergar: às vezes, só nos resta aprender a lidar com o estresse. Talvez parte da irritação de seu parceiro esteja ligada às pressões de trabalho, de zeladorias domésticas, de solicitações familiares.

Pessoas equilibradas, satisfeitas consigo mesmas e que sabem conviver a dois lidam melhor com pressões intensas. Mas e as pessoas comuns? Submetidas a estresse intenso e prolongado, elas se tornam mais irritadiças, se deprimem, ficam doentes, tomam decisões intempestivas, fogem dos problemas, brigam.

*Casal espanado*

João e Emília formavam um casal adorável. Ambos tinham tato, bom humor, valores em comum e se apoiavam. Sabiam como ninguém lidar com divergências. Mas, depois de alguns anos de casamento, estavam exaustos de tantos conflitos.

Emília teve de sair do trabalho por causa de uma gravidez de risco (fez sete meses de repouso) e do filho de três anos que solicitava muito a mãe. Além de deixá-la frustrada, esse remanejamento sobrecarregou o orçamento familiar. Mas eles lidaram bem com o problema e se apoiaram com paciência e compreensão.

Então nasceu Patrícia, com um problema congênito que exigiu total dedicação do casal durante os dois primeiros anos, o que afetou a relação deles com o pequeno Manuel. João deu apoio a Emília, mas ela assumiu a maior parte dos cuidados com os filhos para que o marido pudesse manter a função de provedor. Foi quando o pai de João morreu por causa de um AVC. Ele cuidou das providências do enterro, de um inventário problemático e da mãe, que depois da morte do marido entrou em depressão. Emília, solidária, sugere que a sogra venha morar por um mês com eles, e João lhe é muito grato. Com orçamento mais restrito, pequenos luxos foram reduzidos.

Equacionada a depressão da mãe de João e encerrado o inventário, a irmã de Emília tem uma separação litigiosa e solicita suporte emocional e financeiro ao casal. Passados dois anos, a escola se queixa de que Manuel teria dificuldades comportamentais; a psicóloga escolar pondera que ele precisaria de mais atenção dos pais. Em paralelo, a menina Patrícia entra numa fase em que precisa cada vez mais de fonoaudiólogos, nutricionistas, tendo de passar por duas cirurgias.

Diante da sobrecarga já crônica, João tenta se preservar: joga tênis e baralho com os amigos e volta a gastar em pequenos luxos. Dá muita atenção à mãe deprimida e a Manuel, mas não ajuda tanto nos cuidados com Patrícia e ignora as carências da cunhada. Emília não se preserva: tenta acudir a todos e se torna irritável. Está exausta. Eles começam a acumular decepções mútuas: a vida sexual há tempos já se foi, assim como o espaço a dois, e surgem pequenas rusgas.

Então a vida profissional de João sofre um abalo: seu sócio quer deixar a empresa e ele precisa dedicar grande parte do tempo ao trabalho. Ela o acusa de egoísta. Ele a acha estressada e cobradora. Egoístas ou cobradores, não perceberam que sua situação real é insustentável e que os problemas foram se acumulando insidiosamente. Eles foram se "acostumando" à lenta deterioração.

A maioria dos casamentos vive submetida a problemas — não tão difíceis quanto os de Emília e João, que tiveram mesmo uma fase de azar —, mas dificuldades financeiras, acúmulos de obrigações domésticas e conflitos familiares são eventos comuns, assim como reformar a casa, ter filhos ou cuidar de pais idosos e dependentes. Estatisticamente, quanto mais projetos e compromissos o casal tem, mais flancos vulneráveis se abrem. Algo sempre desanda, às vezes mais de uma coisa. Se esperar que tudo esteja alinhado e corra bem, você jamais estará satisfeito.

Algumas situações podem ser mudadas, outras são passageiras e podemos esperar que passem. Mas algumas não conseguiremos mudar, a não ser que rompamos com tudo (isso não costuma ser possível nem ético). De forma geral, pressões crônicas exigem que se aprenda a suportá-las, o que é possível moderadamente. Às vezes por meio de psicoterapia, às vezes com apoio medicamentoso. Também incrementar a conexão entre os parceiros pode ajudar muito a suportar pressões externas.

Mas é importante ter em mente que a médio e longo prazos

é fundamental encontrar soluções, e não se conformar a viver no inferno.

### Ciclos de casamento e de vida

Não há ciclos gerais válidos para todos os casamentos. Casamentos ligam-se a ciclos biológicos, econômicos e psicológicos de cada parceiro, bem como aos ciclos de vida dos próprios pais e filhos. Vão muito além dos "ciclos de paixão, desilusão e acomodação", dos "ciclos dos sete anos", ou de outros tantos "esquemas de ciclos" que se utilizam para descrever a evolução do casamento.

*Ciclos em choque*

Márcia e Leonardo, tão descuidados na etiqueta, também não coincidiam em seus ciclos pessoais. Ela sentia que o relógio biológico não lhe permitia mais esperar para ter filhos, ele podia esperar e estava numa fase de carreira que exigia foco no trabalho. Ela achava que era o momento de usufruírem da vida a dois, e não mais tarde quando os filhos e a maturidade drenassem suas energias. Ele achava que deviam se concentrar em poupar dinheiro para terem um patrimônio no futuro. Aspectos essenciais da aliança de casamento – como os ciclos, os projetos de vida e as concepções de casamento – simplesmente não coincidiam.

Embora não seja possível mapear todos os ciclos, o fato é que eles exercem influências favoráveis e desfavoráveis sobre seu casamento. Por exemplo, o nascimento de um filho costuma deteriorar a qualidade da relação de casamento, gera mais estresse, pressão econômica, queda da libido, irritabilidade e maior taxa de insatisfação com o parceiro. A saída dos filhos de casa marca um ciclo no qual a relação matrimonial volta a um plano mais central na vida doméstica. Alguns casais se reconectam e incrementam o prazer de estar juntos, outros se afastam de vez.

Também a rotina tem seus ciclos, que marcam o tempo médio das pessoas para começarem a se habituar e a sentir que a relação está perdendo o frisson, em torno de dois a três anos. Instala-se então a rotina, a previsibilidade e o tédio sexual. Também há diversos ciclos hormonais sexuais de curto, médio e longo prazos. E os ciclos na vida financeira: muitas vezes o casal inicia com pouco e usufrui do que tem sem muitas metas de construção de patrimônio familiar, segue-se então um longo período de ganhar mais dinheiro e esforço poupador, para eventualmente atingir um patamar de maior estabilidade e usufruto. O amadurecimento e o envelhecimento também marcam ciclos importantes.

Se você e seu parceiro estiverem com os ciclos defasados (e alguns ciclos sempre estarão defasados) em determinadas áreas, vocês terão ritmos e metas de curto e médio prazos divergentes. Em alguns casos, isso pode inviabilizar a relação. No que se refere a Leonardo e Márcia a dissintonia de ciclos se somava à falta de etiqueta e ao funcionamento psicológico problemático de cada um, formando a receita para um desastre matrimonial. Não à toa, pouco depois de tentarem resgatar o casamento, eles romperam de forma conflituosa.

### Gratificações em outras áreas

Quanto mais fontes de gratificação, bons amigos, profissão envolvente, hobbies, bom relacionamento com os filhos e demais familiares, interesses intelectuais, religiosos ou esportivos você tiver, mais se compensam pequenos déficits matrimoniais e menos você tende a exigir demais do casamento. Quanto mais esvaziada for sua vida fora do casamento, mais você tenderá a se sentir frustrado e menos aguentará decepções no relacionamento.

Algumas atividades podem ser tão envolventes e absorvê-lo de modo tão intenso que sustentam a maior parte de seu prazer de viver. Freud nomeava essa capacidade de "sublimação"; também o conceito de "*flow*", desenvolvido por Mihaly Csikszentmihalyi, se refere a engajamentos desse tipo. Sublimação e *flow* não são a mesma coisa, mas as duas capacidades apontam para algo comum: entusiasmo e engajamento em outras atividades fora do casamento.

Sublimação se refere à capacidade de mobilizar seus interesses para áreas não diretamente sexuais e de valor social, e nelas obter prazer. Nesse caso a libido se transmuta em interesses culturais, científicos, estéticos ou éticos. Quer dizer que você desinveste um pouco do interesse sexual e desloca essa reserva de energia para outros interesses. Isso lhe permite aguentar melhor a não realização de prazeres imediatos e físicos e obter prazer em atividades que tenham valor para você.

*Flow* se refere a entrar num estado de absorção e intenso interesse a ponto de "esquecer" de si e do mundo e ficar imerso numa atividade que de tão interessante se sustenta por si. Imagine, por exemplo, um pianista apaixonado por Chopin, treinando em casa sua peça favorita, ou um surfista curtindo uma sessão de surfe. Ambos estão concentrados na atividade, a atividade é gratificante por si só, a gratificação é imediata. Além disso, o praticante da atividade se impõe desafios constantes, mas que estão a seu alcance, e dedica-se a aprimorar-se de acordo com o ritmo de seu temperamento. Aliás, o prazer seria destruído se o pianista só tocasse para ganhar dinheiro ou se o surfista tivesse de participar de um campeonato de surfe do qual achasse que não daria conta.

Imagine agora que essas atividades sejam realmente importantes na vida do pianista e do surfista. Nesse caso eles as valorizarão muito e tentarão permanentemente se aprimorar nelas. E para isso estarão dispostos a alguns sacrifícios e a abdicar de alguns prazeres imediatos. E talvez se dediquem por muito tempo a se preparar para participar de competições ou transformem essas atividades em profissão. Farão horas de treino; talvez o surfista; faça uma dieta especial; o pianista; cursos de aprimoramento etc. Mas embora busquem resultados, a maior parte do tempo eles estão envolvidos no processo que tanto os fascina. E mesmo eventuais resultados que incrementarão a autoafirmação e ampliarão os horizontes de cada um não deixarão de ser prazerosos e criarão um frisson, um desafio.

Esses mesmos princípios foram observados por psicólogos

em pessoas envolvidas com outros tipos de atividade, como apreciar arte, vinhos, viajar, trabalhar (mesmo em linhas de produção em fábricas há casos de operários que trabalham em *flow*, ou que sublimam no trabalho). E tanto a capacidade de sublimar como de entrar em *flow* dão senso de propósito à sua vida e o tornam mais resistente a adversidades e tolerante a contrariedades. Em grau moderado, a capacidade de sublimar e de desenvolver atividades que tragam *flow* podem ser desenvolvidas.

Voltemos ao tema do casamento.

*A nova vida e o vazio*

Rui, 72 anos, empresário workaholic, é casado há 51 anos com Helena, dona de casa, setenta anos. Eles vivem em conflito. Ele encara sua fábrica como um fardo, não tem amigos, não cultiva a relação com parentes e tampouco tem outros interesses, como esportes, cultura, viagens. Helena desconfia que ele tenha uma amante, mas nunca ousou colocá-lo contra a parede. Em casa, ele se irrita com a esposa, queixa-se da ineficiência doméstica. E também reclama de Helena na cama, diz que ela não sabe e nunca "soube agradar um homem".

Helena se sente pressionada e rebaixada. Ela tampouco tem amigos, interesses ou hobbies. Sua única relação externa é com o pai, que tem Alzheimer; mãe e sogros já faleceram. Seus filhos lhe dão algum suporte emocional, mas são casados e têm suas próprias vidas. Como Rui não "a leva" ao cinema, teatro, restaurantes, e eles não viajam, sua vida se resume a cuidar da casa, a esperar Rui voltar da fábrica, temendo o próximo ataque de mau humor, e a lamuriar-se em longos telefonemas com a filha.

Então, aos 73 anos, Rui tem um enfarto. Pela primeira vez, ele se dá conta de que está velho e se assusta com sua falibilidade. Inicia uma psicoterapia, decide reduzir seu ritmo de trabalho e resolve aproveitar a vida que lhe resta. Passa a praticar e estudar ioga, faz cursos de gastronomia, convida os colegas de curso para experimentarem os novos pratos e retoma um antigo sonho de infância: ter aulas de piano. A seu modo aprendeu a sublimar e a entrar em *flow*.

Tornou-se um sujeito mais satisfeito, gosta mais da vida, se diverte mais. Encara com mais humor as "chatices" da mulher.

Para surpresa de todos, a mudança em Rui tornou Helena irascível, agressiva e depressiva. Cobra Rui por não viajarem com mais frequência, por estar cansado e não querer ir ao teatro, por cozinhar para tanta gente e deixar a louça para ela. Por se vangloriar de seus dotes culinários diante dos amigos, quando quem cozinha todo dia é ela. E se chateia que Rui e o filho tenham tantos almoços de negócios e ela tenha de almoçar só, e que Rui seja tão professoral corrigindo-a como se fosse burra.

Helena, que padece de um vazio interno, é dependente e nunca desenvolveu interesses próprios. Para ela foi um grande desafio avançar nessa área, e ao consegui-lo moderadamente, pôde dar passos decisivos em sua vida.

Muitos homens ainda consideram o casamento periférico e canalizam toda sua energia em atividades de aventura e desafios à autoafirmação (trabalho, esportes, amigos, vida intelectual, talvez até amantes). Também compartimentalizam a vida; toleram um casamento medíocre, sobretudo se for tranquilo. Podem "ir levando", ficam acomodados, investem em outros setores que lhes tragam gratificação. As vantagens de permanecer casado podem superar o custo emocional e financeiro de se separar.

Para muitas mulheres, a satisfação em outros setores não serve de indenização para um casamento medíocre, ainda que ter sucesso no trabalho, relacionar-se com os filhos, investir mais em amizades, lazer, cuidar da aparência, da saúde e cultivar a sensualidade sejam, sim, modos de tornar a vida mais rica e interessante.

Em parte, essas atividades compensam, tanto para homens como para mulheres, muitas das decepções matrimoniais e criam maior tolerância às insuficiências do parceiro. Pessoas muito dependentes, desvitalizadas e negativas tendem a ter menos interesses e menos atividades; não se envolvem com plenitude, não usufruem da riqueza da vida e são mais lamuriosas. Portanto, esse é um aspecto que vale a pena incrementar na sua vida pessoal, qualquer que seja o seu tipo de casamento.

# 6
# Vantagens de permanecer casado

Talvez você pense que numa separação os suportes práticos do casamento lhe farão falta. Que não pode ficar sem os apoios financeiros e logísticos, nem sem as as conveniências e amenidades matrimoniais. Ou tema a perda patrimonial.

Ou quem sabe você superestime seus laços afetivos e se imagine emocionalmente dependente; superestime a importância do apoio psicológico do parceiro, da companhia, dos amigos em comum. E tema circular socialmente sem o status de casado.

Se for homem, talvez não queira abdicar do Projeto Família. Acha que sentirá falta dos filhos, do aconchego familiar. Se for mulher e ainda não tiver filhos, talvez se disponha a suportar o casamento porque o relógio biológico não lhe concede mais tempo de buscar um novo parceiro.

Mas pode ser que você tenha de fato laços afetivos profundos com seu parceiro, que o ame.

Dependendo de como responde a essas questões, você fará certas escolhas sobre o futuro de seu casamento.

## Dependência de suportes práticos

São poucos os casos em que é impossível se separar por impedimentos práticos. Se não a curto, a médio prazo é possível, com calma, preparar uma separação.

*Apartada do mundo*

Helena, ainda virgem, havia passado das mãos dos pais para as do marido, Rui. Dali em diante, ele seria para o resto da vida dela a sua interface com o "mundo adulto". Se tudo corresse conforme os usos e costumes, o roteiro de sua vida seria parir e criar filhos e, em seguida, cuidar de Rui na velhice, enterrá-lo, e depois ficar sob a proteção de um filho homem. Sua filha, Teresa, assumiria os pequenos cuidados do cotidiano e as carências emocionais da mãe. Como Helena, com seu pai agora sofrendo de Alzheimer.

Ao longo de 39 anos, Rui centralizou tudo. Muitas vezes Helena pensou em se separar, mas o medo de não dar conta das crianças e ter de lidar com aspectos práticos (moradia, orçamentos, contratar um advogado) a deixava em pânico. Aos 69 anos, estimulada pelos próprios filhos e pela neta adolescente, Helena resolve dar um basta. Quando estava prestes a enfrentar Rui, ele teve o enfarto. Precisou adiar novamente os planos e cuidar dele.

Então Rui mudou! Passou a tratá-la com mais carinho, tornou-se mais tolerante, embora continue professoral, o que a deixa quase tão furiosa quanto a percepção de que ele continua com a amante. Já não tem certeza se vale a pena se separar para sair da dependência do marido e cair na dependência dos filhos. E Rui tem lhe proporcionado viagens e romance, como nunca em quarenta anos.

Embora a filha de Helena a condenasse por "ser fraca", "não ter atitude", Helena não estava preparada para enfrentamentos. Temperamento "evitativo", baixa autoestima, educação repressiva e circunstâncias adversas a mantiveram num cativeiro, cuja porteira, na verdade, sempre esteve aberta. Tudo que tinha era o serviço de casa e um marido a temer todas as noites, mas que lhe dava farto material de lamúrias e propiciava a solidariedade dos filhos. Embora alegasse empecilhos jurídicos e financeiros, estava habituada ao marido, assim como ao território doméstico.

Não saberia, e talvez não quisesse fazer amigos, escolher cursos, aprender coisas novas, movimentar-se pelo mundo sozinha.

Depois de analisar sua situação, é comum que as pessoas reconheçam que não estão impedidas de se divorciar por razões práticas; estão "impedidas" por suas próprias dependências psicológicas, por falta de autonomia ou porque não sabem se realmente desejam se separar, talvez porque ainda amam o parceiro. É o que geralmente está por trás das dependências dos suportes práticos.

### Laços afetivos

*Ruim com você, pior sem você*

Letícia, a esposa monossilábica de Alfredo, ficou muitas sessões remoendo a imagem de si mesma como mulher separada. Via-se indo ao cinema e viajando sozinha. Imaginava-se vista como "coitada", "incompetente de manter marido", mulher "abandonada", "encalhada". Achava ainda que nos enfrentamentos do cotidiano seria mais respeitada com a presença de um marido, que confere dignidade, peso.

Alfredo também percebia que tinha mais credibilidade social como "pai de família" do que antes, quando era um "solteirão". Sempre suspeito de ser gay ou "tiozinho", "pegador" de meninas, preferia estar abrigado sob a dignidade de "pai de família". Tanto ele como Letícia temiam ser difícil se entrosar com os amigos casados depois do divórcio. Eles eram emocionalmente dependentes das facilidades que o status de casado oferece.

Para André, o marido da tensa Juliana, nada disso era problema. Sua questão era a dependência psicológica. Apesar dos conflitos, "necessitava" da presença de uma "mãe" severa que lhe desse broncas, que, apesar de tudo, lhe passavam a segurança de não estar fazendo as coisas erradas. No início da terapia, ele não se dava conta disso. Só se chateava, reclamava como um adolescente. Quando percebeu essa dimensão, ainda precisou de um tempo para se autorizar a tomar suas próprias decisões sem buscar a "bronca retificadora".

Era um de seus enlaces com Juliana. Também achava que não saberia conquistar novamente uma nova mulher, que acabaria sozinho. Anos mais tarde, a vida lhe mostrou o contrário.

Alguns de nossos fantasmas são fáceis de expurgar, de outros talvez não nos livremos. Às vezes, os amigos e parentes próximos do casal insistem, como se houvesse sempre um modo sadio e correto de lidar com as coisas. Esquecem-se de que, visto de longe, nenhum entrave psicológico parece tão difícil de superar: timidez, achar-se sem graça, insegurança para lidar com a vida, apego ao status de casado, vínculos sadomasoquistas. Não entendem que para sobreviver alguns podem ter de escolher parceiros esquisitos, aceitar situações complicadas e topar sofrer.

Freud advertia contra o *furor curandi* (furor da cura). Todos, sem exceção, temos algumas deficiências, que para nós são insuperáveis. São nosso limite. Como terapeuta, sempre busco testar em conjunto com os pacientes quais são seus limites e incitá-los a experimentar novas possibilidades. No final, talvez restem um ou dois limites realmente insuperáveis, para sempre ou por um longo período. No capítulo 14, ao discutir o caso de Denise e Ronaldo, abordo algumas formas de explorar seus limites, por meio da observação dos graus de congruência entre seu desejo e suas possibilidades. Isso é algo que você pode observar, por exemplo, fazendo os "exercícios de visualização de cenários" e testando na prática novas posturas que proponho.

### Apego ao Projeto Família

Construir uma família não é fácil. A maioria dos casais de que falo neste livro relata um extremo orgulho e satisfação de ter uma "família encantadora". É delicioso estar com os filhos, fazer programas com outras famílias, com parentes. Quando lembrados a posteriori, esses momentos pareciam a todos acolhedores, divertidos.

*"Lar doce lar" vs. "Amante fogosa"*

No ano passado, Penélope e Ricardo se separaram por três meses. Na época, o filho deles estava com dez anos. Ricardo amava Penélope, mas teve uma experiência sexual com uma cliente de sua empresa que o deixou sexualmente extasiado – ambos entraram numa fissura sexual. Onze meses depois continuava obcecado pela amante, encontrando-a quase todo dia. Decidiu que não podia continuar assim, contou tudo a Penélope e saiu de casa. Pela primeira vez Penélope e ele conversaram sem brigar. Ela se deprime e passa a pedir que ele a console.

Depois de duas semanas morando com a amante, Ricardo ainda estava confuso. Por mais que conhecesse histórias de separações bem-sucedidas e soubesse que hoje é comum crianças passarem por essa situação, Ricardo se culpava. Imaginava sua família quebrada, fracassada, os filhos se sentindo abandonados, e ele mesmo estava muito só. Também se constrangia com a reação dos amigos e familiares, a maioria solidária a Penélope. Cortava-lhe o coração vê-la sofrendo, temia o dia em que ela arranjasse outro e sentia falta de tudo: do aconchego do lar, do convívio com o filho, do amor incondicional de Penélope, do círculo de amigos, da família estendida e dos programas e viagens. Até das brigas e reconciliações com a esposa sentia falta. Estava desgastado com a aridez do flat em que vivia, com a falta de mimos caseiros, e com as altas expectativas sexuais da amante. Finalmente decidiu voltar. Passado o período de reconciliação com Penélope, retomaram aos poucos o padrão de brigas diárias e da vida entre tapas e beijos.

Meses mais tarde, Ricardo achou que a memória lhe passou a perna e se lembrou do quanto se irritava (e ainda se irrita) com os programas familiares dos quais achava que lhe faziam falta. E do quanto fica furioso com a teimosia de Penélope. E com os gastos dela! E com os cutucões que ela lhe dá. Sentiu muitas saudades da amante, mas tinha medo de ser deixado por ela, tão mais jovem do que ele, e temia não terem as afinidades e a história em comum que tinha com Penélope. Meio ano depois concluiu que o Projeto Família realmente falava mais alto e justificava a volta ao lar.

Em um mundo globalizado, sem grandes famílias que os acolham, os parceiros atuais se veem muitas vezes desenraizados. Longe da cidade de origem, solitários, jogados num mundo fascinante, mas competitivo e pouco acolhedor, muitos se apegam à ideia de família, com ou sem filhos. É um apelo poderoso e possivelmente um elemento relevante de sustentação do casamento tradicional até os dias de hoje. Sobre os relacionamentos no futuro e a importância da família, não podemos saber. Mas quanto mais fraco o apelo do Projeto Família for, mais difícil será manter o formato de casamento atual.

# 7 A *sua* Equação do Casamento

Ao longo da leitura, talvez você já tenha construído mentalmente a *sua própria* Equação do Casamento. Mas caso prefira ter uma visão mais detalhada de como percebe seu casamento hoje, você pode ir ao Apêndice A (p. 308) e preencher a tabela ali inserida, dando notas de A a C para cada item. Lá vai encontrar os 22 aspectos específicos em que cada dimensão da Equação foi desdobrada.

Se você preencheu a tabela, é provável que tenha à sua frente um mosaico de As, Bs e Cs; caso tenha optado por construir mentalmente sua Equação, você deve ter uma noção geral das fortalezas e vulnerabilidades da sua relação.

Antes de abordar como você pode se posicionar ante o seu casamento, revisarei resumidamente algumas tendências gerais já apresentadas ao longo dos seis capítulos e que valem para muitos casais — não necessariamente para você.

Comecemos pela *Compatibilidade psicológica*: se os três aspectos que a compõem (complementaridade de fortalezas e carências, funcionamento psicológico individual e sintonia de temperamentos e estilos) forem muito positivos, você e seu parceiro são almas gêmeas! Se a *Química sexual* for ao menos razoável, você provavelmente tem um casamento fantástico, pois mesmo que todos os outros dezessete fatores restantes tenham desajustes, eles tenderão a não pesar tanto para vocês. Até mesmo brigas ocasionais por falta de consensos não serão tão graves; vocês convergirão naturalmente para um convívio prazeroso e mais harmônico.

Mas isso não é comum. Talvez vocês sejam um casal normal e tenham um nível mediano de *Compatibilidade psicológica* (talvez sejam compatíveis em alguns setores e incompatíveis em outros). Nesse caso, a qualidade das outras cinco dimensões será muito relevante para tornar seu casamento um ponto forte em sua vida.

A segunda dimensão da Equação, *Saber conviver a dois*, como já mencionado, é o grande coringa do relacionamento, que consegue atuar de modo reparador sobre quase todos os aspectos que precisam de ajustes. Como vimos, o casamento atual é um celeiro potencial de conflitos. Portanto, se ao menos um de vocês investir nos cinco tópicos do convívio a dois, provavelmente conseguirá ajustar grande parte da Equação do Casamento. Se você adquirir inteligência emocional para lidar com divergências, se seguir uma etiqueta de casamento e se souber manter-se conectado ao parceiro, levando em conta as necessidades de gênero, de personalidade e a situação de vida dele, poderá obter grandes melhoras. Mas se sua capacidade de conviver a dois estiver deficitária, é provável que dificuldades no restante da Equação se potencializem.

A maioria dos casais não é muito proficiente na arte do convívio a dois, e quando há muitas incompatibilidades psíquicas, uma grande falta de consensos, sérios desencontros sexuais e muita pressão externa, quase todos os casais entram em conflito aberto e brigam de modo destrutivo, ou se recolhem e se afastam. Mas a arte de conviver a dois é algo que a maioria das pessoas pode aprender, e quando o fazem, conseguem fantásticas melhoras na relação! Saber conviver a dois só não será útil se houver entre vocês uma profunda e essencial falta de atração pelo parceiro ou projetos de vida incompatíveis. De resto, a arte do convívio é tão fundamental que dedico toda Parte II do livro aos diversos modos de você desenvolvê-la.

O terceiro fator da Equação, os *Consensos*, é o sítio em que a maioria dos conflitos matrimoniais se manifesta. Se vocês forem como grande parte dos casais, é provável que tenham uma razoável convergência nos *Projetos de vida* e nos *Valores e senso de propósito*; mas é possível que tenham algumas importantes divergências na *Concepção de casamento* (ligados a conflitos de gênero e às histórias familiares de cada um) e talvez também diferenças nas *Afinidades de gostos e interesses*. Nesse caso, tenderão a brigar sobre dinheiro, educação de filhos, divisão de tarefas, lazer, relações com parentes, dedicação ao relacionamento, ciúmes. Todos esses são temas clássicos de conflitos de casal.

Se seu casamento não recebeu boas notas nem nos consensos e tampouco na arte de convívio, vocês certamente estão brigando, engolindo sapos ou empurrando problemas para debaixo do tapete. A tendência é que percam a conexão e vivam vidas paralelas.

Em relação à quarta dimensão da Equação, *Atração e vida sexual*, os quatro tópicos que a compõem são relevantes. Uma *Química sexual* ruim tende a inviabilizar a relação. Se você for homem, é provável que valorize a convergência das *Preferências eróticas* mais do que sua esposa. Se for mulher, a tendência é que valorize mais o *Ambiente erótico-sensual* que seu marido. Se faltar a um de vocês *Habilidade sexual*, isso costuma ser mais problemático para mulheres, cujas condições de gozo passivo tornam a habilidade sexual do marido muito importante. Mas, como veremos na Parte III, é possível lidar com divergências nas *Preferências eróticas*, assim como com a falta de *Habilidade sexual*, sobretudo investindo na segunda dimensão da Equação: a capacidade de conviver a dois. Sobre falta de química sexual, como vimos, há pouco a fazer.

Ao longo do tempo, se sua *Vida sexual* for ao menos mediana, é possível que seu casamento prossiga com um razoável grau de satisfação, desde que os outros aspectos sejam favoráveis. Mas sobretudo se você for mulher, é provável que problemas em outros setores da relação contaminem seu desejo sexual pelo parceiro, pois o *Ambiente erótico-sensual* tende a se deteriorar quando há muitos conflitos. Se você for homem e isso estiver acontecendo com sua mulher, é melhor investir em aprender a lidar com conflitos (que talvez lhe pareçam desligados dos problemas sexuais) e acima de tudo procure conectar-se com as necessidades da parceira.

Falemos agora da quinta dimensão da Equação. Talvez alguns dos conflitos de casamento que você atribui a dificuldades nas quatro dimensões anteriores sejam, na verdade, fruto de dificuldades ligadas a *Ciclos de vida* ou a *Pressões e Frustrações externas* avassaladoras. Há pressões, como, um prolongado desemprego, filhos muito problemáticos, constantes conflitos no trabalho, grande sobrecarga doméstica, doenças graves, que podem estar além da capacidade de processamento sua e de seu parceiro. Cada um de nós está preparado para lidar com determinado nível de estresse, além do qual entramos em intensa ansiedade e depressão, o que aumenta a irritabilidade e afeta todas as áreas da relação. Ter sabedoria para lidar com um excesso de pressões avassaladoras não é natural, e sucumbir a isso não o torna fraco ou incompetente. Situações cronicamente desfavoráveis potencializam o pior da relação, e não são férias ocasionais que resolverão o problema. Talvez vocês precisem de ajuda terapêutica.

Outro aspecto muitas vezes negligenciado, sobretudo por esposas em casamentos tradicionais, são as *Gratificações em outras áreas*. Elas podem ser obtidas no ambiente doméstico, no trabalho, na vida social, em hobbies, na religião ou com a família estendida. Uma vida mais rica tira o foco do parceiro, tornando a relação mais leve e menos exigente. Embora possa levar um tempo, aprender como obtê-las é um investimento que vale a pena, seja para aliviar seu casamento, seja para aumentar sua satisfação geral com a vida.

Ainda que as cinco dimensões acima não possuam notas altas na sua Equação do Casamento, a sexta, que se refere às *Vantagens de permanecer casado*, pode funcionar como força "de atração gravitacional". As conveniências e dependências práticas (financeiras, logísticas e sociais), assim como o apego ao *Projeto*

*Família* e eventuais laços afetivos (amor, dependência neurótica, habituação) podem ser elementos positivos que reforçam o casamento e o ajudam a ter mais tolerância com fases mais difíceis ou certos descompassos. Mas se não consegue avaliar até que ponto vale a pena lidar com divergências em nome de permanecer casado, é possível que esteja atolado no "ruim com você, pior sem você". Discutirei nos capítulos da Parte III modos de sair dessa armadilha.

## O que fazer com a sua Equação

Embora não seja provável, o ideal seria que sua Equação do Casamento fosse excelente em todos os aspectos. Mas é possível aprender a conviver com mosaicos de As, Bs e Cs e manter um casamento muito satisfatório.

Para isso, é preciso que você saiba o que fazer com as eventuais fortalezas e carências de seu casamento. Fazer, portanto, determinadas escolhas. Nos casamentos, o tempo todo é preciso reconfirmar ou refazer escolhas, pequenas e grandes. Você pode não saber se deve insistir em que seu parceiro mude algumas atitudes, ou se deveria parar de confrontá-lo e aprender a conviver com o problema. Ou se, numa autocrítica, você teria de concluir que sua reivindicação não faz sentido. Também é provável que tenha dúvidas sobre se deve investir na relação, desistir de lutar e "ir levando" ou se separar.

Muitas dessas perguntas envolvem dilemas, para os quais não há "o certo e o errado"; às vezes "o certo" é "o errado" e "o errado" é "o certo". São decisões que dependem de seu autoconhecimento, mas não só disso. Dependem também do potencial de mudança do seu casamento, do seu potencial de mudança pessoal e da ética do seu desejo.

Pode ser que, no final, você opte por continuar com um parceiro problemático (talvez depressivo e agressivo), mas de quem você gosta muito. Ou, ao contrário, prefira se separar de um companheiro adorável, porque descobriu que você não foi talhado para a monogamia. Ou tente resgatar uma relação em crise. Ou permaneça casado em nome dos filhos.

A não ser que seu casamento seja muito satisfatório e em nada possa ser incrementado, há cinco possíveis situações e dilemas a eles associados. Talvez você ainda não consiga avaliar exatamente o que pensa do casamento. Se for esse o seu caso, talvez tenha de testar alguns desses caminhos:

1. Você está confuso porque você (ou seu parceiro) está mantendo um caso extraconjugal, e isso embaralha tudo. Mas gostaria de saber se é possível restaurar a relação ou não.
2. Você sente que o casamento está tomado por conflitos e vocês estão esgotados. Quer tentar resgatar a relação da crise, só não tem ideia de como fazê-lo.
3. Você considera que o casamento é insatisfatório e que há pouco a fazer, mas gostaria de aprender a levar as coisas de modo menos desgastante, não se importar tanto e ficar com o lado bom.
4. Embora seu casamento seja moderadamente satisfatório, há aspectos específicos que você ainda gostaria de incrementar, porém não sabe como.
5. Você decidiu se separar, mas gostaria de ter segurança de sua decisão e encontrar um modo consistente e pouco sofrido de fazê-lo.

Cada um dos capítulos da Parte III se refere a uma dessas possíveis situações de casamento. Se alguma delas lhe disser respeito, você pode ir direto ao capítulo específico. Se achar que seu caso é uma combinatória de duas ou três situações (o que é o mais comum), pode ler vários capítulos. Em cada um deles faço sugestões de como você pode avançar em seu autoconhecimento, fazendo experimentos de auto-observação e testando as possibilidades de seu matrimônio.

Configurei cada capítulo como um projeto de autoconhecimento e experimentação no casamento. Mas, para explorar qualquer um dos caminhos, será de grande valia que você incremente suas habilidades em conviver a dois. As cinco competências de convívio que apresentei no capítulo 2 costumam ser essenciais para promover mudanças! E a boa notícia é que elas podem ser incrementadas — e *muito*. Em muitos casos operam milagres. Por isso, toda Parte II do livro é dedicada aos modos de desenvolvê-las.

# PARTE II
# SOBRE A ARTE DE CONVIVER A DOIS

# Por que desenvolver a arte de conviver a dois

Em outras épocas e regiões, as habilidades de convívio matrimonial mais importantes podem ter sido (ou ainda são) autodisciplina, humildade e fé, ou até a arte de dissimular. Contudo, em casamentos igualitários voltados à felicidade, cinco competências de convívio se destacam: a habilidade para lidar com divergências, a etiqueta de casal e as conexões com as diferenças de gênero, de personalidade e de situação. Elas podem compensar quase todos os desajustes em outras dimensões da Equação do Casamento.

Mas a verdade é que para a maioria de nós exercê-las não é algo natural. De início, adquiri-las pode custar esforço, com o tempo se tornam mais fáceis e aos poucos podem se tornar sua segunda pele.

Você se lembra de como foi aprender a dirigir? Só depois que treinou e dominou os princípios do trânsito, as manobras e os manejos básicos é que você parou de prestar atenção nos pedais, pernas e braços, e não precisou mais decifrar os sinais de trânsito. E agora guia com espontaneidade, acelerando quando está com pressa, ou devagar, apreciando a paisagem. Guiar com espontaneidade não é dirigir sem cuidado e sem respeito às regras de trânsito; isso causaria muitas batidas! O mesmo vale para o "trânsito interpessoal no convívio cotidiano".

Mas a verdade é que não há como lhe garantir que ao adquirir uma etiqueta de casal, aprender a enfrentar as divergências de modo construtivo e saber como se conectar com seu parceiro, você vá resolver todos os seus problemas de casamento. Embora desenvolver a arte do convívio a dois seja um poderoso modo de beneficiar seu relacionamento, podem existir outros impedimentos. Se você conseguir incorporar as principais competências de convívio, ainda que isso não sirva para seu casamento, deverá beneficiar suas eventuais futuras relações amorosas. Também será útil para relacionamentos em geral (no trabalho, com filhos, amigos e parentes). Portanto, mesmo que o início não seja fácil, vale a pena insistir. Só não se cobre demais, vá aos poucos. A cada semana avance mais um pouco e, no final, é provável que a arte do convívio se torne algo tão automático como caminhar ou cumprimentar conhecidos. Não há como lhe dizer o tempo que você precisará para incorporar esses princípios, mas dependendo da sua personalidade, de seu estresse atual e do quanto se empenhar, isso deve levar de um a três meses.

Nos próximos capítulos discutiremos formas de desenvolver a arte de conviver a dois. Os primeiros três capítulos se referem a lidar com divergências; os dois seguintes, ao cultivo da relação.

# 8
# Explorando os botões verdes e vermelhos

Cada um de nós tem um painel com *botões verdes* e *vermelhos*. Ao apertar botões verdes, você ativa pensamentos e emoções positivas no parceiro, e ao tocar nos vermelhos, ativa conflitos e emoções negativas (em geral raiva ou ansiedade e, eventualmente, tristeza).

Para lidar com divergências é útil aprender três coisas que poucas pessoas fazem com naturalidade: *Identificar os botões vermelhos* (*seus e de seu parceiro*), *Desativar os próprios botões vermelhos* e (tentar) não apertar os botões vermelhos do parceiro.

Sobre como apertar os botões verdes do parceiro, falaremos nos capítulos 11 e 12, que se dedicam ao cultivo da relação.

Pessoas de bem com a vida têm painéis com mais botões verdes e poucos vermelhos. Pessoas ansiosas, depressivas, irritadiças têm mais botões vermelho; algumas têm botões vermelhos enormes, inflamados — como Ronaldo, o marido ranzinza de Denise. É provável que ao conviver com essas pessoas, você esbarre involuntariamente nos botões vermelhos, ou que os botões se ativem sozinhos na sua mera presença.

Talvez você e seu parceiro correspondam à média das pessoas, cujos painéis são um mosaico de verdes e vermelhos. Mas, com o tempo, o acúmulo de brigas pode ter transformado seus painéis em verdadeiros tapetes vermelhos!

Botões vermelhos e verdes estão inseridos em redes neuronais complexas. Uma briga muitas vezes conecta-se a experiências anteriores vividas com o parceiro e a conflitos muito antigos, alguns inconscientes. Pode também estar ligada a fatores orgânicos que afetam sua irritabilidade, alegria, tristeza. Não há como rastrear tudo que está subjacente aos botões vermelhos, mas a ideia deste capítulo é ajudá-lo a tentar identificar alguns botões que você e seu parceiro ativam um no outro, e entender algumas das motivações internas de cada um.

Se você não estiver em terapia de casal e não puder conversar tranquilamente com seu cônjuge sobre o que se passa, pode seguir o roteiro deste capítulo, na maior parte calcado em técnicas de terapia cognitiva.

### Identificar os botões vermelhos (seus e de seu parceiro)

Mariana e Paulo chegaram à terapia de casal pois queriam resgatar seu casamento em crise. Na terceira sessão, começamos a mapear os botões vermelhos de cada um.

Ambos fizeram uma lista com tudo que os incomodava na relação, desde miudezas, como Paulo palitar os dentes depois das refeições, até a falta de afinidades e de sintonia com o temperamento e estilo do outro.

Em terapia, sempre sugiro aos pacientes começarem pelos itens mais "fáceis" e deixar para depois os temas mais difíceis.

Da lista de Mariana, selecionamos o "jeito espaçoso e inconveniente de Paulo" e o "modo furacão como ele se movimenta pela casa". Paulo escolheu as "críticas que Mariana lhe faz em público".

Deixamos tópicos mais profundos e difíceis — como a pouca afinidade de interesses e o fato de não serem psicologicamente complementares em diversas áreas — para depois. Também as dúvidas de Mariana, se "ela foi feita para o casamento", seriam tratadas em sessões individuais de autoconhecimento.

Se no seu caso você pode redigir uma lista dos conflitos mais recorrentes entre vocês, escolha um ou dois temas que pareçam mais fáceis de superar.

Seja específico e escreva exatamente o comportamento que o desagrada.

Para Mariana, o "jeito espaçoso e inconveniente de Paulo" se referia a cinco comportamentos específicos:

1. Contar piadas picantes para pessoas pouco íntimas
2. Falar alto
3. Revelar intimidades do casal a terceiros
4. Beber demais
5. Ficar prolixo demais quando bebe

O "modo furacão como Paulo se movimenta pela casa" dizia respeito a:

1. Abrir e fechar portas e gavetas ruidosamente
2. Deixar luzes acesas e não apagá-las
3. Não fechar portas atrás de si
4. Chegar em casa falando alto sem primeiro perceber o clima das pessoas naquele momento

Talvez você possa começar listando até cinco comportamentos específicos que incomodam seu parceiro e você. Se houver mais, deixe para outra rodada, outro dia. Comece enumerando os *seus* comportamentos que você sabe que incomodam seu parceiro

---

**Lista de botões vermelhos que ativo em meu parceiro**

A. *Meu parceiro não gosta quando eu*:

1. ..........................................................................................................
2. ..........................................................................................................
3. ..........................................................................................................
4. ..........................................................................................................

5. ..........................................................................................................

---

Em seguida, faça o mesmo para os botões vermelhos que seu parceiro ativa em você. Que comportamentos dele o incomodam?

---

**Lista dos meus botões vermelhos**

A. *Não gosto quando meu parceiro*:

1. ..........................................................................................................
2. ..........................................................................................................
3. ..........................................................................................................
4. ..........................................................................................................
5. ..........................................................................................................

---

A seguir, escolha um episódio de conflito ligado a um desses comportamentos e que esteja mais "quente", porque foi recente ou o aflige mais.

No caso de Mariana e Paulo, a cena "quente" referia-se à briga do dia anterior, após um jantar com amigos. O botão vermelho ativado nela foi ele ter contado piadas obscenas durante o jantar. O botão vermelho ativado nele foi ela tê-lo criticado em público.

## IDENTIFICANDO AS EMOÇÕES ATIVADAS PELO BOTÃO VERMELHO

Quais emoções surgiram quando o botão foi acionado? Botões vermelhos evocam emoções negativas. Para facilitar, você pode utilizar um modelo simplificado de três emoções negativas básicas: *medo*, *tristeza* e *raiva*. E consideraremos que cada emoção básica tem sua "família". O medo: a inquietude, a ansiedade, o temor, a preocupação, o pânico, a aflição etc. A tristeza: o desânimo, a depressão, a decepção, a melancolia, a angústia. A raiva: a irritação, a chateação, a mágoa, o ressentimento, a fúria, a indignação. Embora as emoções se combinem, por ora facilita usarmos o modelo simplificado de três emoções básicas.

Por exemplo, quando Mariana ouve Paulo contando uma piada "inadequada" aos amigos em comum, ela sente vergonha, fica constrangida (ansiedade) e ao mesmo tempo sobrevém indignação (raiva). No final, apesar de também ficar desanimada (triste), prevalece a irritação (raiva). Em terapia de casal às vezes uso a ficha abaixo.

---

**Episódio: Jantar com amigos**

1. *Botão vermelho de Mariana*: Ela não gosta que Paulo conte piadas picantes aos amigos comuns do casal.
2. *Nessas ocasiões, a emoção que prevalece no final*: Indignação (raiva).

---

Se achar útil, preencha uma ficha de um episódio "quente"/ recente entre vocês:

---

**Episódio:** ..........................................................................................

1. *Meu botão vermelho*: Não gosto quando meu parceiro ................
..........................................................................................
2. *Nessas ocasiões, a emoção que prevalece no final*: ..............................
..........................................................................................

---

E tente listar o que se passa com seu parceiro nesse mesmo episódio:

**Episódio:** ..................................................................................................

1. *Botão vermelho do parceiro*: Ele não gosta quando eu ........................
..................................................................................................
2. *Nessas ocasiões, a emoção que prevalece no final*: ............................
..................................................................................................

Paulo também fez a lista dos botões vermelhos ativados nele na ocasião:

**Episódio: Jantar com amigos**

1. *Botão vermelho de Paulo*: Ele não gosta que ela o critique, sobretudo em público.
2. *Nessas ocasiões, a emoção que prevalece no final*: Raiva.

Mas o que está "pegando" em cada um? Depende do que cada um pensa sobre as atitudes do parceiro e das consequências delas.

## PENSAMENTOS EMBUTIDOS NO BOTÃO VERMELHO

Mariana, quando ouve Paulo contando uma piada "inadequada" aos amigos em comum, tem vários pensamentos.

Ela acha que isso incomoda os outros e que pensarão mal dele e, por extensão, dela — sente ansiedade. Também pensa no fato de que já avisou Paulo para não fazer isso e que ele não parece levá-la a sério — sente raiva, indignação.

Outros pensamentos não estão diretamente ligados ao episódio. Ela está com raiva de si mesma: por que se casou com ele? Sabia que ia ser assim. E também tem pensamentos que a deixam triste, desesperançosa: "Ele nunca me entenderá", "Não adianta brigar, ainda vamos destruir nosso casamento".

Também lhe ocorrem outros pensamentos ainda mais distantes do episódio imediato e ligados a outras questões: ela se lembra do ex-namorado que ainda a ama, do fato de que Paulo tem muitos outros defeitos, e que talvez eles não combinem, e que ela talvez não tenha sido "feita para casar". Mas esses são pensamentos que poderão ser explorados depois. Para esse exercício, ela deve manter o foco sobre o episódio:

---

**Episódio: Jantar com amigos**

1. *Botão vermelho de Mariana*: Não gosta que Paulo conte piadas picantes aos amigos comuns.
2. *Nessas ocasiões, a emoção que prevalece no final*: Raiva.
3. *Mariana nessas ocasiões pensa*: Nossos amigos acharão Paulo inadequado (constrangimento), se afastarão ou zombarão de nós (ansiedade). Paulo não me leva a sério (raiva).

---

Paulo também fez a lista dos pensamentos negativos ligados à ocasião:

---

**Episódio: Jantar com amigos**

1. *Botão vermelho de Paulo*: Ele não gosta que ela o critique, sobretudo em público.
2. *Emoção que prevalece no final*: Raiva.
3. *Paulo nessas ocasiões pensa*: Ela só me critica, me despreza, não me ama, me rejeita (raiva). Ela quer mandar, me controlar, é chata, infeliz.

---

Se quiser preencher a ficha a seguir, tente manter o foco

nos pensamentos mais ligados ao episódio (o normal é que logo surjam outros pensamentos e devaneios sobre outros problemas do casamento). E você pode tentar imaginar por sua conta como seu parceiro preencheria a ficha dele.

---

**Episódio:** ..........................................................................................................

1. *Meu botão vermelho*: Eu não gosto que meu parceiro..........................

.......................................................................................................................

2. *Emoção que prevalece no final*: ..........................................................

.......................................................................................................................

3. *Nessas ocasiões eu penso*: ..................................................................

.......................................................................................................................

1. *O botão vermelho de meu parceiro*: Ele não gosta que eu ..................

.......................................................................................................................

2. *Emoção que prevalece no final*: ..........................................................

.......................................................................................................................

3. *Nessas ocasiões ele pensa*: ..................................................................

.......................................................................................................................

---

Mas, em geral, todos os botões vermelhos têm uma pré-história.

### A PRÉ-HISTÓRIA DO BOTÃO VERMELHO

Tente pensar sobre qual pode ter sido a pré-história dos botões vermelhos de vocês. Paulo lembrou-se que a história de seu botão vermelho no casamento tem a ver com o fato de achar, desde a lua de mel, que Mariana não parece admirá-lo em nada, pois desde o início ela já o criticava ou cobrava com veemência. Também percebeu que a história desse botão se liga a episódios de infância e adolescência. Os pais e as irmãs de Paulo sempre o elogiaram, a vida familiar era alegre, e sua família sempre rejeitou, indignada, quem criticasse o filho (professoras, amiguinhos, parentes e, depois, namoradas). Ele não foi preparado para lidar com críticas, rejeição ou conflitos.

---

**Episódio: Jantar com amigos**

1. *Botão vermelho de Paulo*: Ele não gosta que ela o critique, sobretudo em público.
2. *Nessas ocasiões, a emoção que prevalece no final é*: Raiva.
3. *Nessas ocasiões, ele pensa*: Ela só me critica, me despreza, não me ama, me rejeita (raiva). Ela quer mandar, me controlar, é chata, infeliz, cometi um erro ao me casar com ela (tristeza, desesperança).
4. *Pré-história da vulnerabilidade de Paulo*:
   A - *Antes de casar*: Os pais e as irmãs sempre o elogiaram, críticas e rejeição o chocam.
   B - *Ao longo do casamento*: Mariana não parece admirá-lo, desde o início o critica.

---

Não deixe de pensar também nos eventuais "traumas" que o parceiro teve com você sobre o mesmo conflito ao longo do casamento. E na pré-história anterior ao casamento, talvez na infância e adolescência dele. Tente pensar também na história do botão vermelho do parceiro. Embora sejam só hipóteses, o importante é que você está tentando pensar de modo mais empático, em vez de só ficar com raiva do parceiro e acusá-lo de estar contra você.

Nesse exercício, mesmo sem a ajuda de Mariana, Paulo conseguiu se lembrar, por exemplo, que os pais dela são sérios, quase sisudos; que o pai dela é juiz e a mãe é muito submissa; que Mariana sempre foi travada, enrubescia ante a alusões maliciosas. Lembrou-se também de que ela é recatada e nem sequer se abre com amigos sobre questões pessoais. Lembrou ainda episódios no casamento que podem ter piorado as coisas. E ele admite que, quando não concorda com ela, tende a simplesmente ignorá-la, continuando a agir a seu modo. Com razão ela acha que ele "não a leva a sério".

### VISÃO DE PAULO, NO FINAL DA SESSÃO DE TERAPIA

---

**Episódio: Jantar com amigos**

1. *Botão vermelho de Mariana*: Ela não gosta que eu conte piadas picantes aos amigos.
2. *Nessas ocasiões, a emoção que prevalece no final é*: Raiva.
3. *Mariana nessas ocasiões pensa*: Nossos amigos acharão meu marido inadequado, se afastarão ou zombarão de nós (ansiedade). Paulo não me leva a sério (raiva).
4. *Pré-história do botão vermelho*:
   A - *Antes de casar*: Ela tinha pais severos e vivia num ambiente repressor em assuntos de sexo, por isso valoriza o recato.
   B - *Ao longo do casamento*: De fato eu não atendo aos pedidos dela (não a levo a sério).

---

Mas essa lista Paulo só conseguiu fazer no final da sessão. No início, com a raiva à flor da pele, ele teve dificuldades de pensar de modo sensato sobre as motivações dela. Só lhe ocorria que "ela é chata, sempre irritada, sempre me critica, não consegue ser feliz". Preencheu então sua lista de modo bastante raivoso e imaginou inicialmente que os motivos para ela agir assim seriam: "Ela não gosta de mim", "Ela quer me controlar", "Ela é infeliz e não aguenta a alegria alheia". Como mostra a ficha a seguir, preenchida por Paulo no início da sessão, não é possível pensar sobre botões vermelhos do parceiro se os seus também estiverem inflamados.

VISÃO INICIAL DE PAULO, AINDA IRRITADO, NO INÍCIO DA SESSÃO DE TERAPIA

---

**Episódio: Jantar com amigos**

1. *Botão vermelho de Mariana*: Ela não gosta que eu conte piadas picantes aos amigos.

2. *Nessas ocasiões, a emoção que prevalece no final é*: Raiva.

3. *Mariana nessas ocasiões pensa*: Não gosto dele, tenho de controlá-lo, sou infeliz e a felicidade dele me incomoda.

4. *Pré-história do botão vermelho*:
   A - *Antes de casar*: Ela sempre foi infeliz e invejosa.
   B - *Ao longo do casamento*: Desde o namoro até hoje ela sempre quis me controlar

---

No dia a dia, é importante que diante de divergências você logo tente se colocar no lugar do outro e tente pensar no que pode ter ativado os botões vermelhos do parceiro. Muitas vezes você estará tão irritado ou ansioso que, antes de pensar nos motivos que devem estar ativando os botões vermelhos de seu parceiro, será preciso que você desarme parte dos *seus próprios* botões vermelhos, que se coloque em condições de pensar com calma.

## Desativar os próprios botões vermelhos

As primeiras hipóteses que seu cérebro produz quando você está com seus próprios botões vermelhos ativados atribuem ao parceiro atitudes "contra" você: desamor, confronto, má intenção. Se você, como Paulo, de início não está conseguindo imaginar que seu parceiro, em determinado episódio, possa ter tido motivos razoáveis não direcionados contra você, tente fazer o *Exercício das cinco hipóteses*.

Magoado com Mariana, Paulo, no início da sessão, tinha "certeza" de que o problema é que "Ela não gosta de mim", "Ela quer me controlar" e "Ela é infeliz e não aguenta a alegria alheia". O exercício começa por imaginar que nenhuma de suas hipóteses negativas a respeito das intenções do parceiro seja verdadeira.

Quais seriam então outros possíveis motivos que poderiam levar o parceiro a agir desse modo? Force-se a formular hipóteses adicionais. Você consegue produzir mais uma, duas ou três, pelo menos.

No caso de Paulo, a pergunta foi: "Se Mariana não tivesse nenhum desses três motivos" — imagine que ela *não* quer controlá-lo, que ela suporta *sim* vê-lo feliz e que ela o *ame muito* —, "que outras hipóteses explicariam o comportamento dela de ficar furiosa e criticá-lo?". Com muita dificuldade, ele conseguiu pensar em duas: "Talvez ela seja recatada e por isso tem vergonha de piadas picantes" e "Talvez ela estivesse estressada por outros motivos".

---

**Exercício das cinco hipóteses de Paulo sobre a irritação de Mariana**

*Primeiras três hipóteses*:

1. Ela quer me dominar.
2. Ela é infeliz e não suporta me ver bem.
3. Ela não gosta de mim.

*As hipóteses adicionais* (caso ela não quisesse dominá-lo, sentisse alegria ao vê-lo feliz e gostasse dele):

4. Ela talvez seja recatada e por isso tenha mesmo vergonha de piadas picantes.
5. Talvez ela estivesse estressada por outros motivos.

---

As novas hipóteses (4 e 5) não giram mais em torno do tema "ela não me ama e não me respeita" ou "é uma infeliz invejosa e não quer me ver feliz", mas em torno de motivos ligados a ela ou a situações (timidez, concepção sobre etiqueta social, estresse no trabalho ou contrariedades em outras áreas do casamento).

Retomando o episódio "quente" que gerou um conflito entre você e seu parceiro, tente determinar duas ou três hipóteses não ligadas à má intenção, à estupidez ou às possíveis perturbações psiquiátricas do seu parceiro. Imagine que ele tenha motivos ligados a características dele, ou a traumas que teve com você, ou a circunstâncias de vida.

---

**Exercício das cinco hipóteses sobre por que seu parceiro agiu daquele modo**

*Primeiras três hipóteses* (em geral negativas):

1. ..........................................................................................................

2. ..........................................................................................................

3. ..........................................................................................................

*Force-se a pensar em duas (ou mais) hipóteses imaginando que as três primeiras não são reais:*

4. Talvez .................................................................................................

5. Talvez .................................................................................................

---

Quando perguntei a Paulo qual das cinco hipóteses ele julgava mais provável, ele disse: 1. *Ela quer tudo do jeito dela, quer me dominar* e 2. *Ela é tímida e tem vergonha de piadas picantes.* Portanto, ele continua convicto de uma das hipóteses "contra ele" (quer me dominar) e incluiu agora outra mais ligada a características dela (é tímida, sente vergonha).

Uma vez que ele ainda acredita na hipótese negativa, de que ela só quer dominá-lo, continuamos o exercício aplicando a mesma pergunta a essa hipótese: Por que ela seria tão "dominadora"? Depois de mais algumas ideias negativas — do tipo: "Ela é mandona mesmo, herdou da mãe esse jeito" —, ele chega a hipóteses mais sofisticadas: "Talvez ela queira me dominar porque seja ansiosa, perfeccionista, tenha concepções rígidas sobre etiqueta social e me ache inadequado". Substituímos então o "quer me dominar" por algo mais específico e mais explicativo: "Talvez ela seja ansiosa, perfeccionista, tenha concepções rígidas sobre etiqueta social e me ache inadequado".

Ao trocar as hipóteses de malignidade e boicote contra você por hipóteses explicativas ligadas a vulnerabilidades, frustrações e temperamento do próprio parceiro, e ao entender que ele pode estar reagindo a eventuais comportamentos inadequados de sua parte, você começa a se conectar mais com o que se passa com as dores e os sonhos dele. Você pode tentar entrar em contato com as necessidades do parceiro que foram frustradas no episódio de conflito entre vocês.

Mas ainda que o *Exercício das cinco hipóteses* possa ajudá-lo a desativar seus próprios botões vermelhos, isso pode não bastar.

Mesmo entendendo melhor as suas próprias vulnerabilidades (pré-história dos seus botões vermelhos) e tendo uma visão menos negativa dos motivos do parceiro, você pode continuar aflito com a atitude dele.

Isso porque em diversas ocasiões você pode estar exagerando na interpretação de quão grave foi a atitude do parceiro, como ocorreu com Mariana ao lidar com o episódio em que Paulo fez piadas picantes. Ela, sem se dar conta, catastrofizou as consequências, não só exagerando no quanto as piadas desagradaram aos amigos, mas também nas consequências imaginadas: "As piadas estragaram a noite, deixaram todos constrangidos. Com o tempo, todos se afastarão de nós".

Temos uma tendência ao exagero quando se ativam nossas vulnerabilidades, há muito enraizadas e interligadas a outros temas. No caso de Mariana, ativaram-se medos antigos de voltar a não ter amigos, como ocorrera durante sua adolescência solitária. Um bom modo de você lidar com essa tendência catastrofista é inserir cada comportamento do parceiro que o deixou incomodado numa *Escala de catastrofização.*

### ESCALA DE CATASTROFIZAÇÃO

Cada um pode confeccionar sua própria escala de catastrofização. Em uma escala de 0 a 10, classifique a gravidade das consequências dos eventos abaixo (que podem ocorrer na vida de qualquer um). Também Paulo fez uma escala. Talvez você avaliasse os mesmos eventos abaixo com notas diferentes de Paulo. Ele os ordenou da seguinte forma:

*Gravidade das consequências dos eventos*

10. Eu mesmo (ou um parente) ter uma doença terminal, com poucos meses de vida restantes
9. Eu mesmo (ou um parente) ficar paraplégico
8. Perder todo o patrimônio e ter de recomeçar a vida do zero
7. Perder o emprego
6. Um filho repetir de ano
5. Ficar diabético
4. Bater o carro, ter grande prejuízo ou ter a carta de motorista suspensa
3. Bater o carro e ter um pequeno prejuízo
2. Ficar uma semana de cama com gripe
1. Levar uma bronca do chefe ou de um cliente importante
0. Perder a caneta Bic

Para Paulo, perder uma caneta Bic não seria tão grave ou não o deixaria tão preocupado como saber que ficou diabético. Ficar diabético seria para ele menos grave do que saber que tem um câncer incurável, e assim por diante.

Em geral, há uma coerência entre a gravidade atribuída ao evento e à ansiedade, raiva ou tristeza que ele provoca. Em princípio, não se espera que você entre em desespero porque perdeu a caneta Bic. Além disso, imagina-se que você ficará mais abalado ao ouvir do médico que ficou diabético do que ao bater o carro e ter um pequeno prejuízo. Mas nem sempre há uma coerência entre a gravidade do problema e sua reação emocional; muitas pessoas exageram ao reagir aos eventos e têm ansiedades desproporcionais às consequências reais do episódio. Na escala dessas pessoas todos os eventos produzem uma ansiedade ou raiva de nível 9 ou 10!

Com a escala em mãos, Paulo revisita mais uma vez a cena de Mariana criticando-o em público. Para ele, o nível de ansiedade na ocasião teve nota 8; e de raiva, 10. Ao fazer uma avaliação das consequências de ela tê-lo criticado em público, conclui que na pior das hipóteses "algumas pessoas podem ter percebido que ela fica constrangida com piadas picantes" e que "isso é uma cena comum entre esposas mais pudicas e maridos mais desbocados". Ou seja, a ideia inicial de Paulo de que ao pedir, irritada, que ele não contasse as piadas, Mariana o humilhava publicamente e o expunha, não passava de um exagero. Paulo então se deu conta de que os amigos talvez nem se lembrarão da cena, que diluída no fluxo do divertido jantar tem pouca relevância. No final, Paulo atribui às consequências reais da suposta "inadequação social" dela nota 0,5.

Ao preencher sua escala de catastrofização, Paulo notou que não havia congruência na intensidade de sua ansiedade (8) e na raiva que sentira (10) com as consequências reais do episódio (0,5). Deu-se conta de que não houve uma "humilhação pública" e um "desprestígio" à pessoa dele.

Preencheu então a ficha de congruência entre gravidade e emoção do seguinte modo:

| Congruência entre gravidade real e emoção sentida | |
|---|---|
| **Episódio** | Mariana me criticou em público por causa das piadas picantes que contei no jantar |
| **Dano imaginário** | Terrível. Todos ficaram constrangidos, briga de marido e mulher em público é horrível, todos notam que ela não me admira |
| **Consequências reais** | Nossos amigos apenas constataram que ela detesta piadas picantes e ficou constrangida |
| **Gravidade das consequências** | Baixa |
| **Grau de ansiedade, raiva ou tristeza** | Altíssimo: ansiedade, 8; raiva, 10 |

Se durante cinco ou seis semanas você usar a ficha abaixo, ela irá lhe mostrar o quanto você ou seu parceiro podem estar exagerando ao reagir a episódios de divergência. Isso poderá ajudá-lo a colocar as coisas em perspectiva, e não catastrofizar ou dramatizar a gravidade das atitudes de seu companheiro.

| Congruência entre gravidade real e emoção sentida | |
|---|---|
| **Episódio** | |
| **Dano imaginário** | |
| **Consequências reais** | |
| **Gravidade das consequências** | |
| **Grau de ansiedade, raiva ou tristeza** | |

Para poder colocar as coisas em perspectiva e se concentrar no que *realmente* importa para você, sem deslocar para um episódio menor problemas de outras áreas, vale prosseguir no entendimento de *seus* botões vermelhos. Dê uma olhada no exercício a seguir, que vai lhe ajudar a *Descontaminar episódios*.

Mesmo tendo feito o *Exercício das cinco hipóteses* e a *Escala de catastrofização*, Mariana ainda continuava um pouco chateada com Paulo. Fizemos então o exercício de *Descontaminar episódios*.

Perguntei a Mariana o seguinte: Se ocorresse esse mesmo episódio em uma fase em que tudo entre vocês estivesse bem e você estivesse feliz consigo mesma, você sentiria o mesmo grau de incômodo? Mariana concluiu que, no caso das piadas picantes, ainda assim ficaria mal (pois tem uma divergência genuína sobre etiqueta social e realmente é mais recatada e tímida), mas admitiu que ficaria furiosa num grau *significativamente* menor! Se no seu caso você notar que em outras circunstâncias o episódio não o afetaria tanto, é importante considerar que talvez esteja exagerando ao episódio atual devido a contaminações de três tipos: 1) ressentimentos de brigas a respeito de outros temas; 2) frustrações em outras áreas do casamento; e 3) frustrações externas ao casamento.

De fato, Mariana estava ressentida com a briga do dia anterior no carro (sobre ele correr demais na estrada); também nutria dúvidas se o ex-namorado, que ainda a ama, não teria sido uma escolha melhor; e pensava que Paulo tem muitos outros defeitos, e que talvez não combinem em nada. Descontaminar episódios é *não* misturar as estações. Você pode usar a mesma ficha que Mariana para tentar entender melhor o que se passa.

---

**Descontaminando o episódio do jantar com amigos**

Pergunta: *Se tudo entre nós estivesse bem, eu estivesse feliz comigo mesma e ocorresse esse mesmo episódio, eu ficaria igualmente chateada? Se a resposta for "não", então o que pode ter contaminado a situação?*

1. *Ressentimentos de brigas anteriores:* Ontem brigamos porque Paulo corre demais na estrada e eu acho perigoso.

---

2. *Frustrações em outras áreas do casamento:* Não nos entendemos em tantos outros assuntos, como lazer, educação, ritmo de vida. Parece que não combinamos.

3. *Frustrações em áreas externas ao casamento:* Ainda penso em meu ex-namorado. Além disso, tenho medo de envelhecer, e muitas vezes sinto saudades da vida que tinha na casa de meus pais.

Após algumas semanas exercitando a identificação dos botões vermelhos e as emoções associadas, gerando hipóteses sobre a pré-história de cada botão, fazendo o teste das cinco hipóteses, a escala de catastrofização e o exercício de descontaminar o episódio, Mariana foi aos poucos parando de reagir com tanta intensidade aos desentendimentos com Paulo. Passou a perceber melhor o mérito de cada questão.

Na medida em que ela aumentou também outras competências de convívio a dois (de que ainda falaremos), a relação melhorou muito. Pôde então enfrentar de modo mais adulto outras questões do relacionamento, como a relação mal terminada com o namorado anterior, a falta de afinidade com Paulo, o medo de envelhecer e ficar só, a divergência de valores e a inadequação social do marido em determinadas situações. Algumas dessas questões são solucionáveis, outras não.

Na medida em que aumentou também outras competências (de que ainda falaremos), a relação melhorou muito, e diversas questões pessoais mais profundas deixaram de ter tanta importância. Mas poderia não ter sido assim. De todo modo, valeu a pena discriminar melhor cada questão e não jogar tudo no mesmo caldeirão, como ela vinha fazendo. O mesmo ocorreu com Paulo.

Você pode desenvolver o hábito de descontaminar episódios e tentar identificar melhor as fontes de incômodo utilizando, durante cinco ou seis semanas, a ficha a seguir.

**Descontaminando episódios**

Pergunta: *Se tudo entre nós estivesse bem, eu estivesse feliz comigo mesmo, e ocorresse esse mesmo episódio, eu ficaria igualmente chateado? Se sua resposta for "não", então o que pode ter contaminado a situação?*

1. *Ressentimentos de brigas anteriores sobre o tema:* ................................

...............................................................................................................

2. *Frustrações em outras áreas do casamento:* ..........................................

...............................................................................................................

3. *Frustrações em áreas externas ao casamento:* .......................................

...............................................................................................................

Mas botões vermelhos não são só acionados por vulnerabilidades predispostas a serem ativadas por conteúdos que o afligem; também são acionados pela forma como você e seu parceiro se comunicam. Ao adotarem uma forma hostil de se comunicar, você pode estar provocando seu parceiro (ou sendo provocado por ele), tema do próximo capítulo.

# 9
# Comunicações destrutivas

Utilizar comunicação destrutiva é como apertar todos os botões vermelhos do parceiro. Mesmo que o conteúdo de sua fala seja razoável, se você utiliza habitualmente alguma das formas de comunicação listadas a seguir, os botões verdes e vermelhos de seu parceiro se inflamarão, ficarão roxos e vocês brigarão — ou seu parceiro se fechará como uma ostra.

Muitas vezes somos agressivos por hábito. Porque crescemos ouvindo e utilizando esses modelos de comunicação e nem sequer percebemos que estamos sendo agressivos ou que isso pode ser mudado.

Além disso, é natural reagirmos às contrariedades de modo agressivo, e muitas vezes estamos apenas "devolvendo" a comunicação destrutiva do cônjuge.

Embora dependendo da cultura, da época e dos hábitos familiares, comunicações destrutivas, ainda que possam fazer parte do cotidiano matrimonial, de forma geral não favorecem o convívio. Do mesmo modo como aprendemos a esperar a nossa vez na fila, a não bater em quem discorda de nós e a cumprimentar pessoas antipáticas no escritório, podemos aprender a nos comunicar de modo não destrutivo, mesmo quando estamos bravos ou quando precisamos dar um limite ao parceiro. Isso lhe permite que nas ocasiões em que você tiver de apontar ao parceiro alguma inadequação dele, você o faça de modo a não "perder a razão", evitando tumultuar a conversa, o que apenas tira o foco do problema e, drena a atenção do parceiro para as ofensas e aumenta a resistência dele a entrar no mérito de sua crítica.

Se quiser verificar se você ou seu parceiro tem se comunicado de forma destrutiva, dê uma olhada na lista abaixo e assinale em quais das vinte formas de comunicação destrutiva vocês estão incorrendo. Alguns modos são mais típicos da subcultura feminina; outros, da masculina. Antes de tentar se comunicar sem utilizá-los, é preciso identificá-los e, se forem hábitos arraigados, tentar desconstruí-los.

## Comunicações destrutivas

### 1. Generalizar utilizando o "sempre", o "nunca" e o "só"

Dizer: "Você *sempre* me critica!", ou "Você *nunca* me apoia!", ou "Você *só* ajuda sua família!". Em vez de escutar o eventual mérito de sua queixa, o parceiro logo se lembrará de inúmeras ocasiões em que ele "não o criticou, não!" (ao contrário, engoliu em seco), ou se recordará dos momentos em que ele "o apoiou, sim!" (embora fosse um sacrifício), ou de situações em que ele "ajudou, sim, a sua família".

Em vez de generalizar, você poderia dizer algo específico, como: "No almoço, quando você me criticou na frente de nossos amigos, me senti exposto", ou "Hoje de manhã, senti falta de seu apoio na discussão com nosso filho".

EU (   )  MEU PARCEIRO (   )

### 2. Atribuir más intenções

Ao dizer: "Você não pode me ver feliz", "Você é egoísta", "Você quer me controlar", você acusa seu parceiro de *ser* egoísta, invejoso etc. Seu parceiro se ofenderá, não escutará o mérito do que você tem a dizer, e sua acusação pode estar equivocada. Talvez ele possa, sim, vê-lo feliz, mas pode ser que ao estar sempre feliz você se torne espaçoso, ou lhe dê pouca atenção. Ou seu parceiro talvez não seja egoísta, mas carente. Talvez ele não queira controlá-lo, mas se meta na sua vida com o intuito de ajudá-lo, superprotegê-lo, ou porque é ciumento e inseguro.

Você poderia ter dito algo como: "Sua intenção é boa, mas quando você controla meus horários me sinto sufocado", ou perguntar: "Ontem tivemos um desentendimento, imagino que você deve ter tido seus motivos. Talvez eu pudesse tentar entender o que o levou a tomar essa atitude. Vamos conversar?".

EU ( ) MEU PARCEIRO ( )

**3. Patologizar o parceiro**

Um bom modo de destruir as chances de vocês se entenderem é desqualificar a sanidade mental do parceiro. "Você é louco(a)!", "Você precisa se tratar!", "Você está na TPM!". Pode ser um bom desabafo para sua indignação, mas não vai ajudá-lo.

Se você acha que tem de apontar o destempero do parceiro, poderia dizer algo como: "Vejo que você está muito furioso comigo, talvez consigamos conversar na hora que ambos estivermos mais calmos. Agora só vamos cada vez ficar mais aflitos e com mais raiva".

EU ( ) MEU PARCEIRO ( )

**4. Culpá-lo por tudo, exagerando nos danos**

É comum que alguns cônjuges queiram "valorizar o produto", exagerando a gravidade do episódio. Frases como: "Meu pai nunca mais olhará na minha cara", "Você destrói a autoestima de nossos filhos", "Você estragou tudo", "Agora não tem mais volta", "Veja só o que você fez", além de serem acusatórias, podem soar exageradas ou até ridículas. Apenas desviam a atenção de seu interlocutor para o quanto você está exagerando e enfraquecem seus argumentos.

EU ( ) MEU PARCEIRO ( )

**5. Chantagear emocionalmente e se fazer de vítima**

"Há anos eu sofro em suas mãos", "Você me maltrata demais", "Já estou doente por sua causa", "Faço tudo por você". Também esse tipo de argumento, embora possa assustar por um tempo seu interlocutor, tende a produzir o efeito contrário do desejado: gera raiva e seu eventual sofrimento perde credibilidade.

EU ( ) MEU PARCEIRO ( )

**6. Ameaçar**

"Se você continuar assim vou me separar", "Vou arranjar outra pessoa que me ame de verdade", "Vou te [ou me] matar", "Tiro as crianças de você". Há pessoas que a cada briga fazem ameaças. Além de destruir a confiabilidade e a cumplicidade — que poderiam ser preservadas mesmo havendo divergências —, pode ocorrer de o parceiro se dispor a enfrentar sua ameaça. Se você estiver blefando, suas ameaças perderão a credibilidade e cairão no ridículo. Se forem levadas até o fim, você poderá ser obrigado até a romper, situação que não havia previsto e não desejava.

EU ( ) MEU PARCEIRO ( )

**7. Ser irônico**

"Devo ser mesmo horrível, por isso tenho tantos amigos e você tão poucos", "É, sou mesmo pão-duro, por isso que comprei um carro novo para nosso filho enquanto você queria dar um carro usado", "Você realmente é dedicado à família e à nossa relação, está sempre em casa, conversa com todos e está sempre de bom humor". Ao ser irônico você estará zombando do parceiro, ridicularizando-o. E ao ofendê-lo, você tumultua a conversa e tira o mérito de seus próprios argumentos.

EU ( ) MEU PARCEIRO ( )

**8. Comparar o parceiro com outros**

"Fulano, sim, tem dinheiro", "Ele(a), sim, sabe como tratar um homem (ou uma mulher)". Esta é uma das comunicações mais destrutivas, atinge o cerne da autoestima e ativa um afeto primitivo, de ciúme e rejeição. Ao fazê-lo, você tumultua ainda mais a conversa e desvia seu parceiro da questão central, por exemplo: "Me ressinto de não termos mais dinheiro" ou "Gostaria que você me tratasse de modo mais carinhoso".

EU ( ) MEU PARCEIRO ( )

**9. Contra-atacar em outros flancos vulneráveis**

"Você se queixa de que guardo os sapatos sujos na sapateira, mas e a bagunça que você deixa na gaveta do escritório?", "Ah, está incomodado porque te critiquei em público, e as fofocas sobre mim que você faz com sua mãe e irmãs?" Ao fazer isso, você não está atento ao mérito de uma eventual queixa procedente de seu parceiro, mas logo tenta "empatar", contra-atacando em outro flanco. Se você guarda sapatos sujos, isso nada tem a ver com o fato de seu parceiro bagunçar a gaveta do escritório. Você poderia simplesmente concordar com a queixa dos sapatos: "Tem razão, desculpe, vou prestar mais atenção". E se de fato a bagunça no escritório o incomoda, você pode — em outro dia e em outra ocasião — abordar de modo desvinculado do episódio "sapatos sujos" a questão da gaveta bagunçada: "Notei que nossa gaveta do escritório anda bagunçada e tenho uma necessidade de ordem. Então estive pensando se devíamos comprar mais um gaveteiro".

EU ( ) MEU PARCEIRO ( )

**10. Tumultuar a discussão, corrigindo detalhes irrelevantes**
Se o parceiro está magoado porque na terça à noite você não valorizou o esforço dele em reparar o software de seu computador, não faz sentido corrigi-lo a respeito da data ("Não! Não era terça, era quarta de tarde!") ou das circunstâncias ("Não! Minha tia não veio nos visitar, você é que pediu, porque queria ir ao cinema, que ela ficasse cuidando do nenê!"). Ater-se a esses detalhes é um modo de tirar o ímpeto e o foco do esforço que seu parceiro está fazendo para lhe mostrar o ponto de vista dele. Mesmo que você seja obsessivo e se incomode com as imprecisões do relato, mantenha a atenção no essencial. E não tente desqualificar o argumento dele mostrando-lhe como ele foi impreciso no relato.

EU (   )    MEU PARCEIRO (   )

**11. Evocar o "jogar na cara" quando o parceiro se mostra esforçado**
Um clássico nesse aspecto é dizer: "O quê? Você está me 'jogando na cara' que foi buscar meu primo no aeroporto?", ou "Está me cobrando por ter feito um favor?". Se o parceiro menciona algo que ele fez de positivo, talvez queira lhe mostrar que você está sendo injusto ao dizer que ele não colabora ou não melhora. Ele está dizendo que também faz coisas boas que deveriam ser consideradas. É importante saber escutar e reforçar o positivo.

Nada impede que em outro momento você possa dizer algo como: "Olhe, notei seu esforço em ser mais paciente e tenho gostado muito, mas francamente ainda acho que temos que nos ajustar mais".

EU (   )    MEU PARCEIRO (   )

**12. Interromper a fala do parceiro**
Isso destrói o cerne do valor de um diálogo que consiste em um escutar o outro. Ao interromper e logo contra-argumentar, sem deixar o outro concluir, você faz com que ele tenha de gritar e ser veemente para se fazer escutar e lutar pela palavra, ou você o leva a desistir de falar e se fechar. Aguarde que ele termine, ouça

com atenção e respeito, ainda que você não concorde com nada, e ainda que esteja indignado com as premissas falsas e acusações do outro, mesmo que seu parceiro seja prolixo e repetitivo. Depois você poderá se colocar com ponderação.

EU (   )    MEU PARCEIRO (   )

**13. Usar entonação e mímica facial agressivas**
Talvez você ou seu parceiro não tenha controle e consciência da própria entonação e mímica facial. Todos temos estilos de comunicação arraigados, são hábitos automáticos. Alguns aprendidos com pai, mãe, amigos de adolescência ou com o próprio parceiro. Muitas vezes nem percebemos que estamos atacando o outro.

Em consultório, com frequência passo dez ou quinze minutos por sessão ajudando o sujeito a perceber o quanto seu tom ou mímica são agressivos. Muitos se surpreendem: "Mas eu não usei uma entonação cortante", "Não falei em tom de bronca", "Não fiz uma cara feia", ou "de desprezo", ou "de saco cheio". Essas atitudes destroem em segundos a possibilidade de conversa; logo vocês estarão num bate-boca. Não se autorize a agir assim porque "não aguenta tanta injustiça". Após ouvir os argumentos de seu parceiro, você poderá falar.

Criar autoconsciência de mensagens que você passa involuntariamente pode levar um tempo. Gravadores, vídeos ou feedback de testemunhas podem ajudá-lo a perceber melhor.

EU (   )    MEU PARCEIRO (   )

**14. Desqualificar as partes boas da relação com frases bombásticas**
A partir de problemas localizados, você desqualifica todos os bons momentos e destrói as boas memórias que solidificavam a relação. "Nossa relação é mesmo uma merda", "Eu não devia ter casado com você", "Jamais fui feliz com você". Para você pode ser um desabafo, dito na hora da raiva, que ele não devia levar tão a sério. Mas ele poderá se lembrar disso durante meses ou anos.

Ao agir assim, você elimina áreas que eram vividas por ambos como sucessos da vida de casal. E pior: elimina os elos positivos que existiam e gera uma suspeita de que os bons momentos e os elogios eram falsos e que, na verdade, você sempre achou tudo odioso. Depois do que disse num momento impensado, você talvez nunca mais consiga resgatar a plenitude da relação. Mesmo justificando que você "só estava com raiva", seu parceiro poderá pensar que no fundo você realmente acredita no que disse.

EU ( ) MEU PARCEIRO ( )

**15. Evocar testemunho de terceiros a seu favor**
"Até seus pais acham que você é agressivo", "Sabe o que seu melhor amigo disse sobre você?", "Nem seus filhos aguentam mais suas atitudes", "Até os funcionários têm medo de falar com você". A eficácia desse tipo de argumento costuma ser baixa. Você pode estar queimando o filme de pessoas próximas e eventualmente queridas, ou traindo a confiança que depositaram em você. Se seu parceiro for conferir com elas a veracidade do que você disse, as pessoas ficarão constrangidas e talvez amenizem ou neguem terem dito isso (e você ainda poderá passar por mentiroso e perderá a confiança delas e de seu parceiro). Também pode estragar relações importantes dele com essas pessoas. Ou seu parceiro simplesmente contra-atacará e, por sua vez, elencará diversos testemunhos a favor dele (e, acredite, é provável que ele encontre inúmeras testemunhas a favor dele). Atenha-se ao mérito da questão e deixe os outros de fora.

EU ( ) MEU PARCEIRO ( )

**16. Zombar das promessas de boa vontade e tentativas de colaboração**
Se o parceiro diz: "Vou tentar ser menos impaciente" ou "Tenho me esforçado em ser mais prestativo", evite dar respostas que descartam e desqualificam, como: "Você? Ser menos impaciente? Estou para ver", ou "Você vive prometendo e não cumpre", ou "Tem se esforçado? Não faz mais do que a obrigação".

O ideal é que você não conteste, mas, se for inevitável, tente algo mais amistoso, como: "Acho ótimo você ter a intenção de melhorar nesse ponto e prometer mudar, mas tenho muito medo de que você não consiga. Lembro-me de quando você fez essa mesma promessa e depois de uma semana voltou a agir como antes. Será que isso vai acontecer de novo? O que poderíamos fazer sobre isso?".

EU ( ) MEU PARCEIRO ( )

**17. Fechar-se numa postura passiva-agressiva**

Se seu parceiro for muito veemente ou prolixo, e você se sentir atropelado, não costuma ser uma boa saída ficar num silêncio passivo-agressivo ou sair do recinto deixando o interlocutor falando com as paredes. Ou ser frio e distante, concordando de modo protocolar. É possível que você faça isso porque, embora discorde do parceiro, não sabe se justificar e contra-argumentar. Ou pode ser que você concorde e se sinta constrangido e exposto, ou talvez não queira entrar em conflito com um parceiro agressivo.

Ainda que possa ser difícil, há modos de ficar quieto e aguardar a tempestade passar sem se fechar. Você poderia ficar em silêncio enquanto o parceiro discursa e olhar para ele indicando que está escutando com atenção, e talvez no final você poderia dizer algo como: "Vou mesmo pensar em tudo isso que me disse. São muitas informações para eu processar, mas prometo que podemos voltar ao assunto amanhã à noite". E de fato, num momento mais calmo, você pode retomar o assunto de modo adulto. Se for realmente necessário dar um limite ao parceiro, em vez de se fechar, enfrente a situação. No próximo capítulo discutiremos alguns modos de fazê-lo.

EU ( ) MEU PARCEIRO ( )

**18. Fazer pseudoperguntas e "comentários inocentes", mas de conteúdo acusatório**

Há pessoas que são especialistas em embutir subtextos e fazer perguntas ou comentários culpando o outro de antemão. Certa vez, Mariana esperava Paulo no parquinho com o filho e disse: "Por que *você me deixou* esperando?", ou "Você *se atrasou; não havíamos combinado* que você viria às 11h30?", ou "*De novo* atrasado! O que aconteceu *desta vez?*". Mariana surpreendeu-se com a resposta ríspida de Paulo quando ela afinal havia só perguntado "na boa" sobre o atraso. Mariana poderia primeiro ter se informado sobre o que aconteceu. Em vez do estilo acusatório, poderia usar um tom nem "confrontativo", nem catastrofista, mas neutro: "Você teve um contratempo?". Outro clássico são as pseudoperguntas de decepção, por exemplo: "Você não lembrou de trazer o chocolate que lhe pedi, não é?", "Você nem tentou mudar o horário de sua aula de canto para ir comigo ao batizado do *seu* sobrinho, não é?".

EU ( ) MEU PARCEIRO ( )

**19. Pedir pseudodesculpas que são contra-ataques**

Digamos que sua esposa o irritou com algo desnecessário e você explodiu, sendo ríspido. Peça desculpas pela sua explosão e rispidez, e não inclua no pedido de desculpas uma justificativa acusatória: "Sinto muito ter perdido a paciência com você, mas você me tirou do sério com essa sua mania louca de limpeza". Fique apenas no: "Sinto muito ter perdido a paciência e ter sido brusco; eu não poderia ter agido assim e espero que você me perdoe", e guarde para outra ocasião abordar sua esposa a respeito do quanto a mania de limpeza dela o deixa sufocado muitas vezes.

EU ( ) MEU PARCEIRO ( )

**20. Tornar-se abruptamente ríspido, "explodir"**

Berrar ou demonstrar fisicamente agressividade contra si, contra objetos ou contra o parceiro. Entrar num surto "incontrolável" quebrando objetos, atacando fisicamente o outro, se automutilando ou se drogando. Tais surtos são geralmente uma demonstração genuína de desespero, mas também de chantagem. Podem servir para dar um limite ou mostrar que "estou falando sério". Mas o parceiro pode perder o respeito, talvez passar a ter medo ou se cansar do "barraco" que você arma e adotar o modelo "o médico mandou não contrariar".

EU (  )  MEU PARCEIRO (  )

Se quiser tentar desconstruir o hábito (muitas vezes arraigado há décadas em você) de dar "cutucões" ao se comunicar, você pode utilizar o *Diário de comunicações destrutivas* sugerido a seguir. Durante alguns dias ou semanas, marque no primeiro diário tanto as ocasiões em que você foi agressivo, como as situações em que deixou de se comunicar destrutivamente. Repare também nas ocasiões em que seu parceiro foi destrutivo e mesmo assim você conseguiu não dar o troco na mesma moeda.

Anote cada episódio e as comunicações usadas por vocês e o efeito delas. Assim que tiver colecionado alguns episódios, você terá uma lista dos modos de comunicação destrutiva habitualmente empregados por vocês. Selecione os quatro mais frequentes que você utiliza e se concentre por quatro semanas em evitá-los ao máximo. Selecione também quatro que seu parceiro comete e se proponha a, durante quatro semanas, não reagir a eles.

Anote então os novos episódios no segundo diário. Ao manter esse registro, você talvez constate um progresso em diminuir o número de provocações que faz e também descubra que está tendo sucesso em não reagir sempre "olho por olho" às provocações do parceiro. A cada vez que seu parceiro for destrutivo, você pode manter um tom construtivo e adulto, atendo-se ao mérito do assunto, ou deixar para prosseguir a discussão em outro momento. De início, pode não ser fácil e não evitará que você seja retaliado pelo parceiro, mas a tendência é que as brigas sejam menos intensas e que vocês se reconciliem muito mais rapidamente. Veja os exemplos a seguir.

**1º Diário de comunicações destrutivas**

**Discussão sobre a conta de celular**

**Comunicações destrutivas que eu utilizei:**

1. Disse que meu parceiro nunca me apoiou nas economias
2. Atribuí a ele egoísmo
3. Falei do quanto trabalho
4. No final, disse: "Me arrependo de ter casado com você!"

**Consequências de minhas comunicações destrutivas:**

1. Meu parceiro foi ficando ofendido, passou a rebater cada um dos pontos
2. Me atacou
3. Ficamos três semanas sem nos falar

**Comunicações destrutivas que meu parceiro utilizou:**

1. Me chamou de neurótico e pão-duro patológico
2. Ameaçou se separar
3. Me comparou com parceiros de amigos que seriam normais, enquanto eu sou "louco"

**Consequências das comunicações destrutivas de meu parceiro:**

1. Me senti injustiçado, humilhado
2. Contra-ataquei ainda mais

**2º Diário de desconstrução das comunicações destrutivas**

**Discussão sobre a conta do cartão de crédito**

**Antigo padrão de comunicação destrutiva que repeti:**

1. Disse que a conta estourou e que meu parceiro nunca consegue se controlar
2. Falei que este era um mal de família dos pais dele

**Consequências de minhas comunicações destrutivas:**

1. Meu parceiro ficou com raiva
2. Há cinco dias mal fala comigo

**Discussão sobre os gastos na festa de aniversário de nosso filho**

**Novo padrão de argumentação não destrutiva que utilizei:**

1. Disse que sabia que meu parceiro estava se esforçando para fazer uma bela festa e me ofereci para pensarmos juntos em manter um orçamento compatível com nossas condições

**Resultado do novo padrão de argumentação não destrutiva:**

1. Meu parceiro foi agressivo, disse que eu sou pão-duro até com nosso filho; consegui manter minha fala não agressiva e não contra-ataquei. Mantive educadamente o argumento de que temos um orçamento limitado e que poderíamos tentar fazer uma boa festa nesse valor.
2. Apesar de furioso, meu parceiro acabou aceitando e ficou apenas um dia seco comigo

Quase todos os casais descritos neste livro tiveram algumas sessões preparatórias antes de começar a lidar com as divergências conjugais. Aprenderam a identificar botões vermelhos, a fazer o exercício das cinco hipóteses, a ajustar a escala de catastrofização e a descontaminar episódios. Além disso, desde a primeira sessão combinamos que os cônjuges evitariam a comunicação destrutiva. Mais calmo e em condições de não reagir agressivamente e por impulso, você pode tentar desenvolver agora algumas competências para lidar com divergências e, se necessário, dar limites ao parceiro, temas do próximo capítulo.

# 10
# Lidar com divergências e impor limites

Diante de divergências podemos tentar contorná-las, contemporizar, ou, se a questão for efetivamente relevante, entrar em confronto. Este capítulo explora essas três possibilidades.

## Contornar e contemporizar

### CONTORNANDO O CONFLITO

Nem todos os problemas são contornáveis. Há posturas que são moralmente intoleráveis ou insuportáveis, e você não pode se omitir. Há também questões que precisam ser solucionadas com providências práticas — por exemplo, a escolha da escola das crianças. Se não houver consenso, será preciso negociar ou até entrar em conflito. Mas a maioria dos problemas você pode, sim, contornar se não estiver indignado.

Talvez seu parceiro tenha certas dificuldades ou convicções para ele muito importantes, que você poderia respeitar. Denise sabe que para Ronaldo perguntas muito detalhadas sobre seu dia de trabalho parecem uma invasão e uma tentativa de controle. Embora ela goste dos detalhes, poderia ater-se a perguntas mais gerais. Não insistir em apertar os botões vermelhos que você já conhece pode valer a pena.

Além disso, muitas vezes é possível contornar divergências desarmando mal-entendidos com antecedência. Letícia fica introspectiva em viagens de carro. Conhecendo Alfredo, que interpreta seu silêncio como emburramento, ela poderia evitar o mal-entendido conversando sobre isso *antes* da viagem: "Sei que às vezes você pensa que estou chateada ou de mau humor, mas gostaria de lhe dizer que estou feliz de viajar com você; apenas fico introspectiva em viagens de carro". Antecipar mal-entendidos é prática de grande ajuda em conflitos recorrentes.

Se você pretende viver bem com seu parceiro, não entre em confrontos inúteis. Reflita honestamente se você não está catastrofizando, ou contaminado por outras frustrações, ou provocando e reagindo a comunicações destrutivas.

Um modo de observar o quanto você consegue evitar divergências inúteis é preencher, durante seis semanas, a lista a seguir. Mariana, esposa de Paulo, preencheu da seguinte forma:

**Episódios que eu poderia contornar, se minha meta fosse evitar brigas inúteis**

| **Episódio** | Meu parceiro não arrumou a cama | Meu parceiro quis sexo num dia em que eu não estava com vontade |
|---|---|---|
| **Botão vermelho ativado em você** | É um folgado que deixa tudo para mim | Por que eu tenho que fazer quando não estou a fim? |
| **Como você agiu** | Reclamei e brigamos | Eu me irritei e rejeitei |
| **Botão vermelho ativado no parceiro** | Ele acha que eu não reconheço outros esforços dele e só reclamo quando ele esquece de arrumar algo | Meu parceiro acha que eu não o amo |
| **O que você poderia ter pensado** | De fato ele assume outras áreas da vida familiar, e se essa é uma dificuldade dele, não me custa fazer a cama | Talvez meu parceiro esteja carente, e não é uma tortura fazer sexo mesmo não estando a fim |
| **Por que não contornou** | Por uma questão de princípio, me sinto aviltado. Exagerei na importância do tema e no custo de contorná-lo | Por uma questão de princípio, me sinto aviltado. Exagerei na importância do tema e no custo de contorná-lo |

Ao preencher essa lista, você vai ter mais clareza dos conflitos que poderia contornar se sua meta fosse evitar brigas bobas. Anote também os conflitos que você conseguiu contornar.

### CONTEMPORIZANDO A SITUAÇÃO

Essa prática é ainda mais difícil do que a anterior. Trata-se de evitar que o "motor ferva". Se vocês começarem a se exaltar, experimente estancar o "surto". Rapidamente mude de tema ou diga algo conciliador, ganhe tempo, ou use senso de humor (sem zombar do outro, claro!). Se você não conseguir estancar o início da espiral de raiva, se já tiverem brigado e se ofendido, experimente consertar o estrago logo, mesmo que não tenha sido o causador. Quanto antes, melhor. Ficar horas ou dias emburrados, dormindo de bumbum para o outro e se cumprimentando protocolarmente no café da manhã apenas corrói a relação.

Se você ainda estiver muito indignado, faça o teste das cinco hipóteses e reveja a pré-história do botão vermelho. Talvez com essa consciência você possa superar sua contrariedade. Se for o caso, peça desculpas pela parte que lhe cabe. Se seu parceiro não se acalmar, deixe a poeira abaixar, não imponha a reconciliação no seu ritmo.

Se sua meta for evitar feridas abertas, preencha durante seis semanas um diário de conflitos que poderia, ou conseguiu, contemporizar. Observe os resultados.

**Episódios que eu poderia contemporizar para evitar ressentimentos**

| | |
|---|---|
| **Episódio** | Meu parceiro se indignou porque eu deixei vencer uma conta |
| **Botão vermelho ativado em você** | Acho que exagerou. Não é tão grave pagar a multa, essas coisas acontecem, sinto-me massacrado |
| **Como você agiu** | Reclamei e brigamos |

| Botão vermelho ativado no parceiro | Meu parceiro acha que é pouco-caso da minha parte |
|---|---|
| Como você poderia ter contemporizado | Logo que ele começou a se exaltar, eu poderia ter recuado, pedido desculpas por ter esquecido e dito que pagaria a multa e que me organizaria melhor da próxima vez. Em outro momento poderíamos colocar as coisas em perspectiva |

## Divergências que não podem ser contornadas: o que fazer quando é preciso entrar em conflito

Nessa sessão, vamos discutir vários modos de enfrentar conflitos incontornáveis, sem perder o foco, mantendo uma postura adulta.

Pode até haver bons relacionamentos em que ambos são desrespeitosos, se xingam, entram em "surto" e não são nada "adultos". Fazem tudo "errado" — mas o errado, para eles, pode dar certo. Quando os casais têm fortes afinidades ou são psicologicamente complementares, mesmo brigas violentas não são tão problemáticas. Porque eles estão em *conexão*.

Há casais "civilizados" que tratam tudo com bom diálogo, mas que ainda assim não conseguem se conectar, não se apreciam. Além disso, quando o diálogo não funciona, às vezes simplesmente é necessário demonstrar sua contrariedade tendo um bom ataque de fúria.

Em geral, é melhor enfrentar conflitos de modo "adulto" e com foco. Sugiro então o *Diálogo em conexão*. Praticando um pouco a cada semana, ainda que seja difícil no início, em dois meses você deve conseguir enfrentar divergências de modo mais seguro e firme.

### DIÁLOGO EM CONEXÃO

Antes de se propor a dialogar com seu parceiro sobre problemas, considere dois aspectos: meta e momento.

**Meta e momento**

Pergunte-se qual é a sua meta. Descarregar sua fúria, fazer chantagem emocional ou tentar um entendimento? Se quiser de fato buscar um entendimento, não inclua na conversa uma lista de reivindicações. Mantenha o foco numa só meta por vez. Em outro momento você poderá abordar outros temas. E pense se a meta é factível. Pondere qual a probabilidade de seu parceiro ter condições de atendê-lo. Ele ainda está ressentido demais para escutá-lo? Dependendo de como respondeu a essas questões, talvez você deva redefinir as metas.

Aprenda a escolher o momento certo. No meio de uma discussão tensa ou em pleno conflito, quando você ou seu parceiro estão irritados, não é adequado abordar questões polêmicas. Há situações em que pode ser preciso "forçar" uma briga, mas em geral isso não leva a nada. O casal pode aprender a avaliar se é melhor aguardar alguns minutos, horas ou dias para, em momento apropriado, abordar o problema.

**Os cinco passos do Diálogo em conexão**

Para apresentá-los usarei três casais que você já conhece da Parte I. Em paralelo, você pode ir construindo mentalmente uma versão de como poderia adaptar um *Diálogo em conexão* a situações do seu casamento. Pense num assunto "puro botão vermelho" que seu parceiro não aguenta mais discutir.

*O workaholic*

Letícia vive se queixando de que Alfredo é um workaholic. Basta ela tocar no assunto, ele já reage alérgico, pensa que ela é mal-agradecida, que não entende que ele trabalha pelo patrimônio da família, e que ela devia fazer a parte dela com os filhos e a casa, e deixá-lo em paz. Ele já conhece todos argumentos dela e não aguenta ouvir nem meia frase. Ela também já conhece os argumentos dele.

*A mãe brava*

Rogério está preocupado com a severidade de Marcela em relação aos filhos, teme que possam desenvolver problemas psicológicos com uma mãe tão brava. Ela interpreta as preocupações dele como cobranças e se sente sobrecarregada: "Para ele é fácil, ele fica o dia todo fora. Não sabe o que se passa e só reclama!!!".

*A consumista*
Ricardo vive aflito porque acha Penélope irresponsável com gastos e não consegue superar o descaso dela para com seus argumentos. Quando ele a aborda, ela logo se fecha e pensa: "Não adianta, ele não entende o quanto custa manter uma casa impecável, manter-se bonita e bem cuidada, e que, comparada às minhas amigas, gasto pouco!".

Alfredo, Marcela e Penélope estavam indignados e "traumatizados" com tantas brigas sobre os mesmos temas. Seus parceiros — respectivamente, Letícia, Rogério e Ricardo —, não sabiam dialogar, alternavam-se em fazer sermão, apelos desesperados, desabafar, dar conselhos ou fazer ameaças. Diferente de um diálogo que pressupõe uma genuína troca de ideias e talvez a construção de um novo consenso. Mas como trocar ideias num ambiente já carregado e ressentido? Depois de ter escolhido um momento calmo e uma meta factível, tente um *Diálogo em conexão*, seguindo os cinco passos que veremos a seguir. No final, não deixe de ler o parágrafo sobre a versão express do diálogo em conexão.

**Passo 1: Desarmar os ânimos**
Antes de mais nada é preciso desarmar os botões vermelhos do parceiro que dizem: "Lá vem você insistir de novo, não aguento mais!". Não comece a conversa com o parceiro irritado ou temeroso; ele não entrará no mérito do que você tem a dizer.

Sinalize para ele que dessa vez você procurará ter um verdadeiro diálogo, escutando-o sem brigar. Em geral, funciona dizer o quanto você lamenta terem brigado e se desculpar pela sua parte (por ter perdido a calma e não ter escutado, ou até por tê-lo ofendido). Ou pode simplesmente dizer que gostaria de conversar sem brigar. Um recuo seu pode amainar os ânimos de um parceiro ressentido ou sem esperança, mas não seja falso nem manipule. O fato de lamentar terem brigado ou ter sido impaciente não significa que você concorde com a posição dele, mas, ao falar de suas faltas — e *não* mencionar as dele —, você sinaliza que está ponderando e quer escutá-lo.

*O workaholic*

Letícia poderia abordar Alfredo dizendo: "Tenho pensado muito em nós, acho que brigamos demais por causa de seu trabalho e que eu tenho sido muitas vezes injusta e impaciente. Primeiro, gostaria de me desculpar por isso e depois dizer que com tudo isso não tenho nem mais te escutado. Notei que na verdade nem sei mais como está sua vida profissional. Acho que gostaria muito de conversar e tentar ver as coisas por outro ângulo, sem brigar".

*A mãe brava*

Rogério talvez dissesse: "Queria lhe dizer que domingo, quando fiquei sozinho com as crianças, vi como é desgastante educá-los e que precisam o tempo todo de limites. Percebi que nunca me envolvi na educação, só te critiquei sem entender diversos aspectos, sem fazer sugestões ou assumir as tarefas difíceis. Vamos marcar um horário para sairmos só nós dois e conversarmos sobre nossos filhos? Quero escutar o que você pensa de tudo isso, inclusive de minha postura como pai".

*A consumista*

Ricardo poderia tentar algo como: "Sei que você está desgastada com tantas brigas por dinheiro e acho que me tornei intolerante e nem mais escuto por que alguns gastos têm de ser feitos. Andei pensando e acho que não é bom continuarmos a brigar desse jeito. Gostaria de entender melhor o seu lado. Vamos conversar?".

**Passo 2: Entender os temores e os sonhos do parceiro**

Se você não entender as motivações, os medos e sonhos dele, não saberá com que pensamentos e emoções deve dialogar. Sentimo-nos entendidos quando, sem nos julgar, o interlocutor entra em contato com nossos sonhos e temores mais importantes.

Talvez Alfredo esteja sofrendo com a competição na vida corporativa, ou quem sabe pela primeira vez esteja realizando o grande sonho de sucesso. E Marcela pode mesmo estar sobrecarregada com as crianças. E Penélope ache mesmo que se não acompanhar o padrão de vida e os gastos das amigas, será excluída. Goste ou não, se esses forem os sonhos e as dores dos parceiros, é com eles que você terá de lidar.

*O workaholic*

Letícia poderia fazer perguntas essenciais para entender o que se passa com Alfredo: "Você gosta do que faz? Quais problemas o deixam tenso? Você cuida de uma área ou de várias? Qual efetivamente é sua função? Qual é seu sonho?".

*A mãe brava*

Rogério poderia perguntar: "Como é um dia típico com as crianças? Quais são as coisas mais complicadas que você enfrenta? Quais são os pontos mais importantes que você acha que tem de ser mudados no comportamento deles? Você se sente exausta? Acha que está conseguindo atingir os objetivos da educação deles?".

*A consumista*

Ricardo poderia tentar algo como: "Você sente dificuldade de se comunicar comigo e ser entendida por mim? Eu gostaria de tentar te entender mais. Que tal você me contar tudo que acha que eu deveria saber para poder te apoiar mais? Como fazem as suas amigas e pessoas com as quais convivemos? Como anda a manutenção e a decoração de nossa casa?"

Ainda que seu parceiro lhe diga coisas inadequadas, distorcidas, talvez até o agrida e se queixe, não é hora de contestar. É hora de mapear o que ele pensa e sente. Seu interesse é entender inclusive quais as eventuais distorções e equívocos que podem estar na cabeça dele. Se você contestar, iniciará uma briga e não ficará sabendo de muita coisa importante; não terá elementos para conversar mais adiante e não terá cumprido sua promessa de escutar, de tentar entender.

Então "des-escute" eventuais provocações e atenha-se ao mérito das questões. Uma fala de: "Você nunca me apoia em meu trabalho" não deve ser contestada com um: "Não é verdade, e quantas vezes eu te apoiei e você nem agradeceu, e aliás quem não me apoia é você". Se você quer entender o que se passa com seu parceiro e ter um diálogo, é melhor se aprofundar de modo franco e interessado na queixa: "Em que coisas você sente que eu não o apoio no seu trabalho e que coisas gostaria que eu fizesse?". Ao só se informar e não contestar, você não está concordando que não dê apoio, mas está respeitosamente querendo entender como ele se sente. Não proponha soluções, acordos, mesmo que já anteveja alguns. Atenha-se a escutar, compreender profundamente os sentimentos e pensamentos do parceiro, que ele por ventura pela primeira vez esteja podendo compartilhar com você com a mesma calma e franqueza que tem com os amigos e confidentes dele. Isso já é um início de conexão.

**Passo 3: Empatizar**

Até agora você apenas escutou. O terceiro passo é aumentar ainda mais sua conexão com os medos e sonhos do parceiro, empatizando com as motivações dele. Se você não aprofundar a conexão cognitiva e emocional, ele também não saberá que você o escutou de verdade, que entendeu o ponto de vista dele.

Ter empatia com as motivações não é a mesma coisa que aprovar as ações do interlocutor! É sempre possível encontrar pontos de empatia, mesmo com um detento que cometeu um assalto violento. Por exemplo, ao assaltante posso dizer: "Quando escuto sua história de infância, abandonado e abusado, fico comovido, imagino o quanto você deve ter sofrido". Ou: "Imagino que ver essa gente rica se divertindo e gastando a rodo o deixe furioso". Ao empatizar não estou dizendo que aprovo que se assalte e seja violento, mas que entendo a legitimidade dos sentimentos alheios, tais como o sofrimento e o ressentimento da infância ou o desejo de se impor à força. Geralmente temos medo de empatizar, pois tememos passar a impressão de que aprovamos a atitude do outro, reforçando nele os comportamentos que abominamos. Entretanto, ocorre o contrário! Ao empatizarmos genuinamente estamos estabelecendo uma poderosa ponte de comunicação emocional e cognitiva.

*O workaholic*

Letícia poderia empatizar dizendo: "Ao escutar a estratégia que você desenvolveu para chegar à liderança do mercado, e quando você me conta da possibilidade de ser nomeado vice-presidente de marketing das Américas, imagino quão empolgante e envolvente isso deve ser! Realmente entendo que seja difícil você se concentrar nas questões domésticas quando há tantas coisas e pessoas em jogo".

*A mãe brava*

Rogério talvez pudesse dizer: "Com você me descrevendo o dia a dia com nossos dois meninos, fico imaginando que também seria difícil para mim. Além disso, eles são típicos meninos, e deve ser enlouquecedor ter que colocar um freio neles o dia inteiro. Também percebo quantas outras solicitações você tem ao mesmo tempo".

*A consumista*

Ricardo buscaria uma conexão dizendo: "Eu nunca tinha pensado desse ponto de vista. Entendi que as mulheres em nosso meio se cuidam, se vestem bem, competem e se comparam, e que para ser aceita é preciso manter certo nível. Também não fazia ideia da diferença entre categorias de cabeleireiros a respeito dos quais tanto brigo com você. Compreendi ainda como para você tudo isso é importante e o quanto você curte decorar nossa casa".

Letícia não está dizendo que acha bom Alfredo trabalhar muito e abandonar a vida familiar, nem Rogério diz que aprova sua mulher castigar incessantemente seus filhos, e tampouco Ricardo está dizendo que acha certo Penélope esbanjar. Letícia está dizendo que entende como para Alfredo é inebriante ter sucesso na carreira; Rogério, como percebe que Marcela está cansada e se vê com tantas solicitações simultâneas; e Ricardo diz que entende como é difícil para Penélope lidar com a competição social feminina e o prazer que é estar arrumada e ter a casa decorada.

Se você empenhou-se em entrar em sintonia com o parceiro, conseguiu estabelecer uma conexão. Provavelmente seu interlocutor está mais calmo e sente que agora foi entendido. Que não está diante de alguém ansioso por desconstruir o mundo dele, afoito em convencê-lo. Se ele continuasse a achar que "não adianta conversar porque você não entende", vocês continuariam em dois mundos apartados.

**Passo 4: Compartilhar um dilema**

Se até aqui você foi verdadeiro, é provável que ele também esteja com boa vontade para escutá-lo. Você não quer tentar impor sua solução. Sua meta é convidar o parceiro a entrar agora no *seu* mapa mental e conhecer o dilema no qual você se encontra: você reconhece que nessa situação há dois lados, duas verdades e não há uma resposta óbvia, porém sabe ainda como lidar com isso. Embora tanto você como seu parceiro tenham uma solução que resolveria o problema do ponto de vista de só um de vocês, vocês não têm ainda uma solução para o dilema que na verdade é dos dois: como contemplar e integrar dois pontos de vista legítimos?.

*O workaholic*

Talvez Letícia dissesse: "Entendi quão importante é o que você está fazendo profissionalmente. Por outro lado, sinto-me diante de um dilema. Sinto-me como a esposa de um grande jogador de futebol que vai jogar uma Copa. Sei que não posso privá-lo dessa experiência tão importante de ser campeão mundial só porque quero que ele fique sábado à noite comigo trocando fraldas de bebê. Mas você estará por anos competindo nas Copas. Eu o vejo só no domingo, e mesmo aí percebo que você precisa descansar ou relaxar saindo com amigos, brincando com os filhos. Não o condeno por isso. Mas não sei se você consegue visualizar o que eu vivo. Me casei para compartilhar a vida com você e acho que, no final, o que ocorre é que assisto à sua vida e o apoio. Não vivemos juntos, e sim em paralelo. Não sei como lidar com o fato de que realmente me vejo como uma viúva em vida. Estou mesmo sentindo muita solidão. Você consegue imaginar o que se passa comigo?".

*A mãe brava*

Rogério também poderia explicar seu dilema: "Percebi que você está sobrecarregada e que lidar com meninos de quatro e seis anos é difícil. Contudo, apesar do que você me explicou a respeito do que pensa sobre 'dar limites', tenho medo de que eles tenham um pai demasiado ausente e uma mãe brava demais. Pode ser que você tenha razão de que eles precisem de rigor, mas não sei se, por não contar com minha ajuda, você acaba ficando tão exausta que se torna mais irritadiça com os meninos. Francamente ainda não sei nem bem o que pensar de tudo isso. Estou inseguro quanto ao modo como estão se desenvolvendo".

*A consumista*

Ricardo poderia dizer algo como: "Acho que entendi o quanto você se empenha para manter nossa casa impecável e ser uma esposa sempre linda e cuidada. Mas quero lhe contar qual é o meu fantasma. Devido a minha história familiar, toda vez que tenho de tirar dinheiro de nossa poupança, fico preocupado. Às vezes mal consigo dormir. Meu dilema é que não quero te podar, mas também tenho medo de entrar numa zona de irresponsabilidade financeira".

Se você apresentar o problema como um dilema, e não como uma acusação ou uma conversinha manipuladora, seu parceiro poderá agora constatar que de seu lado há também uma motivação legítima. E que o dilema diz respeito *a ambos*.

**Passo 5: Convidar para uma construção conjunta**
Se seu parceiro entendeu que vocês estão diante de um dilema que diz respeito a ambos, é quase certo que ele se interessará por uma solução, considerando todos pontos de vista. É o momento de convidá-lo a buscar *juntos* uma solução. Mas você precisa estar aberto a novas perspectivas. Provavelmente não chegarão logo a um consenso; podem até chegar a um impasse insolúvel. Mas, por ora, concentre-se em tentar construir algo novo.

*O workaholic*
Letícia poderia dizer ao marido: "Será que conseguiríamos pensar juntos em como lidar com esse dilema? Alguma sugestão lhe ocorre? Vamos tentar ver se existe um caminho bom para nós dois?".

Cuidado para não iniciar com sugestões e soluções. Só depois de ouvir ideias, Letícia talvez sugerisse que reservem alguns dias do mês para ficarem juntos, ou que consultem um terapeuta de casal para ajudá-los a encontrar um modelo de convívio.

*A mãe brava*
Rogério: "Acho que ambos queremos criar bem nossos filhos. Será que conseguiríamos construir uma mesma visão sobre como agir? O que você acha? Você também compartilha da minha preocupação de que eles cresçam estressados?".

Talvez, mais adiante na conversa, Rogério pudesse sugerir que consultem um orientador de educação infantil.

*A consumista*
Ricardo poderia tentar algo como: "Acho que agora conseguimos enxergar melhor o que cada um pensa e sente. Fico imaginando como poderíamos achar uma solução. Vamos tentar pensar juntos em como lidar com os gastos?".

Talvez, mais adiante, ele pudesse sugerir: "E se combinássemos um dia para você colocar no papel todos os gastos que considera importantes e que prevê que terá nesses próximos dois meses, e tentarmos adequar nosso planejamento financeiro?".

Pode ocorrer que não consigam ainda chegar a um bom acordo — porque mesmo de boa vontade seu parceiro não consegue compreender bem do que se trata e talvez ele faça sugestões inviáveis. Mas não as descarte de bate-pronto. Gaste alguns minutos pensando nelas e elabore com cuidado uma nova perspectiva que abranja a ideia do parceiro e a coloque em nova direção.

Imagine que Alfredo diga: "Que tal eu vir para casa, além do domingo, um sábado à tarde por mês?". Ou Marcela sugira: "Quero que você assuma as crianças inteiramente nos fins de semana, e eu poderei relaxar e me desgastar menos". Ou Penélope proponha: "Tente conseguir que seu chefe lhe dê um aumento".

Os três não fizeram sugestões suficientes ou viáveis. Mas se avaliar que o momento pede que você valorize a cooperação e não tenha pressa, você pode tentar algo como: "Ótimo, vamos experimentar esse caminho e daqui a uma semana voltamos a conversar. Se não funcionar, procuramos outras alternativas". Nesse caso, dali a um tempo vocês avaliarão como foi esse período e talvez testem novas ideias.

Ou, se você já sabe que não se trata de sugestões viáveis, depois de ouvir com atenção, explique com diplomacia por que acha que a sugestão do parceiro não resolveria o dilema e acrescente: "Eu também não consigo pensar em algo agora. Que tal refletirmos mais e conversarmos amanhã (ou daqui a alguns dias)? Até lá talvez tenhamos novas ideias". Você postergou o encaminhamento e tirou a pressão do tema. O importante é não disputarem, mas se aliarem na busca e testagem de soluções.

Porém nem sempre isso será possível. Talvez você queira ou deva buscar dentro da própria conversa, aqui e agora, soluções mais sensatas, em vez de esperar por dias ou semanas. Ainda contando com a boa vontade de ambos, você poderia dizer algo como: "Escutei com atenção sua sugestão, mas talvez devamos ainda buscar outras ideias. Acho que, se seguirmos por esse caminho, não resolveremos tal e tal aspecto". E depois, eventualmente: "Tenho uma ideia que talvez contemple suas necessidades e meus pontos de vista. Vejamos o que você acha. E se tentássemos tal e tal".

### QUANDO O DIÁLOGO SE ESGOTA

O diálogo em conexão não é uma panaceia para todos os problemas.

Apesar de boa vontade de ambos, pode haver um conflito de interesses ou de convicções. Alfredo, ainda que entenda Letícia, talvez não queira abdicar da ascensão profissional por uma vida mais "medíocre" em nome do amor. Marcela pode ter outro ponto de vista sobre educação e achar que Rogério mima os filhos. E Penélope pode considerar que não é viável gastar menos e que Ricardo deve "dar um jeito"

Nesse caso, vocês podem voltar ao padrão antigo de rusgas intermináveis exigindo do outro o que ele não consegue, ou não quer, lhe dar. Ou você admite que quer continuar casado e tenta conviver com a divergência (tema do capítulo 15). Ou terá de munir-se de coragem (ou de indignação) e entrar num conflito. Nenhuma das opções é fácil; as três podem valer a pena, dependendo das suas necessidades.

Mas se você achar que realmente não compensa viver assim e decidir enfrentar e resolver o problema, em geral faz sentido começar com medidas de força e, no limite, se nada adiantar, o próximo passo é se separar. Todavia, não blefe: se você optou pelo enfrentamento, vá até o fim com determinação, astúcia e coragem de arcar com os custos emocionais e práticos.

Medidas de força podem funcionar, sobretudo se você não tiver medo de "cara feia". E apesar da eventual indignação do parceiro, continue a agir de forma adulta, atendo-se ao mérito das questões, não deixando de ser cordial e respeitoso. Letícia, de forma serena, poderia deixar claro quais posturas específicas Alfredo teria de adotar e em que prazo; Rogério poderia dar contraordens, assumir parte da educação e exigir juridicamente uma avaliação psicológica dos filhos; Ricardo poderia explicar que bloqueará o cartão e dará uma "mesada" fixa a Penélope.

Se medidas de força não funcionarem e você decidir se separar, o *Diálogo em conexão* também terá cumprido sua função. Ambos terão entendido que se encontram num impasse insolúvel e podem concordar que é melhor que se separem. Continuar mantendo um diálogo em conexão pode permitir uma separação mais leal.

Em vez de acusar Alfredo de "egoísta", de "não amar a família", Letícia pode dizer algo como: "Temos uma divergência insuperável. Refleti sobre tudo e prefiro seguir minha vida sem você. Acho uma pena, mas viver assim é muito difícil para mim". Talvez Alfredo ainda recue, talvez não.

Rogério poderia deixar claro que: "Entendo que você acredite em severidade, mas consultei especialistas em educação e psicologia infantil e estou convicto de que esse tipo de educação pode ser muito prejudicial. Gostaria que você ao menos lesse os pareceres. Ainda preferiria que você pudesse se rever, talvez fazermos uma terapia familiar, mas, se for sua última palavra, cada um vai ter que defender aquilo que acredita ser o melhor para eles. Vou tentar conseguir a guarda de nossos filhos em juízo".

Também Ricardo poderia explicar: "Não consigo ganhar mais dinheiro do que ganho, nem considero sensato colocarmos nossa aposentadoria em risco. Não gostaria de me separar, mas se você não rever suas concepções de gastos, prefiro seguir por minha conta e não falir".

Ricardo poderia ter um desgaste emocional e uma perda financeira inicial enorme, talvez uma luta na justiça. Mas pode valer a pena ter posto um ponto final e não viver em litígio e em desequilíbrio financeiro. Também Rogério precisará de sangue-frio para expor os filhos a um conflito desgastante para eles, não atingindo talvez a meta de ficar com a guarda das crianças. E Alfredo pode se tornar vingativo ou desleal, obrigando Letícia a se preparar para um embate e se municiar legalmente.

Mas se você decidiu que não quer mais viver assim e que chegou a hora de entrar em conflito, faça-o com firmeza, sem perder o foco e mantendo-se em conexão. Mesmo com um parceiro desleal, de má-fé, fanático ou com transtorno de personalidade, você não se perderá.

### UM ADENDO SOBRE A VERSÃO EXPRESS DO DIÁLOGO EM CONEXÃO

Mais do que um modelo rígido, o diálogo em conexão é uma atitude de conversar escutando empaticamente. Em muitas situações pode ser travado em minutos, seguindo todos os cinco passos, ou compactando-os. Não transforme seu casamento numa grande negociação ou numa discussão profunda da relação.

Por exemplo, Ricardo poderia conversar em minutos com Penélope sobre gastos, compactando o conteúdo em três frases: “Penélope, ando chateado por perceber que temos brigado tanto por dinheiro e acho que boa parte da culpa é minha, que fiquei alérgico mesmo a gastos necessários ou pequenos. Quero que saiba que confio em você e que acho que podemos sentar para eu dessa vez ouvir sem preconceitos o que você precisaria e gostaria de ter de orçamento para os gastos pessoais e de decoração. Vou lhe mostrar nossas aplicações e meu salário, para decidirmos juntos quais gastos faremos primeiro, quais depois e quais cortamos. O que você acha?”.

# 11
# Etiqueta de casal ou como apertar botões verdes

Etiqueta de casal, tema deste capítulo, se refere a você ter sido ou não educado para conviver com outro ser humano. Ela torna o convívio com você especialmente agradável.

As conexões com as diferenças de gênero, personalidade e situação, temas do próximo capítulo, implicam engajamento e interesse. Elas aprofundam a intimidade, a solidariedade e a amizade. Trata-se de você e seu cônjuge se tornarem bons amigos, que se compreendem, empatizam e se apoiam também nos momentos difíceis.

Não subestime a importância da etiqueta e da conexão. Respeito e amizade fazem toda diferença. Até nos melhores casamentos a falta de etiqueta e de conexão pode ser fatal. Talvez não se separem, mas a relação se desgasta muito mais.

O mais importante num relacionamento de longo prazo é apertar botões verdes, muitos deles. Mas também faz parte das "boas maneiras" não ficar apertando botões vermelhos. E já falamos em como não fazê-lo nos capítulos 9, 10 e 11: não se comunicar de forma destrutiva, contornar divergências contornáveis e enfrentar divergências relevantes, utilizando o diálogo em conexão. Embora essas atitudes ajudem a lidar com divergências, a principal função delas é preservar desde o início um bom casamento. São uma questão de etiqueta, e ao segui-las você evita que muitas das divergências se tornem conflitos.

Mas *Etiqueta de casal* vai além disso. Envolve também apertar os botões verdes existentes. Ainda discutiremos como criar novos botões verdes. De qualquer modo, seguir uma etiqueta de convívio a dois refere-se a ter atitudes elegantes, ao respeito, à postura agregadora e positiva e a dar espaço ao outro e facilitar a inserção social do casal.

Mas a maioria de nós não foi educada para tentar conviver em harmonia no casamento atual. Se este for o seu caso, você pode experimentar o roteiro das próximas páginas, que é o mesmo que utilizo em terapia de casal. Embora etiquetas de comportamento variem conforme a cultura e a época, as cinco posturas descritas a seguir favorecem o convívio num casamento paritário. Cada uma delas propicia uma interação positiva; não segui-las propicia uma interação negativa. Nem sempre é possível, mas experimente desarmar seus botões vermelhos e seguir por um tempo esses cinco preceitos de etiqueta de convívio a dois.

### 1. Valorizar muito mais do que criticar e zombar

Quanto menos críticas, "toques" e correções você fizer ao parceiro, melhor. Há uma pesquisa muito citada de John Gottmann, um reconhecido terapeuta de casal americano, que indica que uma proporção entre interações positivas (elogios, apoio, diversão) e críticas (ainda que diplomáticas) menor do que cinco para um (cinco interações positivas para uma negativa) costuma anunciar uma deterioração da relação. Apesar de a pesquisa já ter sido muito contestada, vale o conselho de ter mais interações de prazer do que de críticas. E quando se trata de críticas em público, o número deveria ser zero!

Você pode achar que não há nada demais em seu comentário

em público, mas o parceiro pode se sentir exposto ou constrangido, mesmo diante de amigos íntimos do casal, familiares ou filhos. As inadequações sociais que você quer corrigir no parceiro são provavelmente piores para você do que para os presentes. Controle-se e converse depois, utilizando, se necessário, o diálogo em conexão. A maioria dos parceiros criticados em público guarda grande ressentimento. É um poderoso modo de começar a destruir a relação. Mas não só! Um criticismo perene, ainda que seu desejo seja "educar" e "melhorar" o parceiro, transmite a mensagem de que ele faz tudo errado e que você vive vigilante e insatisfeito. Cria um ambiente tenso e pouco acolhedor.

Cuidado com seu senso de humor. Mesmo na esfera privada, procure fazer piadas sobre si mesmo, ou sobre temas afastados e neutros. Fazer piadas sobre o parceiro, sobretudo em público, exige muito tato, senso de oportunidade e um parceiro bem sintonizado com você. Não adianta, depois de magoá-lo, alegar que era "só brincadeira" ou insistir que ele não tem "senso de humor". Há piadas destrutivas, ou que veiculam queixas, outras veiculam "lições", outras humilham o parceiro.

Busque elogiar, citar e valorizar o que é de fato positivo no parceiro. Não se trata de adular e infantilmente elogiar, mas de entender que, num convívio tão intenso, o que vocês dizem um para o outro funciona como um poderoso espelho que reflete a imagem do parceiro. As pesquisas mostram que um cônjuge muito severo e crítico rebaixa a autoestima do parceiro e induz a depressões. Saiba que, em média, uma crítica vale por cinco elogios. Portanto, não pense que intimidade lhe dá liberdade para dizer o que pensa sem tomar cuidado com a autoestima do parceiro. Numa boa aliança de vida, uma das funções do parceiro é estar atento a colocar o outro para cima. Nem iludindo com elogios infantis, nem massacrando com críticas destrutivas, mas trocando ideias e oferecendo apoio. E cuidado com as comunicações destrutivas (tema do capítulo 9).

### 2. Ser agregador nas relações familiares e sociais do parceiro

Um bom princípio de etiqueta para o convívio de longo prazo é que cada parceiro deve se ver como um facilitador nas relações do outro, e não como um "dificultador". Isso vale sobretudo para relações com família, amigos e no trabalho. Criticar, zombar, fazer intrigas ou agir contra familiares, amigos e colegas do parceiro é um grande — e geralmente imperdoável! — erro que muitos cometem no início do relacionamento.

Se você não gostar de alguém do círculo dele, evite comentar ou criticar, sobretudo se for alguém que seu parceiro aprecia. Seja elegante e educado, não diga nada ou diga coisas neutras. Também não utilize da "resistência passiva" (silêncio, emburramento, mau humor, ser protocolar com os parentes ou amigos de quem você não gosta). Mas também não precisa ser falso e se jogar nos braços da sogra, do sócio de seu parceiro, de um amigo ou amiga da época de solteiro. Dependendo do grau em que essas pessoas invadem sua vida, talvez isso não seja contornável, mas tente o exercício das cinco hipóteses, a escala de catastrofização e descontaminar os episódios.

Se realmente for incontornável e você tiver de confrontar, aborde o problema com seu parceiro buscando uma construção justa. Ele possivelmente gosta ou tem dívidas morais ou emocionais com parentes e amigos inadequados; tentar afastá-los é um atalho para o desastre do casamento. Pode até dar certo de início, mas sairá caro mais adiante. Tente o diálogo em conexão. Se para ele for importante que vocês convivam com essas pessoas, busque um meio-termo, faça concessões sem má vontade. Mesmo em casos de brigas entre seu parceiro e alguma dessas pessoas que você já não apreciava, seja cuidadoso. Digamos que ele brigue com o próprio irmão, mãe ou amigo. Por mais que você não goste daquela pessoa, não cometa o erro de jogar lenha na fogueira. Mais adiante, eles poderão se reconciliar e tudo se volta contra você. Além disso, você mostrará uma faceta mesquinha que, o parceiro poderá imaginar, revela o que você pensa sobre outras pessoas.

É melhor você apoiá-lo, sem se aproveitar da situação para "bater no inimigo". Incentivar que ele se reconcilie ou que supere o aborrecimento, com frases como: "Entendo sua contrariedade. De fato, às vezes fulano age de modo inadequado, mas quem sabe vocês ainda se entendam" ou "Não se desgaste tanto; talvez seja melhor seguir em frente, e quem sabe no futuro vocês voltem a se falar". Mesmo com relação a um ex-cônjuge de seu parceiro do qual você tenha ciúme ou raiva, seja elegante, abstenha-se de comentários e atitudes mesquinhas; seja generoso e concentre-se na qualidade de *sua* relação com seu parceiro, e não valorize a importância da relação dele com um ex. E lembre-se de que se você também tiver um ex-parceiro, ele não deve ser onipresente em sua atual relação. Procure mencioná-lo o menos possível!

### 3. Respeitar o espaço vital

Essa questão varia muito conforme a cultura e a família de origem de cada cônjuge, mas de modo geral todos precisamos de espaço vital. Não se ofenda se a necessidade de espaço vital de seu parceiro for diferente da sua; não entenda isso como rejeição. Alguns parceiros precisam ter um momento de solidão, outros querem encontrar amigos sem a presença do cônjuge. Talvez seu parceiro queira às vezes até mesmo sair com os filhos de vocês sem a sua presença. Ou é possível que ele precise se afastar de você de vez em quando só para respirar em outro ritmo. E pode ser que seu parceiro seja do tipo que não queira compartilhar com você todos os segredos da vida dele, porque fica constrangido ou apenas para se sentir ainda como uma pessoa com vida própria, e não amalgamado a você. Ou ele às vezes quer ficar em silêncio, tranquilo. Alguns parceiros não querem nem mesmo ser fisicamente muito tocados. Outros não querem ouvir tanto, nem tão intensamente, que são amados.

Em princípio, faz parte da etiqueta de convívio a dois respeitar os espaços vitais. Mas se você tem dificuldade em aceitar essas necessidades do parceiro, reveja até que ponto se trata de uma rejeição à sua pessoa ou se vocês têm concepções diferentes de casamento e vida a dois. E se necessário converse com ele sobre como lidar com essa diferença e gerar novos consensos sobre direitos e deveres de cada um.

Se você for o parceiro que precisa de espaço vital, faz parte das "boas maneiras" num casamento procurar acalmar seu cônjuge, que talvez esteja inseguro. Use o diálogo em conexão para lhe explicar o que se passa e que vocês são diferentes. Tranquilize-o quanto ao significado de você precisar de espaço vital.

### 4. Fazer favores de boa vontade

Também faz parte de um convívio agradável demonstrar boa vontade nas miudezas do cotidiano. Refreie seu individualismo, pense como dois, e não como se só importasse você, aja com generosidade, altruísmo e boa vontade diante de favores e programas chatos.

Digamos, por exemplo, que você seja um homem e sua esposa peça que você a ajude a escolher um vestido numa loja, ou, se você for mulher, que seu marido queira que você assista com ele um filme de ação que lhe parece tedioso. Se não for algo que lhe custe tanto e você souber que é importante para o parceiro, não seja mesquinho; de vez em quando, doe parte do seu tempo e paciência para acompanhá-lo nesses programas. Mas não o faça de má vontade, exercendo resistência passiva. Comentários negativos, zombaria, resistir muito a aceitar, ir de cara amarrada ou cobrar uma compensação estraga o programa do parceiro. Vá de boa vontade, mantendo um clima positivo, participe, encontre alguma coisa favorável para comentar, ajude o passeio a transcorrer de modo agradável. O mesmo vale para receber uma visita que você não aprecia, para ir a um restaurante comer algo que não é de sua preferência. Tudo depende de quão importante você percebe que o assunto é para seu parceiro e quão aversivo o programa é para você. E não ressalte que está fazendo isso por ele; ser elegante é fazer de boa vontade.

Mas se você realmente achar muito terrível acompanhá-lo, esclareça isso de modo diplomático e cuidadoso e não critique a qualidade do programa, as preferências dele! É melhor dizer algo como: "Para mim é muito difícil ir comprar roupas; na verdade não sei escolher e depois de vinte minutos fico ansioso. Não me leve a mal, mas você não faz ideia de como fico tenso nessas ocasiões", ou então: "Espero que você entenda, mas filmes de guerra e violência me deixam em grande pavor. Ao ver sangue, pessoas mutiladas e armas de guerra, me sinto perturbado. Não é que não queira acompanhá-lo num delicioso programa de cinema, mas saio muito mal de filmes assim". Evite comentários negativos, tais como: "Imagine eu perder meu tempo escolhendo roupinhas. Além disso, você não consegue decidir nada em menos de uma hora" ou "Esses filmes bobos de adolescentes não dá para ver mesmo. Não sei como você pode gostar dessas besteiras".

### 5. Seguir em frente em vez de "ter razão" a qualquer custo

Ser dono da razão significa não pedir desculpas genuínas, ser professoral, não escutar, não trocar ideias, querer educar e insistir em ter razão. Se você quiser viver bem com seu parceiro e fazer o casamento "dar certo", lembre-se de que saber quem tem razão numa discussão é um dos aspectos mais irrelevantes; "ter razão" é menos importante do que empatizar com a dor ou o sonho do outro! Além disso, os dois costumam ter algum grau de razão.

**Focar na solução e não em "quem tem razão"**
Por exemplo, se seu parceiro reafirmar que ele havia, sim, pedido a você anteontem para preencher as guias de reembolso do seguro saúde das crianças, não se fixe nesse ponto, polarizando pelo lado contrário: "Não, não, não. Você sempre confunde datas e se esquece das coisas de que me falou. Lembro muitíssimo bem que naquele dia você disse que 'seria bom' preenchermos o pedido de

reembolso; você não pediu explicitamente para *eu* fazer e muito menos com um prazo!". Talvez o melhor seja desviar da questão do pedido e focar na solução: "É possível que tenha havido um mal-entendido. Vou preencher as guias agora mesmo; me desculpe se não entendi o que você disse". Esqueça quem tem razão.

**Saber pedir desculpas**

Há pessoas que nunca pedem desculpas. Ou só o fazem indiretamente. Peça desculpas se você, de fato, estiver equivocado, se tiver sido ineficiente ou tido uma atitude inadequada. Ainda que seu erro possa ser justificável, e que seu parceiro tenha cometido muito mais erros, ou até mesmo provocado sua reação, mantenha o foco. Aprenda que é fundamental saber pedir desculpas pela parte que lhe cabe, sem exigir de imediato a contrapartida de que o outro também se desculpe pela parte que cabe a ele. Se você achar que ele lhe deve desculpas pela parte dele, deixe para abordar isso mais adiante, de modo desvinculado da discussão de agora. Se ele entender que você foi capaz de se desculpar pela sua parte, estará mais calmo para outra hora escutar que ele também se equivocou. E ao pedir desculpas você não está se humilhando e nem o outro irá se aproveitar para "crescer em cima". Saber pedir desculpas é deixar explícito e claro que você genuinamente sente muito.

**Trocar ideias sem ser professoral**

Este é um equívoco mais frequente em homens do que em mulheres. Não seja sabichão e não dê palestras sobre os temas. Troque ideias e converse, não ensine. Se você sempre já sabe de tudo, se seu parceiro não consegue surpreendê-lo, contar-lhe algo de novo que aprendeu, e você não puder vibrar junto com ele, com o tempo perderão a conexão.

**Não tentar educar o parceiro**

Querer educar o parceiro é um equívoco mais comum entre mulheres (mas não exclusivo). Seu marido tem diversos maus hábitos, dificuldades com tarefas domésticas, falta de senso estético, pouco traquejos com filhos, idosos etc.? Não tente educá-lo. Reveja antes seus próprios botões vermelhos e a possibilidade de *contornar* os problemas. Se for mesmo inevitável abordá-los, não dê uma "bronca", nem trate o outro como criança. Seja diplomático e faça uso do diálogo em conexão.

Esses cinco itens não esgotam todos os princípios do bom convívio, mas cobrem uma boa parte. Se quiser, faça uma lista semanal da frequência com que você corrige seu parceiro, dá toques, critica, ensina ou zomba dele. Complete a lista com os episódios positivos de interação, elogios, agradecimentos e reforços positivos genuínos. Avalie como anda a proporção (numérica e qualitativa) de críticas e reforços positivos. A mera observação semanal deve ajudá-lo a se perceber melhor. Em princípio, cinco interações positivas para uma negativa é uma boa proporção. Mas é apenas uma sugestão, não há regras absolutas.

**Proporção de interações positivas e negativas**

| **Episódio** | Jantar com amigos | Após o jantar com amigos, mais tarde, em casa | Domingo no parque |
|---|---|---|---|
| **Interações negativas** | Falei mal da sogra (e, pior, em público) | | |
| **Interações positivas** | Elogiei meu parceiro, fui prestativo | Pedi desculpas pela crítica à sogra<br>Combinei de acompanhar meu parceiro no fim de semana a um programa que ele adora<br>Fiz sexo do modo como meu parceiro gosta | Aceitei de bom grado caminhar cinco quilômetros no parque para lhe fazer companhia<br>Convidei amigos de que ele tanto gosta<br>Ouvi com interesse as histórias do trabalho que eu sempre ignorava |

Mesmo que seu parceiro não tenha etiqueta, experimente se programar para ter um dia inteiro sem nenhuma crítica e nenhuma interação negativa. No final do dia, reveja o quanto foi difícil ou se foi prazeroso. Você também pode tentar manter durante uma semana, com uma proporção de seis interações positivas para uma negativa. Talvez isso implique uma crítica por dia, no máximo. Claro que essa proporção só vale para interações de qualidade. De nada valem quatro elogios superficiais, um "te amo" protocolar e um convite ao cinema para fazer uma crítica de conteúdo devastador acompanhada por comunicações destrutivas.

# 12
# Viver em conexão com seu parceiro

Nos últimos quatro capítulos, você leu sobre como identificar botões vermelhos, fazer o teste das cinco hipóteses, usar a escala de descatastrofização, dialogar em conexão e, ainda por cima, seguir cinco etiquetas de casal!

Se você estiver tentando utilizar alguns ou todos esse recursos, vá aos poucos, dando um passo após o outro. Não se cobre demais. Com o tempo se tornarão atitudes espontâneas — e você achará seu próprio estilo. Além disso, não desanime se às vezes ainda recair nos padrões antigos (mesmo eu, até hoje, vivo tendo recaídas com minha esposa). Contudo, a tendência é que isso ocorra cada vez menos e que, aos poucos, vocês tenham mais vivências positivas que negativas.

Este capítulo é diferente dos anteriores, pois trata de como você pode *criar* botões verdes em sua relação, integrando as diferenças que existem entre vocês.

## Conexão com as diferenças de gênero

Estar em conexão com o outro é percebê-lo. É engajar-se, envolver-se. É evitar que vocês vivam vidas paralelas. Embora homens e mulheres tenham dificuldade em fazê-lo, homens muitas vezes têm mais dificuldade, pois muitos nem sequer sabem o que é estar em conexão com o outro.

Cerca de 70% dos temas de conflito nas primeiras sessões de terapia de casal se referem a conflitos de gênero. Sem se dar conta, homens e mulheres estão se queixando de inadequações de gênero — que aqui denominei de *Ogrices* e *Feminices*. Não é à toa que as queixas masculinas e femininas não variam muito de um casal para outro. Como se diz, "só mudam de endereço".

A maioria de nós entra no casamento com alguns desses "defeitos de gênero". Alguns são tendências inatas de homens e mulheres, outros foram construídos ou reforçados socialmente. São "defeitos de fabricação" de homens e mulheres, cujo "software" mescla esquemas mentais dos séculos XIX, XX e XXI. Todos temos um software que hoje ficou parcialmente desatualizado. Daí muitos casais viverem indignados, guerreando contra as ogrices ou feminices do parceiro, ou simplesmente levando vidas paralelas, sem conseguir entrar em contato com as necessidades de gênero do parceiro. Entrar em conexão com as diferenças de gênero do seu parceiro é fazer o contrário: reduzir ao máximo a prática de *suas* próprias inadequações de gênero e tolerar melhor as ogrices ou feminices do outro.

Talvez você considere algumas das atitudes descritas a seguir como naturais, típicas de homem e de mulher. O fato é que elas são fonte de grande parte dos conflitos matrimoniais, já que tendemos a não mais aceitar muitas delas no parceiro. Você também notará que em diversos casamentos as coisas podem ocorrer de modo invertido, com mulheres praticando algumas ogrices, e homens, feminices.

Se perceber que essas posturas estão interferindo em seu casamento, assinale quais dos "exageros" de gênero você e seu parceiro adotam com frequência.

## 1. Modelo "trator"

*A cama das outras*

Ao casar, aos 25 anos, Alfredo queria aproveitar sua antiga mobília de solteiro, mas Letícia insistia em comprar móveis novos. Em especial, ela queria trocar a antiga cama de casal dele para ter a sensação de que construíam algo juntos, e não sentir que ela apenas se encaixou num esquema anterior (e deitar-se numa cama em que ele esteve com muitas outras). Alfredo fica inconformado. "Por que ela dá tanto trabalho? A cama ainda está boa e móveis novos são caros."

*Executivo até em família*

Armando foi treinado desde pequeno a ver pessoas, corpos e almas como peças a serviço de estratégias. Em sua empresa, administrada no modelo "sargento durão", ele motiva os funcionários com prêmios financeiros. Quando um de seus subordinados foi convocado a assumir uma filial em outra cidade e hesitou em aceitar por conta da resistência da esposa e dos filhos em mudarem de cidade, ele decretou: "Se você não lidera sua família, não serve para liderar as centenas de funcionários, e não terá futuro como líder nesta empresa".

O modelo "trator" desrespeita o ritmo da vida e quer logo "tocar em frente". Acha que pessoas deviam ser sempre práticas e o resto são caprichos e "coisinhas de mulher". Tudo são frescuras incompreensíveis, contratempos seguidos de chiliques. Comentários iniciados por "minha mulher implicou com" indicam a falta de conexão com o outro. Alfredo e Armando encarnam perfeitamente esse modelo retrógrado de homem.

EU ( ) MEU PARCEIRO ( )

### 2. Pouca estética e poesia: foco na praticidade

*Bem-estar*

Bem de acordo com a tradição da subcultura feminina, Marcela investe na graça, no encanto e na celebração da vida. Roupas, detalhes estéticos, joias, tecidos, design, uma casa aconchegante, tudo isso pode ser objeto de grande prazer e investimento para muitas mulheres. Era muito frustrante que Rogério não pudesse ao menos apreciar e compartilhar dessas experiências. Para que investir tanto se ele nem percebe ou, quando percebe, não valoriza ou até zomba?

A caricatura de macho, que se constrange em participar dos "assuntos femininos", não agrada mais. Na subcultura masculina, homens propositadamente não entendem e não gostam "dessas coisas" ou zombam. Outros dão um sorriso condescendente e "apoiam" com um protocolar: "É, ficou ótimo". Aos poucos, a mulher desiste ou continua a fazer as coisas para si mesma e para outras pessoas. O esvaziamento do casamento de Marcela reflete bem essa questão.

EU ( ) MEU PARCEIRO ( )

### 3. Tendência à onipotência

*Vivendo perigosamente*

Rui não se cuidava, achava as advertências de Helena "um saco", até que adoeceu. Também André inquietava Juliana com aplicações financeiras arriscadas e com seu modo perigoso de brincar com os filhos. Já Mariana implicava porque Paulo guiava rápido demais.

Homens tendem a correr mais riscos, minimizar as ameaças e superestimar suas capacidades. Para esses homens "onipotentes", as observações de suas parceiras soam como "encheção de saco", implicâncias femininas, atitudes excessivamente medrosas. Alguns ignoram o que dizem suas mulheres ou zombam delas.

Essa falta de conexão com a percepção feminina de vulnerabilidade, além de ser desrespeitosa, faz com que muitos percam a oportunidade de se beneficiar da sabedoria da visão alheia.

EU ( ) MEU PARCEIRO ( )

### 4. Pouca sintonia com o estilo feminino de lidar com problemas

*Problema resolvido, missão cumprida*

Se Juliana diz a André que está nervosa porque furtaram sua carteira, ele entende que ela quer ajuda para resolver o problema. Aborda com ela a necessidade de cancelar cartões, refazer documentos, informar-se de quanto dinheiro havia na carteira, e calcula o prejuízo para avaliar o grau do problema. Ela gostaria que ele primeiro escutasse com atenção como ela está mal com isso, que se solidarizasse e lhe oferecesse um chá para que ela se acalmasse, e lhe dissesse carinhosamente que não se preocupe, que juntos resolverão o problema. O mesmo a respeito da briga dela com uma colega de trabalho, da enxaqueca etc.

Mulheres têm um modo diferente de relatar e enfocar questões. Valorizam circunstâncias, emoções envolvidas e por vezes desejam apenas desabafar antes de buscar soluções. Querem ser ouvidas, entendidas e que o interlocutor se solidarize, apoie e console. Homens ficam muito estressados com essas demonstrações de sofrimento e são treinados a imediatamente objetivar o problema, pensar em soluções, encaminhá-las para, em seguida, enterrar o assunto.

Frustradas com o pragmatismo masculino, muitas mulheres às vezes reagem irritadas, e seus maridos se espantam: "O que ela quer? Afinal, eu lhe dei as soluções!". O parceiro eventualmente se dispôs a ajudar, e ela, "a ingrata e irracional", continua a prolongar o assunto e se mostra insatisfeita com o apoio dele. Ele também não aguenta os floreios das histórias: "Por que ela não encurta e vai direto ao ponto?". Ela aos poucos perde o prazer de compartilhar e vai ficando mais distante, fria e prática.

EU (  )   MEU PARCEIRO (  )

### 5. Compartimentalização da vida (inclusive do sexo)

*Em caixinhas*

Uma discussão acalorada com o filho por causa do seu mau desempenho escolar não impede que Armando, meia hora mais tarde, queira fazer sexo com Thais, e tampouco que logo depois do sexo vá correndo ao escritório e lá se envolva com empenho no trabalho. Da mesma forma, o velório de um bom amigo não impede Paulo, para o horror de Mariana, de fazer contatos, trocando cartões na saída do cemitério, ou de Ricardo, marido de Penélope, depois de ter confessado à esposa seu caso extraconjugal, não aceitar que ela fique abalada "por tanto tempo", esperando que, uma vez que "decidimos continuar juntos", ela deva superar essa história em alguns dias.

É comum o pragmatismo masculino separar as várias dimensões da vida em departamentos distintos. Isso é culturalmente reforçado e treinado desde a infância. Falta a muitos homens a percepção de que às vezes somos afetados integralmente, de que há certos rituais e ritmos a serem respeitados e de que, para a mulher, a vida é mais interligada e o clima depende de certo alinhamento de fatores. Muitos homens cobram de suas esposas que elas compartimentalizem e isolem as contrariedades em caixinhas. Não aceitam que o desejo e o prazer possam ser afetados por desalinhamentos em outros setores da vida não diretamente relacionados ao objeto.

EU (  )   MEU PARCEIRO (  )

### 6. Não cultivar redes sociais

*Ursos solitários*

Alfredo está sempre focado na carreira; André, em atividades de lazer pessoais; e Ricardo assiste a vídeos sozinho no computador. Os três não são proativos em cultivar relações conjugais, familiares e sociais. Não telefonam para irmãos, pais, parentes, amigos, não se lembram de datas significativas, não tomam iniciativas de investir nas relações, e por vezes não o fazem nem mesmo com os filhos ou a esposa.

Ainda hoje muitos homens deixam ao encargo da mulher dar atenção aos outros, comprar presentes aos parentes e aos amiguinhos de escola dos filhos ou visitar e conversar com a avó carente e solitária. Em alguns casos até mesmo servir de mediadora entre eles e os filhos. Quando cobrados a participar ou até a assumir parte dessas incumbências, colocam-se como desajeitados e desinteressados.

Nos séculos XIX e XX isso não era esperado do marido e fazia mesmo parte das obrigações, talentos e prazeres femininos. Para muitas mulheres, essas funções são igualmente cansativas, e elas pedem que sejam compartilhadas. Elas não querem mais homens desajeitados, monossilábicos, que se mostrem sem traquejo com idosos, doentes e tão inábeis com crianças; que não se incumbam de também cultivar o círculo de amizades do casal e empurrem todos esses cuidados para a esposa. Letícia, por exemplo, era incapaz de fazê-lo, pois sofria de um leve quadro de Asperger e não tinha a empatia e o traquejo social necessários para fazê-lo; Alfredo, por sua vez, não entendia que também o homem pode cultivar as redes sociais do casal, insistindo que é "tarefa de mulher".

EU (   )   MEU PARCEIRO (   )

**7. Empurrar os problemas domésticos e familiares com a barriga**

O senso de urgência feminino em enfrentar problemas domésticos, familiares e educacionais parece exagerado para a maioria dos homens. Ele deixa para depois ou se acomoda e "vai levando".

Como o teatro de operações masculino é o mundo externo e a família faz parte do "lar doce lar", ele prefere conviver com algumas pendências e imperfeições a se desgastar também em casa e em seu horário de descanso. Deixa o que puder para depois: o vazamento no sifão do tanque na área de serviço, a pendência com as férias da babá no próximo semestre, a falta de limites do filho malcriado e, sobretudo, os problemas de relacionamento do casal. Muitos homens alternam três posturas: silenciam e ignoram os apelos, se sentem cobrados e se irritam, recusando-se a se envolver nesses assuntos, ou exercem uma resistência passiva, isto é, acatam, concordam e enrolam.

Com o tempo, as esposas entram num estado de aflição crescente e se tornam por vezes cobradoras agressivas de providências, ou se distanciam do marido que, na percepção delas, não se mostra um verdadeiro parceiro. Decidem então tomar elas mesmas as medidas (às vezes radicais e provocativas) para resolver os problemas a seu modo. Como Penélope, que contratou uma empresa de engenharia hidráulica para consertar o cano da pia! Claro que sua retaliação deu material para mais uma das intermináveis brigas com Ricardo.

EU (    )        MEU PARCEIRO (    )

## 8. Não "formar casal"

*Vidas paralelas*

Quando Paulo resolve surfar e deixar Mariana com o bebê na praia, ela não quer podá-lo, mas ele nota sua frustração. Ele logo pensa que ela também quer "curtir" a praia e sugere que se revezem, que ela vá passear com as amigas enquanto ele fica com o bebê, ou que Mariana deixe o filho com a sogra. Não compreende que ela gostaria de um programa a dois, que juntos cuidassem do filho, ficassem conversando, ou que a sogra assumisse a criança e eles passeassem juntos. Ele imagina vidas paralelas e divertidas entremeadas de encontros sexuais, ela imagina vidas mais amalgamadas.

Como discutido na introdução, para muitos homens, o casamento é apenas a fundação de um lar e uma família, e não a formação de um casal com cumplicidade e um projeto de aprofundar a relação. Uma vez casado, esse tipo de homem muitas vezes quer prosseguir em seus projetos pessoais de carreira, vida esportiva, intelectual ou de lazer. Outros esperam que a mulher e os filhos reconheçam seu esforço em ser o provedor ou protetor e que o apoiem, lhe deem espaço para perseguir também seus interesses individuais e respeitem suas necessidades de lazer e descanso. Quando a família e as cobranças da esposa o impedem de perseguir seus projetos pessoais, que ele naturalmente julga compatíveis com o casamento (para ele compatível significa que logística e financeiramente é viável), ele se sente sufocado e indignado.

A mulher normalmente se casa com a expectativa de compartilhar e construir algo a dois, propõe-se a mudar radicalmente o projeto individual dela para um projeto em dupla. Muitos nem sabem bem do que ela está falando.

EU (   )      MEU PARCEIRO (   )

**9. Não deixar a parceira brincar de "casinha"**

É comum que homens, em nome da eficiência doméstica, ou de "também terem o direito" de participar de certas áreas tradicionalmente "femininas", interfiram em zonas nas quais muitas das esposas imaginavam poder exercer livremente seus dotes "femininos" e construir sonhos "de mulher". Ter autonomia na decoração, no comando da casa, na educação e conceder a si mesma certos luxos femininos ainda é frequentemente uma "necessidade" feminina remanescente de modelos milenares que lhe deixavam ao menos essas áreas de atuação. Pode ser também uma tendência biológica da maioria das mulheres — não de todas. Para de fato poder entrar nas áreas tradicionais femininas seria preciso, em alguma medida, que o marido soubesse atuar em dupla e construir a dois, do contrário sua "participação" será apenas um ato invasivo. Além disso, seria preciso haver reciprocidade e dar a ela acesso às áreas tradicionalmente "masculinas".

EU ( ) MEU PARCEIRO ( )

Essas são apenas as principais ogrices. Ainda há outras. De qualquer forma, inúmeros homens que se apresentam desse modo são capazes de, com apenas algumas semanas de terapia de casal, atualizar o "software de gênero", reprogramar sua concepção do que é virilidade e se comportar de modo mais adequado e respeitoso. Ainda que em parte sejam tendências naturais para alguns homens, o ser humano tem diversos sistemas cerebrais de controle que operam em conjunto, o que nos torna capazes de aprender muitos novos comportamentos.

Não se trata de aviltar seu parceiro e obrigá-lo a ir contra sua natureza, mas é perfeitamente possível torná-lo mais respeitoso e capaz de se empenhar em algumas atividades que são importantes para o convívio igualitário. A chave é conectar-se, ter interesse em entrar em contato com o mundo do outro, deixar-se influenciar, levar em conta a opinião alheia. O mesmo ocorre com mulheres e suas feminices. Também elas podem aprender a ser respeitosas e cooperativas com seus maridos, a se conectar com o masculino, a atentar para algumas necessidades masculinas.

### FEMINICES

**1. Vitimização**

Muitas mulheres tendem a valorizar o sofrimento. O discurso dramático segue um script milenar de uma subcultura feminina, traçando uma narrativa épica de sofrimentos femininos nos corpos e almas. Corpos que sofrem cólicas menstruais, dores da gravidez, consequências de constantes alterações hormonais, enxaquecas, mutilações e privações devido à pressão social ou para se manter belas ou recatadas. Almas aviltadas durante milênios por um patriarcado cruel, submetidas a sobrecargas, injustiças, maus-tratos, insensibilidades. O estilo de tantas mulheres em se enxergar como vítimas, e de interpretar e relatar episódios dessa maneira, se impregna nas famílias, na mídia e na cultura em geral. Algumas mulheres se reconhecem mutuamente nesses sofrimentos e se apoiam, reforçando socialmente ainda mais o comportamento.

Entretanto, a realidade mudou, e parte desse discurso se tornou destituído de sentido, quase patético. Daí, quando muitas mulheres ainda hoje, mesmo diante de episódios banais, dramatizam desmesuradamente o ocorrido e empregam palavras que as colocam como vítimas, os maridos se assustam ou se indignam. Ela não diz: "Ontem tive uma dor de cabeça e tomei um remédio", mas: "Ontem passei muito mal e tive de aguentar tudo sozinha"; não diz: "Fiquei chateada com meu marido porque ele foi ríspido e impaciente comigo", mas: "Fui tão maltratada"; não diz: "O casamento me trouxe algumas frustrações", mas: "O que sofri nas mãos desse homem e o que tive de aguentar, só eu sei". Pode servir de desabafo ou de chantagem emocional, mas em essência é um tiro no pé da mulher. Ela acaba por acreditar no próprio discurso e se posiciona como uma vítima sofrida, magoada, em vez de dar a correta proporção às coisas, assumir sua parte nos problemas e construir soluções. Aos maridos, esse estilo causa estranheza e desconforto. Ele contém nas entrelinhas uma acusação perene que o responsabiliza e, ao mesmo tempo, o convoca a acudir em algo que ele não sabe o que é.

EU (   )  MEU PARCEIRO (   )

## 2. Fôlego para refregas intensas

*Quando isso vai acabar?*

André está mais uma vez escutando uma cascata de queixas e acusações de Juliana, entremeadas de choro e frases bombásticas. Assombrado, ele se volta para si mesmo, imagina quanto tempo ela ainda ficará falando, está zonzo com tanta falação, resolve contar até 240, promete a si mesmo não reagir, – "não reaja, não reaja" –, tem medo de aquilo se prolongar ainda mais. Faz cara de paisagem, não responde aos apelos desesperados dela por uma resposta. O que pode lhe dizer? Qualquer coisa só vai prolongar ainda mais essa tortura.

Quando argumentam com maridos, filhos e parentes, muitas mulheres rapidamente se inflamam e iniciam longos discursos acusatórios, nos quais embutem diversas queixas que são repetidas à exaustão, numa espiral ascendente de raiva e desespero. Isso supera a capacidade de processamento do parceiro; ele entra em desespero e reage segundo três padrões: torna-se verbalmente violento e dá um basta autoritário (alguns homens tornam-se fisicamente violentos), encerra a conversa retirando-se do local ou então se fecha, não responde e parece não mais tomar conhecimento da presença e do longuíssimo discurso da esposa.

Na intimidade dos consultórios, muitos desses maridos (que a elas parecem insensíveis) se sentem massacrados. Às vezes choram copiosamente e se sentem desamparados. Outros se lançam ao alcoolismo como única saída para se anestesiarem mentalmente, e alguns buscam um caso extraconjugal com uma amante meiga e complacente. Às esposas, essas reações masculinas reforçam a ideia "de que não sou escutada, amada", "ele é covarde e não enfrenta os problemas", "não me escuta", percepções que só fazem aumentar seu desespero feminino, o que, por sua vez, aumenta o masculino.

EU (   )     MEU PARCEIRO (   )

**3. Incessante campanha de cutucões**

É comum que muitas mulheres ressentidas com determinado tema iniciem uma campanha de guerrilha para desgastar as tropas inimigas. Por exemplo, se estiver frustrada porque o marido é pão-duro, é possível que, nos mais diversos momentos, quando o homem menos espera, surjam frases ditas em tom cortante ou irônico a propósito de assuntos aparentemente afastados do problema do casal. Algo como: "Pois é, tem gente que não consegue ser generosa". Se ele inocentemente comenta uma notícia de jornal sobre um magnata que se suicidou: "É, você tem razão. É incrível como pode ser difícil para *certas* pessoas aproveitar a vida", sempre num tom que alude indiretamente ao marido e aponta sua suposta falha.

Esse estilo de confronto indireto e incessantes cutucões se contrapõe aos dois modos de muitos maridos lidarem com conflitos interpessoais: ser direto ou empurrar os problemas com a barriga e deixar para lá. Exercido à exaustão, esse estilo feminino de "indiretas" contamina todo o clima até que o marido tenha uma explosão de fúria ou se feche e finja ignorar as provocações.

EU (   )    MEU PARCEIRO (   )

## 4. Nunca enterrar defuntos

*O anel desenterrado*

Marcela se lembra – ao ver na mesa vizinha um namorado presentear a moça com um anel – que Rogério nunca lhe deu nenhuma joia, e que mesmo no noivado há dez anos, ela teve que se autopresentear com um anel para não passar vergonha perante os outros. Começa então a fazer comentários ácidos, um mal-estar se instala. Rogério não reage com sabedoria, não acata humildemente a queixa, mas tenta se justificar; ela não aceita. Ele então se indigna que ela tenha "mais uma vez voltado ao antigo e eterno tema do anel de noivado". Marcela se sente novamente tão incompreendida como há dez anos e vai sendo sequestrada por uma espiral de outras memórias de ressentimentos que começam então a ser vomitadas, mesmo estando fora do contexto atual.

Indignações e mágoas antigas que não são enterradas podem se manifestar a qualquer momento, como um súbito despertar de um exército latente de zumbis, mortos-vivos, que muitas mulheres puxam pela coleira e as acompanham por toda relação.

A maioria das mulheres tem memórias e associações emocionais diferentes dos homens, e antigas vivências são disparadas em blocos inteiros por gatilhos diversos. Isso, na subcultura feminina, é tido como natural, e acaba resultando em uma coleção de mágoas antigas que podem se manifestar a qualquer momento. Essas memórias voltam então com o mesmo frescor e intensidade que tinham vinte, dezoito, dez, dois anos antes. A Rogério, atônito com "o que aconteceu com o nosso jantar que era para ser romântico e seria seguido de uma boa noite de sexo", tudo parece uma loucura de mulher — pensa que talvez seja TPM.

EU (   )   MEU PARCEIRO (   )

## 5. Misturar as estações

*Efeito cascata*

Marcela teve um dissabor com um site de compras de manhã e ligou para Rogério para desabafar. Como ele estava ocupado, ela se irrita ("Ele nunca tem tempo para mim!"). Uma hora depois chega o técnico que veio consertar a geladeira, que, além de estar atrasado, no final deixa a cozinha toda emporcalhada. No almoço, ela tem de travar uma batalha com o filho, que tem um chilique porque não quer comer cenouras cozidas. Ela teve um dia infernal. Já de péssimo humor, decide ligar para a irmã, reclamando que ela ainda não lhe devolveu a travessa de prata que Marcela lhe emprestou há semanas! Logo estão brigando. À noite, ao chegar em casa, Rogério encontra uma Marcela emburrada e magoada. Afinal, "ele nunca tem tempo para escutá-la" e "ela não aguenta mais essa vida!". Ele, o filho, a irmã e a sogra serão "punidos" com um mau humor que durará horas ou mesmo dias.

Embora muitos homens exagerem na compartimentalização dos vários setores da vida, há um número expressivo de mulheres que peca pelo contrário: deixam as contrariedades contaminar todas as outras áreas da vida do casal que provavelmente não estão nem mesmo indiretamente conectadas com o problema. Deixam então que pequenas contrariedades as quais, isoladas, não são graves, se potencializem e azedem o dia.

EU ( ) MEU PARCEIRO ( )

### 6. Foco na frustração imediata

*Justamente a única coisa que pedi!*
Juliana pede a André que compre uma lista de mantimentos no supermercado e, justamente um dos itens que ela julgava essencial para o sucesso do jantar, ele, o marido com déficit de atenção, comprou errado. Ela desconsidera a fila que ele enfrentou, os itens que ele trouxe certo ou que ele, há anos, sempre é prestativo. Em vez de buscar uma solução rápida e pragmática sem "puni-lo", dá vazão à sua frustração. Passa-lhe uma descompostura e faz chantagem emocional, deixando-o se sentir incompetente. "Você nunca liga mesmo para o que eu digo"; e num estilo dramático: "A única coisa que pedi era para trazer a farinha de rosca, não de trigo, e você não dá a mínima!". Essa tendência faz com que o marido fique com a sensação de que não há como satisfazer a esposa, porque ela não se contentará com nada; é mimada e exigente em um nível impossível de atender. Aos poucos ele desiste e se afasta.

É comum que, uma vez incomodadas ou ofendidas, elas coloquem o problema em primeiro plano, tendo muita dificuldade em relativizar a importância do caso ante o conjunto da vida e da relação. Esse imediatismo, ditado pela intensidade emocional, a deixa incapaz de ponderar.

EU ( ) MEU PARCEIRO ( )

### 7. Expectativas de entendimento telepático

Muitas mulheres se exasperam quando percebem que o marido não foi capaz de perceber coisas que para ela eram óbvias. Por exemplo, Marcela deu uma "dica" para Rogério duas semanas antes do aniversário de casamento, quando ela comentou diante de uma vitrine do shopping que "adoraria uma bolsa como aquela". Ficou chocada quando, no dia do aniversário de casamento, ele lhe convidou para jantar fora e mais nada. Decepcionada porque suas expectativas não foram correspondidas, ela passa o jantar triste. Ocorre que Rogério, no dia do passeio ao shopping, nem se lembrou de que logo teriam aniversário de casamento e, portanto, não associou uma coisa à outra. Talvez ele nem sequer tenha ouvido o comentário dela diante da vitrine, ou talvez tenha escutado, mas pensou que fosse só um comentário a esmo, uma conversa solta, algo análogo a um desejo potencial qualquer, como o dele de "um dia ainda guiar uma Maseratti".

Mais antenadas no cotidiano, as mulheres muitas vezes captam mensagens e se comunicam de modo mais atento, quase "telepático". Homens costumam ficar exasperados e às vezes culpados por não conseguirem captar tais mensagens. Rogério com Marcela e André com Juliana levavam regularmente "broncas" nesse quesito.

EU (  ) MEU PARCEIRO (  )

## 8. Intolerância com falhas de asseio e senso de urgência nos afazeres

*Você é um desastre!*

Juliana se irrita com o fato de André entrar com sapatos sujos no quarto do bebê, não esvaziar o lixo da cozinha, deixar as revistas do banheiro fora do cesto, não lavar o piso da ducha para eliminar os pelos que lá ficam, deixar a direção do carro com suor e gordura, em vez de passar um paninho úmido para deixá-la higiênica etc. O mesmo com relação a desatenções e falta de cuidados que ela julga essenciais para com os filhos: não é cuidadoso com a alimentação, com as necessidades e os ritmos das crianças, ou deixa-as bastante excitadas na hora que deveriam dormir ou, ao contrário, deixa-as ociosas e lê seu jornal no domingo de manhã...

Muitas mulheres catastrofizam essas eventuais falhas ou enxergam problemas onde na verdade só há uma diferença de estilos, de ritmos. O mesmo se dá com o senso de urgência feminino no que diz respeito a afazeres da vida familiar doméstica. Aos homens, parece que "minha mulher não pode me ver sentado lendo jornal ou relaxando que já precisa me incumbir de tarefas que terão de ser cumpridas naquela hora". Elas muitas vezes transferem para o marido a herança feminina de prontidão incessante para o trabalho doméstico, que só acaba na hora de dormir e logo recomeça ao acordar.

Seja ela dona de casa ou profissional, sempre há a pressão por limpar, preparar, atender, acudir demandas de filhos, parentes e da própria administração doméstica, que não tem hora. Na tradição da subcultura feminina não há como enquadrar tais demandas em horários de trabalho e recusá-las em seus horários de descanso. Para ela, a ida à casa de campo é um pesadelo de trabalho, pois, enquanto as crianças brincam e maridos "curtem" o fim de semana, ela dá o suporte de comidas, limpeza, serviços e cuida do bebê. Descanso, para ela, só de férias em um hotel, talvez sem crianças e quiçá sem marido. Em vez de se rever nessa voragem insana de obrigações e aprender a recusar certas tarefas e horários, o mais comum é que fiquem sobrecarregadas e apelem para que o marido participe da mesma maratona tarefeira. Se ele se recusa, ficam contrariadas, o pressionam ou o punem.

EU ( ) MEU PARCEIRO ( )

**9. Achar que mau humor é salvo-conduto**

Existe um mito na subcultura feminina de que nas relações familiares pode-se e deve-se dizer o que pensa. Muitas mães fazem isso com as filhas. Sem muita diplomacia, as críticas são despejadas às vezes na pior hora e de modo direto e pesado, seguindo a ideia: "Se eu não puder dizer a você o que penso, com quem poderei conversar?", ou: "Preciso falar, não vou aguentar tendo de engolir tudo sempre". Há uma ansiedade imediatista e uma urgência em despejar as angústias e corrigir o outro, e muitas acham que a intimidade lhes dá o sagrado direito a fazê-lo.

Algumas mulheres acham que têm direito ao mau humor, ficando implícito que, nesses casos, os exageros se justificam e os outros têm de aceitar. "Ai do marido" que ousar devolver na mesma moeda: será crucificado como grosso e agressivo.

EU (  )    MEU PARCEIRO (  )

Como no caso das ogrices, também as feminices começam a ser percebidas no casamento contemporâneo como falta de educação, falta de respeito, e não mais como jeito natural de mulher. E tal como mulheres desejam se separar por não mais tolerar ogrices, maridos com frequência pedem divórcio por não mais suportar feminices da mulher. São falta de etiqueta e de conexão. Em grau moderado, as feminices e as ogrices ainda fazem parte dessa época de transição entre o patriarcado do século XIX e o novo modelo que emergirá ao longo do século XXI. Se você quer que seu casamento dê certo, tente encará-las com mais humor e tolerância. E de seu lado, tente diminuir sua própria taxa de "defeitos de gênero".

O mais importante é se envolver. Conecte-se às necessidades de gênero do parceiro, interesse-se pela vida do outro e evite levar uma vida paralela. Não trate as "coisas de homem" ou as "coisas de mulher" como desprezíveis ou incompreensíveis: não seja um alienígena do gênero oposto. Talvez você não se interesse pelos assuntos de gênero ou não saiba seguir o estilo de gênero do parceiro, mas pode respeitar, se interessar e apoiar as atividades do parceiro. Ajudar a comprar toalhinhas de mesa ou buscar as entradas para o jogo de futebol está ao alcance de qualquer pessoa de boa vontade.

Se você achar que deve se empenhar mais nesse quesito, preencha a ficha a seguir e monitore seus progressos ao longo de quatro semanas.

Episódios em que me envolvi e me deixei influenciar

| Episódios de ogrices ou feminices | Episódios em que me conectei com necessidades de meu parceiro |
|---|---|
| No jantar dei vários cutucões sobre o modo como meu marido se veste mal | Não reclamei quando meu marido se esqueceu de levar a toalha e a água mineral para brincar com as crianças na praia. Entendi que a maioria dos homens precisa aprender a fazê-lo, e outros simplesmente não se lembram |
| Ao voltarmos para casa, ignorei os pedidos de minha esposa para dirigir mais devagar | Marquei um hotel para o próximo fim de semana para que minha mulher possa relaxar sem obrigações domésticas. Entendi que para ela é muito pesado cuidar sozinha do andamento da casa |

## Conexão com as diferenças de personalidade

Não caberia no escopo deste livro apresentar e discutir os diferentes tipos de personalidades. Mas muito do que foi dito sobre distinções de gênero vale para diferenças de personalidade no casamento.

Você se lembra do que foi discutido no capítulo I sobre compatibilidade psicológica? A maioria dos casais tem de lidar com importantes diferenças de personalidade. Um perfeccionista sofre quando se mudam os planos, quando não se mantém um combinado. Ele se aferra a princípios e insiste em ter razão. Um "evitativo" foge de embates e teme enfrentar críticas, tampouco sabe dar limites (nem a ele próprio, nem aos filhos ou aos parentes). Um extrovertido é movido pelas pessoas, pelas opiniões alheias e pela imagem social, e pode ser muito autocentrado e passar como um "trator" sobre os outros.

Enfim, poderíamos fazer uma lista imensa dos "defeitos típicos de cada personalidade". Essa lista encheria centenas de páginas. Mas lembre-se de que seu parceiro pode controlar-se, aprender novas atitudes, mas dificilmente o temperamento dele mudará. Se a relação valer a pena, você terá de aceitar algumas características e necessidades próprias da personalidade de seu parceiro.

*Não é possível!*

Letícia sofria de uma leve síndrome de Asperger, que a tornava mais embotada, mais reativa a excesso de estímulos e exigências, e mais turrona e repetitiva nas exigências, que nem sempre eram lógicas e às vezes eram imediatistas. Alfredo se incomodava muito com isso. Por exemplo, não conseguia entender que ela passasse longas horas em silêncio apenas porque não tinha mesmo o que dizer e estava esvaziada. Achava que ela estava emburrada ou deprimida, não percebia que ela era diferente dele. Indignava-se que ela nunca tinha ideias próprias para programas, achava que era acomodada e não se esforçava em tornar a relação mais divertida. Não entendia que ela não tinha energia e interesse intensos. Ele também não suportava quando ela queria que eles ficassem de mãos dadas durante os programas conjuntos, dando-lhe atenção direta. "Não é possível que ela não perceba que fazer um programa juntos não implica ficarmos grudados." Levou um tempo para que compreendesse que a forma de Letícia funcionar se ligava à personalidade dela, e precisou de mais um tempo para que aprendesse a respeitar certos limites da esposa. Como a amava e tinham muitos pontos fortes na relação, Alfredo aprendeu a lidar com as diferenças. Assim como Denise, que teve de entender que, mesmo mudando em alguns tópicos, Ronaldo, seu marido distímico, dificilmente se transformaria numa pessoa leve e sem ansiedade.

Desenvolver uma sabedoria de vida e de casamento é entender que não se pode exigir do outro o que ele simplesmente não tem para dar. Alguns parceiros apenas não são exatamente como você gostaria e não têm como mudar. Outros têm limitações que dificultam o convívio a dois, mas ainda assim podem valer a pena. Se as limitações do parceiro o incomodam demais e se você já tentou promover mudanças e constatou que não há mais como avançar, ou você se separa ou decide que vale a pena aprender a conviver com certos limites. Não entender isso é tomar o caminho certeiro para o desastre matrimonial.

Se resolver continuar casado, em vez de entrar em guerra contra todas as diferenças psicológicas entre você e seu parceiro, tente conectar-se. Faça uma lista das diferenças de personalidade entre vocês (pode incluir temperamento, valores, estilos, hábitos). Descreva-as sem julgar. Por exemplo, em vez de "meu parceiro é egoísta" e "eu penso nos outros", coloque "meu parceiro muitas vezes não acode às necessidades dos outros" e "eu atendo muito às necessidades dos outros". Tente entender a pré-história das características, o quanto parece ser o temperamento natural dele e o quanto você também reforçou nele esse padrão durante o casamento.

Se quiser, preencha uma tabela como a que segue:

**Diferenças de personalidade**

| Meu perfil | Perfil do meu parceiro |
|---|---|
| Não aguento rotinas, gosto de sair, viajar | Gosta de rotinas, é caseiro |
| Durmo muito e acordo tarde | Dorme pouco e acorda cedo |
| Adoro conviver com a família estendida | Fecha-se a contatos com a família estendida |

Escolha quais das diferenças são de fato problemáticas para você. Ordene em grau de relevância as sete mais importantes. Provavelmente vocês não poderão mudar os aspectos ligados a temperamento e gosto, mas talvez consigam mudanças em aspectos ligados a concepções e opiniões (tente o diálogo em conexão). Em relação aos aspectos que não puderem mudar, entenda que seu parceiro é feito de outra "madeira". O que faz a corda do violino dele vibrar e os olhos dele brilharem é diferente do que funciona para você. Por isso, muito da sabedoria de casamento reside em não tentar "forçar" mudanças que o outro de fato não consegue ou não quer, mas em integrá-las!

Sendo assim, se vocês querem fazer a relação "dar certo", terão de tentar diminuir seus próprios "defeitos de funcionamento" e tolerar mais os do parceiro. Isso implica cobrir as áreas em que seu companheiro de vida possa ser deficitário e criar espaços para cada um ser do seu próprio jeito.

Por exemplo, se você for extrovertido e aventureiro e prezar o convívio com parentes e amigos, e seu parceiro for o contrário, talvez você possa fazer diversos programas por sua conta, negociar a alternância de programas ao gosto do parceiro e seu e, acima de tudo, não enxergar o diferente como "defeito" do outro.

Um grande desafio é não tentar medir tudo por sua régua. Essa era uma das maiores dificuldades de Ronaldo, que queria transformar a esposa, Denise, numa "Ronalda". Era também a dificuldade de Juliana, que queria transformar André em numa mescla de dona de casa impecável e cavalheiro prestativo e antenado.

Se diferenças de personalidade forem um problema em seu relacionamento, experimente observar durante quatro semanas como você tem lidado com isso. Só o fato de registrar atentamente as interações entre vocês já deve ajudá-lo a se conectar mais com as diferenças de perfil.

**Como tenho lidado com nossas diferenças de personalidade**

| Tentei impor o meu jeito | Aceitei e integrei as diferenças |
|---|---|
| Briguei com meu parceiro porque ele não aceita viajar um fim de semana por mês, chamei-o de "tédio total" | Combinamos que viajaremos uma vez a cada seis semanas |
| Não aguento que minha mulher perca as manhãs de domingo dormindo; acordei-a cedo para irmos ao parque. Brigamos | Fui de manhã cedo passear no parque e voltei às 11h30 trazendo pãezinhos e guloseimas da padaria predileta dela |

### Conexão com as diferenças de situação

Grande parte de nossas divergências se origina de diferenças entre as situações em que cada um de nós se encontra. Temos dificuldade em enxergar as coisas da perspectiva situacional do parceiro. Embora vivam juntos, seu parceiro e você estão em circunstâncias e ciclos de vida diferentes. Têm funções familiares diferentes, sofrem pressões sociais diferentes, têm carreiras diferentes e famílias de origem diversas.

Essas diferenças de circunstância existem, não importa sua personalidade e seu gênero. Homens na função de "dono de casa" e mulheres na função de executivas tendem a reproduzir padrões típicos dessas posições, eles querendo mais dedicação à relação, elas querendo mais sossego em casa. Mudanças de situação (por exemplo, ficar doente ou dependente do parceiro por um tempo) podem fazer com que mesmo pessoas independentes e que prezam autonomia tenham necessidade de mais contato, atenção e cuidados, pois a posição os deixa fragilizados. Conectar-se às necessidades situacionais do parceiro é essencial. Vale novamente o mesmo que foi dito sobre as conexões com as necessidades de gênero e de personalidade: nossos parceiros vivem em posições e situações distintos e tendemos a ignorar esse fato. O ditado popular "pimenta não arde nos olhos do outro" expressa bem essa tendência humana.

A maioria dos casais descritos neste livro fez um exercício de "visitar o planeta do parceiro". No exercício, peço a cada um que ajude o parceiro a trocar de corpo, idade, sexo, história e função, e tente "sentir" a bioquímica, o metabolismo, a anatomia, a imagem de si, a autoestima e o dia a dia do parceiro, com especial destaque para as exigências sociais e obrigações cotidianas de cada um. Entramos às vezes em situações específicas que um de vocês está vivendo, por exemplo, um ciclo de vida ou um problema, e você tenta aprender a enxergar as coisas sob perspectiva, e não ser um alienígena no planeta do parceiro.

**Diferenças de situação**

| Minha perspectiva situacional | Perspectiva situacional do meu parceiro |
|---|---|
| Tenho uma mãe doente e irmãos que não ajudam; meu parceiro acha que me envolvo demais | Meu parceiro tem pais mais jovens e saudáveis, e não tem conflitos com irmãos |
| Tenho de acumular a função de provedor e cuidar dos filhos do casamento anterior e de minha mãe. Não tenho energia para o lazer | Meu parceiro passa o dia em casa e cuida de nosso filho único. Está ansioso por sair e me acha egoísta por eu querer ficar em casa |

De resto, vale para as diferenças de situação o mesmo segredo para lidar com as de gênero e de personalidade: conectar-se, envolvendo-se de modo apoiador com a situação do parceiro e deixando-se influenciar por ele, em vez de ignorar as vulnerabilidades situacionais dele.

## Uma palavra para os homens

Embora mulheres e homens muitas vezes não saibam se conectar, em geral as mulheres tentam mais, mesmo que de forma arbitrária e unilateral. Mas um grande número de homens nem sequer entende o que seja conexão e não percebe que nada é mais terrível no casamento paritário do que a sensação de que você não faz diferença para o parceiro, que ele vive impermeável às suas necessidades e opiniões, que você não é capaz de influenciá-lo, que não existe uma vida a dois, só duas vidas paralelas superpostas no sexo e nas obrigações domésticas.

Não se trata só de levar em conta as necessidades de gênero, personalidade e situação da sua esposa. Trata-se de entender que você pode aprender com ela, que ela pode ajudá-lo. Talvez não em todas as áreas na qual ela opina, mas em muitas. Quando ela falar daquelas das quais ela talvez entenda menos que você, escute com respeito e reflita; não descarte com desprezo. E se for importante para ela, leve em conta o que ela acha ou pede. Mas nas muitas áreas nas quais ela pode contribuir, nas quais você talvez tenha um ponto cego, beneficie-se do saber dela. Aprenda com ela. Deixe-a influenciá-lo.

Conectar-se, além de aumentar a compreensão e a lealdade entre vocês, pode dar muito mais tesão na cama!

# PARTE III
# AUTOCONHECIMENTO E ESCOLHAS DE CASAMENTO

# O que fazer com a *sua* Equação

Na primeira parte do livro, discutimos a Equação do Casamento e sugeri que você montasse a *sua* própria Equação. Mas talvez você, como a maioria dos casais descritos neste livro, ainda não sabe o que fazer com seu casamento. Não tem certeza se está satisfeito ou, o que é mais comum, não sabe se *deveria* estar feliz ou insatisfeito. Não consegue decidir se quer ficar, sair, tentar incrementar o casamento ou aprender a lidar com o que tem. Pode ser que você saiba o que sente, mas não sabe quais as possibilidades e o potencial de mudança de sua relação. E então você passa meses ou anos remoendo a mesma pergunta: "Eu é que não sei ser feliz e não me satisfaço com nada?". Talvez você decida não pensar em mais nada disso e continue tocando a vida.

**Ao fazer experimentos, você aprenderá sobre si mesmo e sobre seu casamento**

Um modo de avançar nessas questões é por meio da auto-observação e da reflexão. Mas nem sempre o contato com seu Eu, com seus desejos mais profundos, será suficiente. Tampouco rever seus valores de vida e sua ética. Além de refletir sobre tudo isso, é possível que você precise fazer alguns experimentos práticos que lhe permitam se observar, testar os potenciais da relação e aprender mais sobre si mesmo.

Você pode fazer isso engajando-se em um dos "projetos" descritos a seguir. Chamei esses experimentos de "projetos", pois cada um deles está estruturado em etapas. Nesse sentido, são pequenos projetos de vida que durarão de algumas semanas a meses, no ritmo e intensidade que você considere adequado.

Eles envolvem pequenos testes de auto-observação e de observação da dinâmica do casamento, bem como microexperimentos. Se você achar necessário, sugiro também alguns macroexperimentos, alguns deles mais radicais. Os cinco projetos que apresento nesta Parte III são: *Resgatar um casamento em crise*; *conviver com um parceiro difícil*; *Incrementar uma relação sem afinidades e encanto*; *Buscar mais sintonia sexual*; e *Lidar com um caso extraconjugal*.

Você pode escolher ler um dos capítulos ou uma combinação deles. Se nenhum desses projetos lhe mostrar um caminho, talvez você deva se separar, tema do capítulo 18: *Algumas considerações sobre separação*.

Para qualquer um dos projetos, dominar algumas das competências para o convívio a dois, discutidas na Parte II, será imensamente útil.

# 13
# Resgatar um casamento em crise

Se a relação de vocês estiver em crise, um modo de lidar com isso é engajar-se num projeto de resgate de casamento, que pode ser um teste importante do potencial de sua relação. Talvez vocês possam sair da crise e chegar a um bom — ou até excelente — casamento. É também uma forma de você aprender mais sobre si mesmo. Embora se trate de um experimento, ele só servirá se for levado a sério e, como você verá, exige alguns meses de muita dedicação. Este capítulo apresenta — passo a passo — modos como você pode resgatar sua relação.

O projeto de resgatar um casamento em crise pode ser um projeto de ambos ou de só um dos parceiros. Mesmo que os dois estejam aliados no projeto, é importante que ao menos um de vocês (de preferência os dois) se disponha a ter reservas de amor e de entrega suficientes para arriscar dois a três meses de sua vida em dar o melhor de si, sem cobrar reciprocidade imediata. Se pelo menos um de vocês não estiver em condições de fazê-lo, nem comece o projeto.

Leonardo e Márcia, o casal "mal-educado" e competitivo, queriam resgatar o casamento, mas chegaram à terapia com espírito "contabilizador", "dente por dente": cada um só se dispunha a dar um passo positivo se o parceiro também o fizesse. Não havia como funcionar.

Numa crise de casamento é comum que quando um estenda a mão o outro ainda não esteja pronto e se mostre hostil, magoado ou indiferente. Enquanto um dos cônjuges está tentando superar a crise, o outro ainda está ecoando fúrias ou mágoas anteriores. De início, não conte com o fato de que a cada gesto gentil seu virá uma contrapartida gentil de seu parceiro. Em até três meses você notará que, apesar de oscilações e recaídas, surgirão cada vez mais melhoras na sua relação. O projeto de resgate pode levar até nove meses. Se levar mais tempo que isso, talvez não haja muito mais o que avançar e você deva se conformar com o que tem, ou pensar em se separar.

Para resgatar uma relação em crise, os recursos discutidos na Parte II sobre a arte de conviver serão absolutamente necessários: você terá de usá-los *maciçamente*. Além de ajudar a tirar sua relação da crise, você precisará deles para incrementar alguns fatores essenciais da Equação do Casamento.

Se estiver pronto para começar, tenha claro que para resgatar a sua relação você deve:

1. Preparar-se;
2. Desinflamar os botões vermelhos;
3. Negociar e repactuar o casamento.

## RESGATANDO UM CASAMENTO EM CRISE

### Fase I:
### Preparar-se

Resgatar uma relação em crise não é fácil, por isso é preciso se preparar: alinhar as expectativas de engajamento de cada parceiro, mapear os botões vermelhos na relação, transformar a lista de problemas em metas de mudança viáveis e rever o que você está disposto a mudar em si mesmo.

I. AJUSTANDO AS EXPECTATIVAS DE ENGAJAMENTO

**Quem de nós está disposto a se esforçar? E em que medida?**
É comum homens estarem mais acomodados com o status quo da relação e irem à terapia de casal porque a mulher insistiu. Alguns chegam de má vontade, pois não acreditam em terapia de casal. É também clássico o caso em que o marido traz a esposa porque acredita que ela seja mentalmente desequilibrada e precise ser medicada. Do lado feminino, as mulheres com frequência relatam que já vêm tentando "investir na relação" há muito e que agora é hora de o marido se mexer, de tentar "reconquistá-la". Muitas exigem que ele faça terapia individual para que entenda que está por um fio de perdê-la. Ou seja: é comum que ambos os sexos acreditem que cabe ao parceiro se tratar e se esforçar para mudar.

É importante ter claro e explícito qual o grau de prontidão, de esperança e de disposição de empenho a que cada um se dispõe. Não é preciso que sejam disposições e empenhos equivalentes, embora isso fosse o ideal.

Em consultório, esse ajuste de expectativas sobre o que esperar do resgate e o quanto cada um está disposto a se empenhar pode levar de uma a três sessões. Na primeira, verificamos como cada um avalia as áreas problemáticas e as fortalezas da relação, bem como com que expectativa cada um está vindo à terapia. A segunda sessão é individual. Ela acessa a história de cada um, seus desafios de vida e como o casamento se insere nisso. Depois de esclarecer o papel do casamento e do parceiro em sua vida, passamos à terceira sessão: ajustar as expectativas. Essa sessão é feita novamente em conjunto e serve para estabelecer acordos sobre os papéis que cada um terá no processo de resgate do casamento, compatibilizar os desejos de mudança e traduzi-los em metas de trabalho. O projeto só tem início se for possível um acordo que contemple as necessidades dos dois.

Mas se não estiverem em terapia, pode ser que você tenha de conversar por sua conta com o parceiro. Nesse caso, pode tentar um diálogo em conexão para trocar ideias sobre as áreas problemáticas e tentar esclarecer, sem cobranças, o que seu parceiro pensa sobre a relação. Você pode verificar se e onde ele vê problemas. Também poderão conversar sobre o quanto cada um está disposto a se empenhar em salvar o casamento. Lembre-se de escolher um momento apropriado para a conversa, e cuidado com as comunicações destrutivas (sobretudo com as agressões sutis, do tipo "Afinal, eu sempre tentei me dedicar" etc.).

Mas pode ser que seu parceiro nem sequer esteja em condições de conversar cooperativamente sobre a crise. Essa era a situação de Ronaldo, o marido estressado e agressivo de Denise. Nesse caso, talvez você se disponha a tentar trabalhar sozinho por até três meses, investindo sem esperar retornos imediatos. Pode funcionar e valer a pena, mas lhe custará ainda mais esforço.

Rui e Helena, de quem já falamos nos capítulos 5 e 6, vieram juntos à terapia de casal, embora ela estivesse pouco disposta a participar do resgate da relação.

*O resgate mais demorado do mundo*

Rui, o empresário autoritário, estava casado com Helena, dona de casa, havia 51 anos. Ela vivia assustada, à espera do próximo ataque de fúria do marido. Aos 69 anos, Helena resolve dar um basta, mas então Rui tem um enfarto. Ela se viu obrigada a adiar seus planos de separação para cuidar dele, e então o marido começou a mudar. Fragilizado depois do enfarto, iniciou uma terapia, reviu profundamente a vida e se tornou um "novo homem".

Durante dois anos, ele buscou por sua conta resgatar o casamento com Helena, que passa a se mostrar fria e irascível. Aos 71 anos, ela finalmente toma a decisão acalentada havia tempo. Cheia de fúria, rompe com o marido e não quer mais vê-lo. Refaz sua vida e está cada vez mais satisfeita com as amigas, os cursos, os filhos e as viagens. Sua vida é modesta, mas ao menos vivia sem ameaças e sem discussões.

Rui ficou chocado. Dois anos antes havia finalmente entendido o marido que foi e se arrependeu profunda e genuinamente! E já vinha tentando de todos os modos reconquistá-la. Mas ela estava traumatizada, ainda lutava contra seus próprios fantasmas e estava reaprendendo a viver, a ter mais autonomia, tentando se encontrar. Não tinha espaço para um novo Rui.

Apesar de separados e dos ressentimentos dela, ainda se viam. Ele a visitava ocasionalmente, com presentes, entradas de teatro, convites para um café à tarde. Quando não estava ocupada, ela o "tolerava" com cordial e protocolar frieza.

Apesar dos ocasionais ataques de fúria em que ela descarregava seus ressentimentos, aos poucos Rui foi se fazendo mais presente na vida dela. Chegaram a ter uma "amizade" com programas prazerosos, mas ela não lhe permitia avançar. Se Rui não tivesse fôlego para aguentar a falta de reciprocidade e não entendesse que o ritmo e o tempo de Helena estavam defasados em relação ao seu, não teria nenhuma chance com ela.

Na época em que Rui e Helena vieram à terapia, estavam separados havia um ano, e ambos irritados um com o outro. Ele, frustrado com a "resistência" dela, oscilava entre a impaciência, a fúria e entre desistir e puni-la com cortes orçamentários. Ela se sentia incomodada com a pressão dele "para voltarem" e oscilava entre o ressentimento e a indignação, mas, na verdade, não tinha clareza do que queria. Queria um convívio civilizado? Não vê-lo mais? Uma amizade ocasional? Pressionada, reagia tornando-se ora indiferente e passiva, ora irritadiça.

O desejo de terapia partiu somente dele. Mas, afinal, ela estava lá!

Na primeira sessão ficou claro que ele queria reconquistá-la e precisava de ajuda para fazê-lo. Ele se dizia esgotado e deu-se a si mesmo um prazo de um a dois meses para "sentir que algo se mexe", que "ela ao menos demonstre boa vontade". Não queria mais perder tempo, já estava havia três anos tentando se reaproximar (dois anos antes e um depois da separação). Queria morar com ela, transar, voltar a se apresentar socialmente como marido e mulher.

Ela não estava disposta a se comprometer num projeto de resgate. Ficou claro que ela, desde que não tivesse nenhuma obrigação, se disporia a ver se poderiam ser amigos, e quem sabe no futuro pudessem se reaproximar. Dizia que, na verdade, embora apreciasse a companhia do "novo" Rui, a mudança viera tarde demais. Ela duvidava que fosse possível superar suas mágoas profundas; talvez pudessem tentar ser amigos. Sentia que seus traumas com ele eram insuperáveis. Tinha também dúvidas se ele, ao sentir-se aceito, não repetiria antigos padrões, e não sabia se ele desejava realmente ficar com ela por amor ou se queria garantir uma enfermeira para a velhice.

Fizemos então um programa de trabalho para cuidar de cada um desses temas, prevendo que boa parte seria tratada em sessões de casal intercaladas com algumas sessões individuais. A maior dificuldade de curto prazo residia na inabilidade dos dois em lidar com divergências e na falta de seguirem uma etiqueta de casal, mas sobretudo no pouco equilíbrio emocional deles (ele, demasiado ansioso; ela, muito traumatizada).

Se você estiver por sua conta, busque verificar a disposição do parceiro em se empenhar na melhora da relação. Nem sempre você poderá de início contar com isso. Se for o caso, comece a trabalhar nas mudanças e dê um tempo ao seu parceiro para que ele talvez se engaje mais adiante.

Uma vez que decidiu ir em frente, o próximo passo é tentar entender o que pode ser mudado, quais os botões vermelhos que desgastam a relação e quais os botões verdes disponíveis.

## 2. MAPEANDO BOTÕES VERMELHOS

Nem todos os casais têm um consenso sobre os itens que vão mal e os que vão bem no casamento. Mas é importante discutir quais são as mudanças que cada um gostaria de ver no parceiro e quais aspectos cada um está disposto a mudar em si mesmo (depende da boa vontade e da autocrítica de cada um).

Lembra-se do exercício de identificar botões vermelhos, discutido no capítulo 8? Você pode começar explorando quais comportamentos seus incomodam o parceiro. E, se houver um clima cooperativo, pode listar e compartilhar com ele quais são os comportamentos dele que o irritam. Se não estiver em terapia de casal, é provável que na primeira fase do resgate você só deva ouvir a lista do seu parceiro e se abster de apresentar a sua. Seu interesse inicial é parar de apertar os botões vermelhos dele!

O casal não precisa concordar sobre quais são as questões problemáticas. Em nome de estabelecer uma conexão com as diferenças de gênero, de personalidade e de situação, admita a importância de levar em conta a visão e as necessidades do parceiro, mesmo que não concorde com as demandas dele. Deixe-se afetar e influenciar por ele. Integre as opiniões dele no projeto de resgate, cuja agenda final precisa contemplar as necessidades dos dois, embora de início talvez só você siga a agenda do parceiro. Se ele acha que você é ciumento demais, não fique tentando contestar. Ainda que ache injusto, tente entender o que você faz que o incomoda. Converse sobre como você poderia tentar mudar isso.

Embora o ideal seja que você e seu parceiro possam conversar abertamente sobre as necessidades de cada um, no caso de Rui e Helena isso não foi possível. Ele fez então, para seu uso pessoal, uma lista de queixas e reivindicações que sabia que Helena tinha, baseada no que vinha ouvindo dela durante as inúmeras discussões que vinham tendo. Rui teve, portanto, de deduzir quais eram os botões vermelhos da ex-esposa.

Se estiver fazendo o experimento por sua conta, tente descrever os botões vermelhos do parceiro de modo específico. Evite descrições vagas, como "Meu parceiro não gosta do meu jeito" ou "Ele acha que não o trato bem". O "jeito" ao qual seu parceiro se refere talvez seja que ele ache que "Você fala alto demais" ou "É demasiado tímido e apagado", e quando ele diz que você não o "trata bem", pode ser que ele se refira ao fato de que você fique "irritado quando ele não entende logo o que você lhe pede". Ou talvez você e seu parceiro tenham divergências nos projetos de vida. Novamente, seja específico; descreva qual é exatamente a divergência (por exemplo, "Eu quero morar no exterior e meu parceiro, não"). Se tiver dúvidas sobre o que na verdade incomoda seu parceiro, use o diálogo em conexão para perguntar, por exemplo, algo como "Outro dia você ficou chateado comigo durante o jantar. Eu realmente não tenho a intenção de chateá-lo, mas acho que às vezes nem percebo o que faço, por isso queria lhe perguntar o que exatamente o chateou".

Faça a lista mais completa que puder. Lembre-se de discussões que teve com seu parceiro, coloque tudo que for lhe ocorrendo no papel, de miudezas a coisas importantes — "Ele não gosta do modo como guardo a escova de dente no copo sobre a pia do banheiro", "Ele se irrita quando confiro minuciosamente a conta do restaurante", "Ele acha que não demonstro interesse por ele e que não temos afinidades", ou ainda "Meu parceiro quer ter filhos e eu não quero", "Não nos entendemos na cama e ele não suporta meu hálito".

Ainda que achar parte da lista de queixas de seu parceiro irrelevante ou equivocada, tente ser honesto consigo mesmo. Lembre-se de que mesmo que nossos parceiros, na fúria, sejam injustos e nos critiquem injustamente, costumam ter alguma ponta de (ou muita) razão em suas críticas. Ainda que não concorde com as críticas ou necessidades do parceiro, coloque na lista de mudanças o que ele espera de você, a não ser que a necessidade dele lhe imponha sacrifícios realmente intoleráveis. Quer você goste ou não, essas mudanças são importantes para ele! E se você quer tentar resgatar a relação, entre em conexão, deixe-se influenciar, leve em conta os desejos do outro, sem julgar. Simplesmente tente atender às necessidades dele.

### 3. TRANSFORMANDO A LISTA DE PROBLEMAS EM UMA LISTA DE METAS VIÁVEIS

Se você e seu parceiro estiverem cooperando no projeto de resgate do casamento, revejam o quanto cada um acha que o outro deve melhorar para que ambos fiquem minimamente satisfeitos no casamento e o quanto as metas são viáveis. Os itens dificilmente melhorarão em 100%.

Alguns preferem expressar a melhora mínima que desejam no parceiro em "muito", "moderado" e "pouco"; outros utilizam porcentagens.

Por exemplo, entre os quinze problemas listados por Mariana estava o fato de que Paulo zombava dela na frente dos amigos e parentes. Ela quantificou a melhora mínima de cada meta em porcentagens. Nesse caso, a melhora esperada era de 100%: "Não zombar de mim em público — 100%".

Se estiver tentando resgatar o casamento sozinho, sem contar com a ajuda do parceiro, você pode mesmo assim preencher a lista das melhoras que ele talvez espere de você, baseando-se no que conhece e imagina dele.

Avalie quanto cada meta é factível e quanto o sucesso desejado é viável. Você acha que se trata de atitudes que com boa vontade poderiam ser mudadas? Ou são hábitos arraigados? Ou são valores profundos que o parceiro terá dificuldade de mudar? Ou são características pessoais imutáveis?

Rita desejava que Sérgio fosse mais sensual, antenado e proativo. Marcela queria que Rogério fosse mais jovem (era dezenove anos mais velho que ela). Alfredo desejava uma Letícia mais extrovertida. Nem tudo pode ser conseguido; algumas metas são simplesmente inviáveis.

Num projeto de resgate é melhor começar pelas metas mais simples e deixar as complexas para mais tarde.

Mariana achava que era realista esperar que Paulo pudesse mudar completamente a atitude piadista e zombeteira. Você nunca terá certeza do que é possível conseguir de seu parceiro, apenas a prática irá dizer. Mais tarde, Mariana constatou que Paulo era um piadista arraigado e que só poderia melhorar parcialmente. Se constatar que a melhora de 100% não é factível, tente baixar a porcentagem de melhora que espera. Mariana reformulou sua meta para 40%.

Mas se concluir que em relação a determinado item seu parceiro não irá melhorar nada, ou que para você essa melhora não é suficiente, poderia colocar como meta que *você* não se importará tanto com isso. Mariana chegou à conclusão de que, se conseguisse se importar menos com as zombarias de Paulo, e se ele conseguisse moderadamente se controlar, já seria uma boa melhora. Então acrescentou à sua meta original uma outra meta: "Não ligar tanto para zombaria em público — 50%".

Se alguma meta for fundamental e nem você nem o parceiro conseguirem avançar suficientemente nela, talvez você não deva continuar casado. Se quiser investir na relação, terá de flexibilizar alguns aspectos.

Veja a seguir uma lista com oito das várias metas de mudança acordadas entre André e Juliana. Ambos estavam dispostos a cooperar, portanto fizeram a lista juntos. Se não puder contar com a colaboração de seu parceiro, você terá de montar uma lista de metas que imagina que sejam importantes para ele e, por enquanto, esquecer das suas. As metas mais profundas e complexas foram propositadamente deixadas para uma fase posterior do resgate. Se quiser, você pode agrupar as metas dentro de cada uma das seis dimensões da Equação do Casamento ou escrevê-las na ordem que forem lhe ocorrendo.

---

**Metas de mudança e porcentagens de mudança mínimas desejadas por André e mudanças que ele se propõe a fazer para atender Juliana**

---

*Competências de convívio a dois*

---

1. Gostaria que Juliana aceitasse algumas das minhas sugestões de programas de lazer. (Me contento com uma melhora de 50% da parte dela)

Eu, André, me proponho a não ficar tão abalado com as recusas. (Tentarei melhorar 100%)

2. Queria que Juliana tivesse mais cortesia e meiguice. (Me contento com uma melhora de 50% da parte dela)

Eu, André, tentarei não ligar tanto para isso. (Tentarei melhorar 70%)

3. Ela não quer que eu seja ríspido, me proponho a melhorar. (Tentarei melhorar em 70%; ela diz que se contenta com uma melhora de 50%)

Ela se propõe a não ficar tão devastada quando eu for ríspido. (Ela diz que tentará melhorar 50%)

---

*Etiqueta de casal*

---

4. Gostaria que Juliana não falasse mal de minha família. (Só me contento com uma melhora de 100%)

Eu, André, me proponho a não retaliar, mas apenas avisá-la para parar. (Consigo atingir essa meta em 100%)

5. Ela pede que eu a ajude no cultivo de nossas relações sociais. Eu, André, me proponho a assumir essa parte por minha conta. (Tentarei conseguir uma melhora de 90%; ela diz que se contenta com uma melhora de 50%)

---

*Vida sexual*

---

6. Gostaria que Juliana tivesse mais desejo e volúpia. (Me contento com uma melhora de 50%; ela quer tentar melhorar também em 50%)

Eu, André, me disponho a aprender mais sobre como tentar despertar isso nela. (Tentarei melhorar em 80%)

7. Ela pede que eu aprenda a tocá-la de modo mais agradável. (Ela se contenta com uma melhora de 50%; quero tentar chegar a 100%)

8. Ela, Juliana, se propõe a ficar menos constrangida e se soltar na cama para conseguir me orientar sobre manobras sexuais. (Ela espera melhorar em 20%; eu gostaria que ela chegasse pelo menos a 50%)

Eu, André, me disponho a escutá-la e atender a seus pedidos sem me ofender. (Consigo melhorar 100% nesse quesito)

---

O importante é que você e seu parceiro entendam que não poderão conseguir tudo. Tentem montar uma lista de metas ambiciosas, mas realistas. Se as metas forem inatingíveis e ambos estiverem inflexíveis, não há como tentar um resgate. Ou vocês redefinem as metas ou pode fazer mais sentido usarem as competências de convívio e diálogo para tentar construir uma separação consensual.

4. O QUE VOCÊ SE DISPÕE A TENTAR MUDAR EM SI MESMO?

Faz parte da construção da agenda de trabalho pensar quais mudanças pessoais cada um teria de fazer para atingir suas metas. Nem sempre ambos se dispõem a promover mudanças em si, como Helena, que estava apenas como "observadora" do processo. Mas se ao menos um de vocês, como foi o caso de Rui, se dispuser a fazer sua parte, o processo pode começar e evoluir nas mais diversas direções.

Denise também teve de tentar resgatar o casamento sozinha, por sua conta, já que Ronaldo não via problemas no próprio comportamento, só nela. Letícia nem mesmo via problemas no casamento, achava que Alfredo tendia a complicar as coisas. Tanto Denise como Alfredo tiveram de trabalhar no resgate de suas respectivas relações começando a mudar aspectos em seus próprios comportamentos, que sabiam ser do desagrado dos parceiros, sem esperar reciprocidade dos cônjuges.

Mas os outros casais aceitaram dividir o trabalho. Juliana, ao refletir sobre como poderia avançar em sua meta de vencer a dificuldade de conversar abertamente com André sobre sexo, concluiu que devia dar os seguintes passos "intermediários", que só achava possíveis com a ajuda de um terapeuta: "Para não ficar em pânico ou paralisada em uma conversa sobre sexo com André, preciso conseguir não ver o sexo como um tabu ou algo sujo, não pensar que falar sobre sexo abertamente destrói a magia erótica, e não imaginar que André vá ficar magoado em ser criticado e orientado na cama".

Nem sempre você precisará de um terapeuta para dar os passos intermediários necessários para conseguir avançar nas metas de casal, mas se for o caso, não hesite em procurar ajuda, ainda que não seja em terapia de casal, mas em sessões individuais. Mesmo que seu parceiro sequer saiba que você está empenhado em resgatar a relação. Não desista só porque acha que não conseguirá. Metas difíceis — como ser menos ansioso, menos agressivo, irritadiço ou passivo — podem ser em grande medida alcançadas com ajuda profissional.

## Fase II:
## Desinflamar botões vermelhos

Se você entendeu os graus de engajamento, os papéis e as metas de cada um, já tem alguma ideia do que esperar. Sabe se você e o parceiro estão juntos nesse projeto ou se você está sozinho. Se estiverem juntos, sabe o quanto ele está determinado em "fazer o casamento dar certo" ou se está apenas passivo, esperando que você o "reconquiste".

Também já sabe quais são os itens fundamentais. Ainda que você esteja sozinho no processo, ele pode valer a pena! Para começar, é preciso que você se prepare psicologicamente. Do contrário, a cada contrariedade você reagirá colocando tudo a perder, por exemplo, fechando-se ao parceiro ou atacando-o. Seus próprios botões vermelhos precisam estar desativados, e você terá de estar emocionalmente mais equilibrado para aguentar alguns meses dando duro sem receber nada (ou pouco) em troca.

A próxima etapa é desinflamar a atmosfera para gerar boa vontade e fazer pequenos experimentos de como construir consensos sobre soluções de problemas pequenos e fáceis de resolver.

Exercer a arte de conviver pode fazer milagres nos casamentos em crise: ter habilidade para lidar com divergências, seguir uma etiqueta de casal e manter-se em conexão com as diferenças são atitudes que favorecem a amizade, o erotismo, as afinidades e a razão de ser do casamento. Se necessário, releia a Parte II e exerça as competências experimentando pequenos passos.

### I. DESINFLAMANDO A ATMOSFERA PARA GERAR BOA VONTADE

Se você tiver generosidade para entregar dois a três meses de sua vida a essa etapa do projeto, provavelmente conseguirá uma atmosfera matrimonial muito melhor, que lhe dará alguma credibilidade junto ao parceiro. Essa credibilidade será fundamental na hora de repactuar o casamento, quando alguns problemas sérios serão enfrentados.

Se você estiver determinado a tentar fazer a relação "dar certo" e estiver sereno para não retaliar e reagir às contrariedades, durante algum tempo (talvez dias, semanas ou meses) concentre-se em atitudes que tragam para a relação mais prazer e evite machucar o parceiro. Ou seja, esmere-se nas cinco competências do convívio a dois.

Você já mapeou os botões vermelhos do parceiro. Concentre-se agora em contornar ao máximo as situações de conflito. Não faça coisas que você já imagina que vão gerar brigas. Antecipe mal-entendidos. Não provoque. Observe o que causa estresse, evite provocar o parceiro. Concentre-se em atividades ligadas aos botões verdes. Siga a etiqueta com muito empenho. E dê prioridade total à conexão com as diferenças de gênero, personalidade e situação: envolva-se, interesse-se, seja prestativo, apoie, vibre junto, crie empatia com o outro.

*Bom demais para ser verdade!*

Quando Juliana contava, indignada, os problemas com a babá, André, em vez de desqualificar como exagero ou não prestar atenção, aprendeu a se envolver numa escuta ativa e construtiva, a perguntar sobre circunstâncias, sentimentos, e a escutar "empatizando". Só depois de ter escutado com interesse e de consolá-la, oferecia ajuda real.

Também aprendeu a não abordar Juliana com sugestões de programas de lazer nos primeiros quarenta minutos em que ela chegava em casa do trabalho. Diferentemente dele, ela precisava antes relaxar e realizar rituais de chegada (falar com o filho, a babá, ligar para a irmã, tomar banho, rever a agenda do dia seguinte). Em vez de ficar indignado e impaciente com o estilo dela, aprendeu a apoiá-la a antecipar e prever mal-entendidos e a respeitar o ritmo dela, abordando-a depois que ela estivesse pronta para ele.

Ela tinha como meta aprender a não invadir os horários de lazer dele, encarregando-o de resolver zeladorias domésticas e familiares urgentes para ela. Também teve de rever seu desejo de compartilhar tudo o tempo todo, ligando no trabalho dele para falar de problemas. Controlava-se para escolher os momentos adequados e respeitar o ritmo de André.

O início foi mais fácil do que parecia; era quase bom demais para ser verdade! De fato, passado o sucesso inicial, sustentar esse padrão mostrou-se muito mais difícil do que os dois imaginavam.

Na terceira semana Juliana e André aprenderam a brincar com seus padrões de conflito. Antes de contar-lhe uma história, sabendo que ele detestava os floreios e detalhes, ela perguntava: "Quer a versão curta ou a longa?". E sabendo que ele era alérgico a problemas, ela dizia: "Quer a versão catastrófica ou a neutra?". Ele, ciente de que ela se sentia incompreendida, lhe respondia: "Quer empatia ou uma solução masculina?".

Mas nem sempre conseguiam agir assim. Depois de um começo "mágico", ele, na quarta semana, começou a recair em padrões agressivos, deixando-a de novo furiosa. Ela também, após o encanto inicial, teve dificuldades de agir positivamente com ele. Mas aos poucos, ao longo do segundo mês, foram aprendendo as "boas maneiras" do convívio matrimonial e, findos os dois meses iniciais, estavam muito melhor.

Já Alfredo estava sozinho no projeto de resgate. Rui também. Ambos mantiveram a etiqueta e a conexão com as parceiras, aguentando receber "patadas" e indiferença por algumas semanas. Mas nem todos têm condições emocionais para dar tanto sem receber. Tampouco têm suficiente autocontrole para lidar com as agressões do parceiro. E nem todos têm senso de humor, um grande tema em terapia de casal. Portanto, tenha calma e paciência.

*André: o monge budista*

André aprendeu a não dizer coisas como: "Dá para você ao menos trocar o óleo do carro?", e evitava pedir o que sabia que causaria estresse. Se fosse incontornável, pedia com mais jeito. A respeito da troca de óleo, por exemplo, ele tentou: "Tenho um cliente novo e temo não conseguir entregar o projeto de marketing no prazo. Você consegue arranjar alguma brecha para mandar trocar o óleo do carro?". Mas Juliana continuava a cometer intensamente os mesmos crimes de comunicação destrutiva. Mesmo André se empenhando, Juliana respondia mal: "Brecha? Que brecha? Você não percebe que estou no meu limite, que cuido de tudo! E ainda quer que eu resolva coisas do carro".

Embora ela tenha sido ofensiva, uma das metas de André nesse início de projeto era "des-escutar" e "des-olhar" as comunicações destrutivas, concentrando-se na dor e no sonho do parceiro. Fazendo o teste das cinco hipóteses sobre por que ela foi hostil, entendeu que Juliana queria dizer que estava se sentindo sobrecarregada. E frustrada em outras áreas do casamento, ainda com raivas acumuladas. Tendo trabalhado seus próprios botões vermelhos, André não reagia como de hábito. Em vez disso, arregimentou muita autodisciplina e evitou entrar numa briga de semanas, tentando contornar a situação. Procurou valorizar o positivo e não enfatizar o negativo, o que nem sempre é fácil sem parecer forçado ou se tornar patético. No caso, disse: "Eu sei que você realmente está sobrecarregada. Não se preocupe, eu vou cuidar disso". Em vez de ficar emburrado ou sentindo-se humilhado, deu um tempo para baixar a poeira e mudou de assunto sugerindo: "Estou louco para comer fora hoje. Pensei em um restaurante japonês, o que acha?". De fato tiveram uma noite agradável e até sexo, o que não ocorria fazia tempo. Nem sempre uma resposta mais afetiva virá tão rápido. André teve competência, mas Juliana, em algum momento, caiu em si e também fez a parte dela.

Nada disso é fácil ou imediato. No início, não tente obter mudanças nos comportamentos do parceiro. Concentre-se em *você*: seja adulto e prestativo, aja com boa vontade e melhore o clima. O principal não é só evitar os botões vermelhos; essa é apenas uma condição necessária. Sua meta será também apertar botões verdes ou criar alguns deles, não apenas envolvendo-se e interessando-se com uma escuta ativa, mas antecipando-se, sendo prestativo e cooperativo, buscando conectar-se aos desejos e sonhos do parceiro.

André e Juliana, por exemplo, procuraram entrar em conexão, sendo mais atenciosos um com o outro. Como já mencionado, as mulheres costumam ter mais facilidade nessa parte. São mais "ligadas" e mais capazes de pequenos favores que muitas vezes o parceiro nem sequer percebe. Juliana fazia gestos como comprar algo de que André gostava, trazia pequenos presentes úteis de que ele estava precisando (meias, baterias para a lanterna), planejava o fim de semana convidando alguém do agrado dele ou preservando-o de uma tarefa desagradável.

Mas, num casamento desgastado, a mulher muitas vezes desiste de fazê-lo. Homens muitas vezes só agem de modo atencioso na fase de conquista. Ao se casarem, esquecem-se dessa dimensão de cultivo da relação. Seja como for, esse é um item vital no resgate. Se você tiver traquejo e não for travado, pode fazê-lo de modo explícito e intenso.

André marcou um fim de semana numa pousada para descansar com Juliana, sem o filho. Juliana começou a convidar alguns amigos queridos de André para jantares deliciosos. Busque melhorar em você os itens a respeito dos quais seu parceiro tem se queixado. André tentou ser menos distraído, e Juliana, sexualmente mais disponível. Se sua meta for tentar seriamente um resgate, persista durante dois a três meses. Mesmo que sua persistência seja insuficiente, ela lhe permitirá avaliar melhor o que sente e quer.

### 2. CONSTRUINDO CONSENSO EM PROBLEMAS PEQUENOS E FÁCEIS DE RESOLVER

Se a atmosfera entre vocês estiver muito mais agradável e amistosa, chegou a hora de introduzir um novo modelo de diálogo (o *Diálogo em conexão*) e buscar a solução de pequenas divergências, em vez do antigo esquema de conflitos. Talvez isso ocorra depois de duas ou três semanas (ou um a dois meses), mas já é um início. Portanto, para começar o processo, escolha temas de conflito menos agudos e mais fáceis de negociar, deixando os mais complexos para diante. Construa a respeito deles um consenso no diagnóstico do problema e sugira soluções generosas e despojadas. Cuidado com seu lado justiceiro ou vingativo.

Digamos que um tema de menor importância, mas recorrente entre vocês, sejam as disputas desagradáveis a respeito da escolha de programas de cinema às sextas-feiras. Você poderia dizer algo como: "Andei pensando em nossos programas de cinema e acho que temos preferências diferentes: você gosta de ver filmes de ação [ou filmes românticos] e eu, na verdade, gosto mesmo é de filmes de arte, filmes cabeça. Mas o fato é que nós dois gostamos de ir às sextas-feiras ao cinema, e gosto muito de sair com você. O que você acha de por duas sextas-feiras assistirmos a filmes de sua preferência e na terceira escolhermos um de minha preferência?".

Se a resposta de seu parceiro for frustrante, algo como "Acho melhor cada um ver o seu próprio filme sozinho ou com outra companhia" ou "Eu já te disse que não tenho saco de assistir aos seus filmes cabeça, por que você insiste?", tenha paciência. Lembre-se do seu empenho em resgatar a relação. Trabalhe nos seus botões vermelhos para conseguir não retaliar e continue focado na dor e no sonho do parceiro. "Des-escute" as ofensas ou rejeições. Tente entender que a pré-história das atitudes hostis ou alérgicas a você está ligada a vulnerabilidades do parceiro — ou a insistências e insensibilidades de sua parte.

Com calma, vocês poderão avançar, fazer acordos e pactos nas áreas de pequenas divergências. Mesmo em meio a uma relação ainda ruim, se você souber fazer sua parte, não entrar em provocações e promover esses pequenos pactos, ambos adquirirão crescentemente uma sensação de competência, pois estarão superando de modo bem-sucedido alguns problemas. Isso deve gerar a confiança de que conseguirão conversar e negociar paulatinamente itens mais complexos.

Depois de algum tempo, escolha temas de média complexidade, e só tente abordar os temas mais difíceis depois de consolidar um novo padrão de convívio e de negociação.

### 3. DÊ NOTÍCIAS DE MUDANÇAS QUE ESTÁ TENTANDO PROMOVER!!!

Pode ocorrer de seu parceiro não perceber que você mudou e continue a responder de modo "confrontativo", mesmo quando você está sendo construtivo. Pode ocorrer também de o parceiro manter padrões egoístas. Ele continua distante, evasivo ou não demonstra tomar conhecimento de mimos, agrados e gentilezas de sua parte. Use de comunicação positiva para fazer com que o parceiro perceba as mudanças positivas em você.

Se ele tiver preconceitos arraigados a seu respeito ou estiver "viciado" em interpretar negativamente suas ações, não perceberá suas mudanças positivas, mas notará suas recaídas.

André se empenhou em ser mais atento e em não se esquecer de deixar o dinheiro para pagar a faxineira, mas, a cada dez vezes, ele falhava uma. Juliana ficava furiosa. "Não aguento mais lembrá-lo das coisas. Não sou sua mãe! Toda vez você esquece de pagar a faxineira."

Teria sido diferente se ele tivesse dito, semanas antes: "Queria que soubesse que estou tentando ficar mais atento com as coisas da casa e apoiá-la mais. Estou deixando sempre o dinheiro da faxineira em cima da mesa. Vou tentar não esquecer mais ou esquecer cada vez menos. Vamos conversar daqui a um mês como anda meu desempenho nas zeladorias domésticas?". Dessa forma, ao notar que ele se esqueceu de deixar o dinheiro da faxineira um dia, Juliana provavelmente se recordaria de que ele avisou que estava tentando melhorar nesse item.

Por outro lado, caberá a você ficar atento aos esforços do parceiro. Se ele for respondendo de maneira diferente e positiva, cabe a você demonstrar que percebe e que está feliz com isso

Por exemplo, André notou que Juliana tinha comprado seu chocolate amargo predileto e disse algo como "Que gentil, você se lembrou do meu chocolate amargo. Obrigado, adorei. Quer um pedaço?". Em outra ocasião: "Notei que você tem convidado nossos amigos para o jantar e caprichado com a mesa posta, tão linda.

Queria lhe dizer que, além de perceber, fiquei muito feliz e lhe agradeço muito. Sei que você é ocupada e que isso lhe dá trabalho".

Alguns pacientes se perguntam qual o sentido de tanto empenho. Afinal, é claro que, sendo um parceiro mais atencioso, prestativo, diplomático, sintonizado e positivo, a atmosfera deve melhorar, mas você vai ter sempre que engolir sapos sorrindo e se tornar um santo? Lembre-se que ao fazer tudo isso você apenas está aprendendo e praticando as "leis de trânsito dos relacionamentos". Etiqueta de casal e conexão com as diferenças do outro não deveriam ser um sacrifício seu em troca de algo; ser atencioso, educado e ter boa vontade deveria ser sua atitude independentemente da reação de seu parceiro. Deveria ser sua postura geral na vida. De qualquer modo, para a maioria das pessoas, só dar, recebendo pouco, pode não ser sustentável por mais do que alguns meses. Em geral é preciso haver avanços mais profundos e uma repactuação do casamento.

## Fase III: Negociar e repactuar o casamento

### 1. ENFRENTANDO OS GRANDES PROBLEMAS

Rui e Helena passaram quatro meses em terapia de casal. Apesar das recaídas, Rui teve muita disciplina e aprendeu a evitar ogrices, a ter mais humor e complacência com as feminices, a não utilizar comunicação destrutiva, a decifrar seus próprios botões vermelhos, a administrar seus surtos de fúria e a entrar em conexão com o ritmo, as necessidades e traumas de Helena. Conseguiu criar um clima mais calmo, demonstrar boa vontade, e aos poucos Helena foi percebendo que era agradável conviver com ele. Sobretudo porque ele parou de pressioná-la.

Na terceira fase, eles enfrentaram negociações delicadas. Rui conduziu a maior parte. Empregou sempre a atitude do diálogo em conexão, sem pressa de resolver tudo em uma só conversa, dando tempo para que Helena refletisse e, no ritmo dela, retornasse ao tema. Aprendeu também que com ela funcionava mais mudar de assunto e ir agindo do que conversar e negociar demais. Foi assim com sexo, com viagens, com o desejo de voltarem a morar juntos. Em vez de grandes negociações, foi se aproximando e vivenciando com ela situações progressivamente mais íntimas, mais comprometidas. Ela nunca superou seus traumas. Ele entendeu que de tempos em tempos ela teria recaídas de fúria, de medo e seria hostil ou se afastaria. Mas, se ele tivesse calma, ela em minutos ou horas voltaria para perto dele. Diferentemente de todos os outros casais que precisaram conversar e negociar a repactuação do casamento.

Helena aos poucos também se dispôs a trabalhar mais e se envolver no processo. Teve diversas sessões individuais para "descatastrofizar", para rever sua história, perdoar a si mesma por não ter reagido ao longo de 51 anos. Investiu em sua autonomia, sua liberdade de escolha. Também passamos um tempo desconstruindo a imagem exagerada que ela tinha de Rui. Colocou-se na pele dele, um homem do século XIX. Procurou conhecer os fantasmas, medos e sonhos de Rui desde o início do casamento. A incapacidade dele em lidar com a esposa jovem, com o pai cobrador, com o estresse do trabalho. Reviu também a lista de feminices que ela mesma cometia e trabalhamos em reduzi-la. Ela mostrou senso de humor ao fazê-lo e relatava semanalmente as recaídas e os progressos. Contabilizava as ogrices de Rui, que aprendeu a tolerar mais: passou a dar um desconto à obsessividade dele e a se defender da ansiedade do parceiro de modo diplomático.

Se você estiver tentando melhorar seu casamento sem apoio do parceiro, reveja o *Diálogo em conexão* passo a passo. Escolha uma ocasião adequada para abordar algum grande problema. Se você e seu parceiro já estiverem num clima desinflamado e de boa vontade mútua, se já tiverem conseguido alguns pequenos acordos em temas mais "fáceis" — por exemplo, escolher programas de lazer —, é hora de tentar avançar mais. No capítulo II, você viu exemplos com três temas complexos: divergências sobre ritmo de vida e prioridades (lembra-se de Alfredo, o marido workaholic?), sobre a educação de crianças (Marcela, a mãe brava) e sobre gastos (Penélope, a esposa consumista). Experimente seguir algo análogo. Lembre-se de que você terá de gastar algum tempo no passo 5, construindo um encaminhamento consensual. Não precisa resolver tudo em uma conversa. É de esperar que você e ele se proponham a testar soluções. Cabe a você ser mais generoso nessa fase e aceitar experimentar por algum tempo as propostas de seu parceiro (desde que sejam leais e de boa vontade). Depois poderá avaliar com ele se funcionou, e eventualmente você agrega propostas adicionais.

André e Juliana precisaram de mais tempo para a segunda fase (desinflamar e criar boa vontade) do que Paulo e Mariana. Mas foram mais rápidos que Rui e Helena. Depois de quatro meses estavam a ponto de negociar as grandes questões que os afetavam. Algumas tinham sido sanadas meramente com o incremento da arte de conviver — como a alergia de André à catastrofização de Juliana, e a alergia de Juliana ao déficit de atenção de André. A capacidade deles de suprir algumas carências do outro, como não deixar o parceiro ainda mais ansioso, melhorou. Também diminuiu o desgaste pelo acúmulo de frustrações passadas. Aprenderam a desinflar muitos dos seus botões vermelhos. Mas as relações com as famílias de origem, a falta de afinidades e de convergência nas preferências eróticas ainda tinham de ser resolvidas.

Essas questões foram enfrentadas utilizando maciçamente o diálogo em conexão. As relações com as famílias de origem tiveram de ser acomodadas; não chegaram no nível de convívio que André desejava e tampouco à distância que Juliana preferiria. Ele entendeu que ela vinha de uma família onde o "grude" de clã não existia. Aceitou que ela tinha o direito de não ter afinidade com os sogros e não ter de conviver tão intensamente. Por outro lado, ela teve de aceitar que para ele era vital manter o convívio com a família de origem, que ficava frustrado e que sofria uma pressão dos pais (que ele jamais queria desapontar).

Quanto à falta de afinidades, negociaram alguns meios-termos, alternando programas de lazer e buscando alguns interesses em comum. O mais difícil para eles foi lidar com a falta de convergência nas preferências eróticas. Esse é um tema que procuro sempre trabalhar alternando sessões de casal com sessões individuais. Juliana se mostrou menos disposta a ceder nessa área, e André, embora tenha se empenhado em agradá-la mais (inclusive buscando mais asseio pessoal), não conseguiu a mulher mais solta e ousada que queria.

Que casamento resultou do resgate empreendido por Juliana e André? Um casamento feliz? Satisfatório?

## DEPOIS DO PROCESSO DE RESGATE

Muitos dos casais analisados neste livro empenharam-se intensamente em seus projetos de resgate, mas foram processos diferentes em cada caso.

O casamento de Rui e Helena parecia quase impossível. Mas ele mostrou-se um mestre em buscar botões verdes para o casal. Os dois descobriram inúmeras atividades comuns prazerosas. Ele manteve-se capaz de celebrar a vida, as datas importantes, os filhos, netos e, sobretudo, a relação. Já se passaram anos e ainda tenho notícias de que Rui e Helena estão juntos. Aparentemente estão satisfeitos, viajando muito, fazendo sexo e convivendo como nunca haviam feito em mais de cinquenta anos de união.

André e Juliana conseguiram tirar seu casamento da crise aguda e passaram a se compreender melhor. Não brigam tanto. Quando isso ocorre, a briga dura pouco e logo conseguem conversar sobre o assunto. Eles passaram de um casamento tumultuado a um moderadamente satisfatório, que ao longo do tempo foi ficando chocho, depois esvaziado. Nem mesmo viraram amigos, mas bons colegas. Faltavam encanto, atração pelo charme, enlace sexual, afinidades. E, acima de tudo, eles eram psicologicamente incompatíveis. Aprenderam a minorar as diferenças, mas não havia áreas de prazer para compensar o desgaste de viver com seu oposto não complementar. Eles não se complementavam nas fortalezas e carências. Só havia fortalezas nas alianças, nas conveniências e nos valores gerais. O apego ao Projeto Família, o medo de que separados ficariam solitários e o hábito os manteve juntos. Ambos achavam melhor assim. Isso também foi possível porque não havia rejeição sexual. Bem mais tarde, André viria a ter ambições de felicidade maiores e a cogitar uma separação.

Mariana e Paulo conseguiram grandes avanços. Apesar de se irritarem com os temperamentos incompatíveis e lutarem para acomodar as diferenças de gostos e interesses, aprenderam a colocar essas diferenças no "preço" do casamento e a dar espaço um ao outro. A Equação de Casamento deles era excelente em outros quesitos, de modo que não foi difícil conviverem juntos. Sentiam atração sexual um pelo outro, tinham projetos de vida em comum, valorizavam o fato de estarem casados, e com etiqueta e conexão tornaram o convívio muito agradável.

Os três casais tiveram de lidar em momentos diferentes com a infidelidade e passaram por crises importantes nesse quesito. Essa questão será abordada adiante, no capítulo 17.

Contudo, pode acontecer que seu projeto de resgate não seja bem-sucedido, que não haja melhora ou que ela seja insuficiente para você. Pode acontecer ainda que, apesar de uma melhora enorme, você descubra que não aprecia ou não ama seu parceiro, não importa quão adequado ele se torne, como Marcela descobriu a respeito de Rogério, seu marido dezenove anos mais velho.

Para todos esses casais, no entanto, foi importante fazer a tentativa de resgate, para adquirir certezas e tomar decisões mais firmes. Seja qual for o resultado, se não conseguir um resgate satisfatório do seu casamento, o projeto pode ter sido um modo de sair do atoleiro em que você se encontrava. Se você concluiu, agora com maior grau de convicção, que seu casamento "não tem jeito de mudar", estará entre duas alternativas: separar-se ou aprender a suportar. Ambas implicam finalmente parar de se lamuriar e sair do queixume crônico para um novo patamar em que você toma as rédeas de sua própria vida. Terapia de casal nem sempre resulta em um casamento feliz, mas quase sempre resulta em um movimento, em um avanço.

Também posso dizer que o projeto de resgate do casamento dos dois casais "perfeitos" — Armando e Thais, Emília e João — resultou numa aliança de vida mais forte. Foi assim também para Pedro, o "dono de casa", e Silvana, a executiva.

Para Alfredo (marido de Letícia) e para Denise (esposa de Ronaldo), tentar resgatar o casamento resultou em entender que tinham cônjuges difíceis, com os quais resolveram aprender a conviver.

Marcela e Rogério, e Sérgio, casado com a sensual Rita, conseguiram por um tempo melhorar suas relações, porém mais adiante acabaram por se separar consensualmente.

Márcia e Leonardo, os cônjuges "mal-educados" e competitivos, e Glaucia e seu marido "bonzinho", Claudio, nem sequer seguiram no projeto de resgate. Em poucas semanas entenderam que deviam se separar.

Penélope e Ricardo iniciaram o projeto, mas perceberam que não precisavam dele. Continuam até hoje muito unidos, brigando a cada semana e reconciliando-se intensamente. Para eles, mais do que uma neurose, trata-se de um "estilo de vida". Jayme, que era alérgico às secreções vaginais de sua amada Catarina, não tentou resgatar o casamento — apenas veio a algumas sessões individuais para tentar "aprender a ter atração sexual pela esposa", o que, obviamente, não conseguiu. Pelas últimas notícias que tenho, separaram-se e voltaram, porque para eles continua a fazer sentido o fato de estarem juntos.

Afinal nem sempre o "certo" é o "certo"; às vezes o "errado" pode ser o "certo" para você.

# 14
# Conviver com um parceiro difícil

O convívio matrimonial com "parceiros difíceis" costuma ser sofrido. Eles podem ser agressivos, autoritários, insensatos, socialmente inadequados, ou egoístas, histriônicos, sem ética. Alguns se drogam e colocam a si e aos outros em risco. Em geral, são pouco flexíveis, pouco adaptáveis. Muitos têm transtornos de personalidade ou alterações graves de humor. Acima de tudo, não têm autocrítica e não se dispõem a mudar.

Mas mesmo parceiros tão problemáticos podem valer a pena. Podem ser pessoas fascinantes e charmosas, talvez gostem muito de você, ou você simplesmente gosta muito delas. Denise foi se dando conta de que mesmo não podendo obter grandes mudanças de Ronaldo, valia a pena continuar casada. Hoje tem um casamento moderadamente feliz. Consegue conviver com os defeitos do marido, autoritário e ranzinza, e usufruir das boas qualidades dele, que aprendeu a identificar e promover.

Há também casos em que não existe tanta atração pelo parceiro, mas ainda assim pode fazer sentido, ao menos por um tempo, continuar casado, por causa do apego ao Projeto Família, dos filhos, ou mesmo por conta da falta de estrutura psicológica para seguir a vida sozinho. Nesse caso você não está movido pela atração, mas pelo medo de perdas, o que não é o ideal, mas pode ser coerente com o seu momento atual. Nesse caso, aprender a conviver é melhor que ficar se queixando ou viver brigando.

Em princípio, você só deveria entrar nesse projeto depois de ter tentado resgatar seu casamento, tema do capítulo 13. Se ao longo da tentativa ficou claro que seu parceiro não quer ou não consegue promover as mudanças que caberiam a ele, você pode se perguntar se não é melhor se separar. Mas, seja qual for seu motivo, se você decidiu tentar conviver com um parceiro incapaz de mudar, faça-o com empenho. O roteiro a seguir sugere alguns caminhos que exigirão firmeza, autodisciplina e senso de propósito.

O projeto de tentar aprender a conviver com um parceiro difícil leva de três a doze meses de trabalho intenso. Nesse período, poderá testar o quanto consegue aprender a mudar algumas coisas na maneira como *você* sente, pensa e age, de modo a viver mais satisfeito com um parceiro tão complicado. Ou concluir que prefere se separar. Dificilmente não chegará a alguma conclusão.

Vai descobrir que, ao investir no casamento com um parceiro difícil, você reconfigura aspectos importantes de seu próprio funcionamento psicológico e, mais do que aprender a "suportar", trata-se de desenvolver *sua* capacidade de estar bem consigo mesmo.

Em geral, esse projeto passa por três etapas:

1. Adquirir clareza de por que você quer continuar casado.
2. Desinflamar os seus botões vermelhos e apertar os verdes do parceiro.
3. Incrementar seu bem-estar, autonomia e obter outras gratificações.

A primeira etapa é importante para que nos momentos mais difíceis você possa se lembrar com clareza de seu objetivo. O ideal é que você possa enunciar com total lucidez a razão em nome da qual está disposto a tentar aprender a conviver com o parceiro. Se tiver dúvidas sobre esse ponto e não puder discuti-lo com um terapeuta, sugiro a seguir alguns modos de avançar por sua conta nessa questão.

Na segunda etapa do projeto, sua principal missão a curto prazo será desinflamar os seus próprios botões vermelhos e em seguida apertar os botões verdes do parceiro. Mas para lidar com parceiros difíceis, que não se dispõem a mudar, além de desenvolver a arte do convívio a dois, você precisará cuidar de sua dignidade pessoal e evitar a autopiedade. Também será importante concentrar-se em negociar as pequenas e poucas mudanças possíveis. *Esqueça as grandes mudanças.*

A terceira etapa é mais específica de uma situação de dificuldades crônicas. Trata-se de enfatizar sua autonomia psíquica, criando mais botões verdes em *você*. Na verdade, o essencial nesse projeto de convívio com parceiros difíceis é conseguir que você tenha mais botões verdes que vermelhos. Se tiver muitos verdes, ainda que alguns vermelhos se ativem, os verdes os compensarão.

## APRENDENDO A CONVIVER COM UM PARCEIRO "DIFÍCIL"

Usarei o percurso de Denise para ilustrar como pode transcorrer o projeto de conviver com um parceiro difícil. Ao acompanhar passo a passo a história dela com Ronaldo você poderá conhecer um caso bem-sucedido. Para Leonardo e Márcia não funcionou e, no meio do projeto, decidiram se separar. Acompanhemos primeiramente o percurso de Denise.

### *A crise*

Ronaldo, 48 anos, tinha um filho já adulto do primeiro casamento quando resolveu se casar com Denise, 35. Durante o namoro, ela tinha notado que Ronaldo era um parceiro difícil, mas "des-escutou" os sinais e decidiu seguir em frente. Depois que se casaram, Ronaldo foi deixando aflorar cada vez mais seu lado estressado e mal-humorado.

Ele exigia dela disponibilidade, prestatividade e eficiência como se fosse sua secretária executiva. Ela devia estar sempre à disposição para "servi-lo", não importava quão cansada estivesse; ele a cobrava quanto a pendências da casa ou da criação do filho, bem como a cobria de novas burocracias e problemas para resolver. Qualquer recusa dela era interpretada como "grosseria" e "falta de cooperação e de feminilidade".

Por outro lado, ele não era nada prestativo e gentil, tampouco cooperativo. Se Denise tomasse qualquer iniciativa sem consultá-lo, ele criticava e ridicularizava as decisões "burras" e "ineficientes" dela. Quando ela tentava se justificar ou questioná-lo, ele se enfurecia. Dizia-lhe coisas duras, acusava-a, e no limite chegava a ameaçá-la de separação com disputa pela guarda do filho. Por duas vezes a atacou fisicamente. Essas demonstrações de descontrole e agressividade a assustavam. Sexualmente, ele era egocêntrico, decidia quando e como as coisas deveriam transcorrer. Quando o filho deles completou dois anos, Ronaldo passou a ser mais exigente, cobrador e agressivo com o menino. Queria transformá-lo em um guerreiro, um viking. Temia que nas mãos de Denise o menino se transformasse num maricas.

À medida que Ronaldo foi se mostrando mais hostil e autoritário ela ia tentando negar o problema para si mesma. Imaginava que fosse só mais uma "fase de estresse". Depois pensou por um tempo que ele, ao se tornar novamente pai, poderia mudar. E assim, de "fase" em "fase", ela ia esperando que tudo melhorasse.

Quando veio me procurar para uma terapia individual, Denise já tinha uma clareza maior do que se passava. Não tinha um lar, não tinha um companheiro e não via nele um pai adequado para seu filho. Mas ainda assim ela queria de fato tentar aprender a conviver com Ronaldo e se importar menos com as agressões do marido. Ela o amava e ainda tinha esperanças.

*Amor e medo*

Para Denise, o sonho de uma família era algo tão almejado que, apesar de achar que devia se separar, não tinha coragem de fazê-lo.

Depois de algumas sessões, ficou claro que as dificuldades psicológicas de ambos se complementavam em alguns pontos. Ela era insegura, fugia de confrontos e desde a infância se encaixava no lugar de culpada, de subalterna, que deve algo ao outro. O estilo agressivo de Ronaldo ativava nela essas disposições. Ele era ansioso, obsessivo, perfeccionista, autoritário e tinha uma concepção de casamento patriarcal, machista, que exigia submissão total da esposa e do filho. Tinha também a ideia de dar uma criação severa para o filho. Ronaldo tinha alterações de humor abruptas e frequentes surtos de raiva. Mas apesar de tudo ela o achava inteligente, carismático, atraente e sentia falta dos momentos bons que tinham, sobretudo quando ele estava bem-humorado e ela cedia. Apesar das aparências, havia nesse imbróglio mais amor e medo do que sadomasoquismo.

Denise tentou conduzir por sua conta um projeto de resgatar o casamento em crise. Passou dois meses se empenhando sozinha, mas logo percebeu que Ronaldo só se tornava mais afável quando que ela cedia, contornava problemas e o agradava nos itens importantes para ele. Ele ainda não se mostrava disposto a conversar, a rever posturas e muito menos a repactuar o casamento.

*O resgate, o fracasso e um novo projeto*

Ele tinha a concepção de casamento de um homem dos anos 1950. Seu modelo era o "papai sabe tudo", que encontra em casa a mamãe de avental, submissa, meiga, perfumada, preparando o jantar para ele, sempre disposta a ouvi-lo, a preservá-lo dos problemas domésticos e a elogiá-lo e admirá-lo. Uma esposa sempre grata por tanta proteção e sabedoria, que se empenharia em cuidar dele e educar o filho para que ele o admirasse, respeitasse e obedecesse ao pai. Não havia o que tentar com Ronaldo naquele momento. Apesar da ojeriza de Ronaldo a terapeutas, conseguiu que ele viesse a uma única sessão comigo para conversarmos sobre a possibilidade de terapia de casal. Nessa ocasião, ele se queixou amargamente da grosseria da esposa, do egoísmo e da ineficiência dela, e me "orientou" sobre como eu deveria tratá-la. Como já mencionado, Ronaldo parecia ter uma distimia ou um espectro bipolar, mas havia anos se recusava a fazer alguma avaliação psicológica e médica, e nem sequer cogitava tomar remédios psiquiátricos. Seria preciso esperar muitos anos até que um eventual momento de extrema vulnerabilidade, análogo ao vivido por Rui, pudesse abrir uma brecha. Pelo que sei, até hoje não ocorreu.

### Fase 1:
### Adquirir clareza de por que você quer continuar casado

Comece por rever seu propósito de entrar nesse projeto. Inicialmente tudo pode parecer confuso, havendo muitas razões intrincadas, mas em geral vale a pena insistir em formular as ideias no papel.

Será que há medos a ser revistos? Você imagina que não saberá ficar novamente solteiro e sozinho por um tempo ou por muito tempo? Pensa que não conseguirá parceiro melhor? Ou teme pelos eventuais filhos, pela perda do convívio familiar? Ou acha que terá dificuldades financeiras? Tem medo das reações do seu círculo social? Acha que, apesar de tudo, sentirá falta do parceiro ou da estrutura familiar? Tem pena ou se preocupa com o destino de seu parceiro?

Enfim, vale a pena rever cada um desses medos com calma e profundidade. Alguns podem não ser procedentes e outros podem ser superáveis.

Um bom modo de testar se seus temores são insuperáveis é o *Exercício do melhor e do pior cenário*. Imagine cenários pessimistas, moderados e otimistas para cada situação de separação que você teme. Faça o mesmo com relação aos cenários de não separação e aos de deixar as coisas como estão. Ao colocar as coisas no papel, você poderá diminuir a sensação de que se encontra diante de um assunto assustador, complexo demais e impossível de ser abordado.

### EXERCÍCIO DO MELHOR E DO PIOR CENÁRIO

Faça uma lista das características de cada um dos três cenários de separação e preencha uma ficha com os três.

No caso de Denise, ela preencheu assim:

---

**Cenário pessimista de separação:**

Estou separada, continuo sem achar um novo parceiro e acabo solitária com a perspectiva de envelhecer só. Terei dificuldades financeiras, pois o patrimônio foi dividido e minhas possibilidades de ganho são limitadas. O nosso filho não entenderá minha decisão e sofrerá pela falta de um convívio em uma família estruturada e "normal". Perderei a maior parte de nosso círculo de amigos, pois ficarão do lado do meu ex-parceiro. No final, estarei ainda mais infeliz que hoje ou, na melhor das hipóteses, tão infeliz como hoje, mas tendo tido muito desgaste à toa.

---

**Cenário otimista de separação:**

Estou separada e encontrarei logo um novo parceiro com o qual terei uma relação duradoura e muito feliz. Não terei dificuldades financeiras, pois, embora o patrimônio tenha sido dividido, minhas possibilidades de ganho se mostraram melhores do que imaginei (ou terei apoio do novo parceiro). O nosso filho entenderá minha decisão e não sofrerá por muito tempo pela falta de um convívio em uma família estruturada e "normal". Logo se acostumará à nova situação e aceitará muito bem meu novo parceiro. Perderei só uma parte de nosso círculo de amigos, mas farei um novo círculo muito satisfatório. Estarei feliz e satisfeita.

---

**Cenário moderado de separação:**

Estou separada, ficarei muito tempo tentando até encontrar um novo parceiro com o qual terei uma relação duradoura, melhor que a atual, mas não perfeita. Por um tempo, terei dificuldades financeiras, porém depois me adaptarei e acharei algumas soluções para melhorar um pouco minhas possibilidades de ganho. O nosso filho não entenderá minha decisão de início e sofrerá pela falta de um convívio em uma família estruturada e "normal", mas depois de um ou dois anos se acostumará à nova situação. Aceitará meu novo parceiro, ainda que não se apegue a ele. Perderei uma grande parte de nosso círculo de amigos e depois de um tempo talvez consiga fazer algumas novas amizades. Serei um pouco mais feliz que hoje, mas ao menos mais genuína, e terei muito menos estresse crônico em casa.

---

Avalie as probabilidades de cada um dos três cenários ocorrer. Será um mero palpite, mas é um modo de começar a organizar seu pensamento e seus sentimentos.

Em seguida, escolha alguns dos itens do cenário pessimista que pareçam mais ameaçadores e tente imaginar que recursos você precisaria ter para enfrentar razoavelmente bem essas situações.

No caso de Denise:
*Contar com o apoio dos amigos ou da família;*
*Desenvolver vínculos mais fortes com o filho;*
*Ter condições jurídicas e econômicas favoráveis;*
*Sentir que tem capacidades profissionais adequadas;*
*Ter mais autoestima e confiança de que será capaz de ter novos relacionamentos amorosos;*
*Aprender a ficar sozinha.*

Depois de elaborar sua lista de problemas ameaçadores e de recursos de que precisaria dispor para enfrentá-los, pense nos passos que teria de dar para adquirir esses recursos.

Denise pensou:
*Formar novos círculos de amigos para repor a perda dos antigos;*
*Testar a reação da família de origem;*
*Aprofundar os vínculos com o filho;*
*Consultar um bom advogado para protegê-la patrimonialmente;*
*Fazer cursos profissionalizantes para melhorar a capacidade de ganho;*
*Reaprender e readquirir segurança como mulher;*
*Desenvolver atividades para melhorar sua autonomia psicológica.*

Reflita se você já não possui esses recursos e, em caso negativo, como poderia adquiri-los ao longo do tempo.

Para Denise, os mecanismos seriam:
*Ter um* coach *para montar um bom plano de carreira;*
*Ter uma assessoria para conseguir melhorar a situação financeira;*

*Reunir coragem para melhorar sua capacidade de sedução (melhorando a aparência pessoal, criando oportunidades de flerte, lendo a respeito, se aconselhando com profissionais ou amigos etc.);*
*Ter mais proximidade e autonomia com o filho, dedicando mais tempo a ele, promovendo novos programas conjuntos e ampliando o círculo de amizades e convívios sociais dele.*

Faça uma ficha de quais recursos você precisaria para enfrentar a situação que mais teme e como poderia adquiri-los. Se puder, discuta essas questões com mais pessoas, areje suas perspectivas, leia a respeito e estude o assunto. Talvez suas ideias se oxigenem e você verifique que tem mais recursos para enfrentar essas situações do que imaginava.

Denise refez o mesmo procedimento imaginando o que aconteceria se ficasse passiva e não fizesse nada com os cenários otimistas, moderados e pessimistas.

Perguntou-se: "Como estará meu casamento daqui a quinze anos se eu não fizer nada?". O cenário moderado que ela imaginou foi:

---

**Cenário moderado se daqui a quinze anos se eu deixar tudo como está:**

Tudo só piorará. Ou Ronaldo se tornará cada vez mais insatisfeito e agressivo, e viveremos num inferno, ou ele se separará me deixando mal, ou ambos iremos aguentando e eu ficarei doente. O filho com certeza perceberá que cresceu numa casa infeliz e terá de lidar com pais problemáticos.

---

Se no seu caso você decidiu que, por enquanto, prefere permanecer casado, ainda assim vale a pena aprender a ter mais autonomia psíquica e a sofrer menos — e quem sabe até a usufruir de alguns aspectos agradáveis da relação.

Depois de fazer o exercício dos cenários, ficou claro para Denise que ela não queria se separar, mas também não queria continuar como estava. Parecia fazer sentido tentar aprender a conviver melhor com um parceiro difícil, mas ainda não sabia bem em nome de que deveria fazê-lo: por medo, insegurança, desejo de preservar o filho?

Fizemos então o *Exercício de usufruir das qualidades do parceiro difícil*. Ao fazê-lo, talvez você conclua que, embora tenha medos e inibições de se arriscar na vida por sua conta, ainda tem fortes vínculos de amor que o ligam ao parceiro.

### EXERCÍCIO DE USUFRUIR DAS QUALIDADES DO PARCEIRO DIFÍCIL

Faça-se as seguintes perguntas:

---

**Qualidades do parceiro**

Como foi o flerte? O que me interessou ou atraiu? Como foi o namoro? Houve algo que me agradava?

No passado houve momentos bons? E hoje em dia? Há momentos ou dias melhores? Quando as coisas estão bem, o que me agrada?

Meu parceiro tem qualidades de que outras pessoas gostam ou gostariam: aparência, charme, simpatia, inteligência, empatia, sensualidade, elegância, bondade, vivacidade, confiabilidade...? E o que mais?

Algumas dessas qualidades me agradam?

Quando penso em outras pessoas com quem me relacionei amorosamente no passado, sinto mais atração por elas do que por meu parceiro atual? Gostaria de estar vivendo com alguma dessas pessoas? Quando olho a minha volta, sinto atração e interesse por outras pessoas? Imagino que seria melhor estar com algumas delas?

Se meu parceiro atual não tivesse os defeitos que me incomodam, suas qualidades me manteriam interessado em continuar?

---

Talvez, como Denise, você encontre inúmeros vínculos e uma forte atração e prazer em estar junto do parceiro. Se o problema é que eles estão contaminados pelas decepções e pelos conflitos, vale a pena rever se é possível diminuir sua suscetibilidade aos comportamentos do parceiro.

*Amor agridoce*

Para Denise, foi importante concluir que sua questão não era tanto o medo de se separar ou a falta de condições de seguir por sua conta, mas que não conseguia prescindir das qualidades de Ronaldo e do prazer que sentia com ele. Ainda o achava interessante, inteligente, sexy. Quando ele estava em fases boas, era doce, sedutor, atencioso, irresistível. Achava-o leal e, apesar da dureza exagerada com o filho, era um excelente educador, dava limites, estimulava o filho e tinha lições de vida preciosas a passar ao menino. Quando estava irritadiço, Ronaldo tornava amarga a vida de todos a sua volta.

No caso de Helena, casada com Rui (o marido autoritário), as vulnerabilidades e sua falta de autonomia eram tão grandes que ela preferiu durante muitos anos permanecer casada em nome da segurança. Mais tarde a vida mostrou que, subjacente a tudo isso, havia uma atração por Rui. Septuagenários, puderam finalmente viver isso.

O mesmo valeu para Alfredo, que por fim percebeu que Letícia, sua esposa levemente autista, tinha inúmeras qualidades que o atraíam. Achava-a sexualmente atraente, e ela tolerava em certa medida a fantasia dele de se travestir de mulher antes do sexo. Além disso, por ser muito passiva, deixava-o decidir desde o lazer ao padrão de gastos e educação dos filhos. Ele sentia frequentemente um prazer genuíno em compartilhar os bons momentos com ela, passeios, viagens, jantares, embora às vezes se sentisse também inconformado com as "esquisitices" dela, com sua postura mimada e acomodada.

Talvez você tenha conseguido formular em nome do que está disposto a investir os próximos meses de sua vida no custoso projeto de aprender a conviver com um parceiro difícil e se sinta mais fortalecido para passar à segunda fase do projeto.

### Fase II:
### Desinflamar os seus botões vermelhos e apertar os verdes do parceiro

Ao tentar contemporizar e conviver com um parceiro difícil, a maioria das pessoas, tal como Denise, se sente uma vítima, reduzida a uma posição indigna. Talvez isso seja verdade, mas não necessariamente. A primeira coisa a lembrar é que você *decidiu*, de modo adulto e sensato, tentar continuar. Por motivos tais como seus medos e o amor pelo outro, optou por tentar conviver com alguém que você sabe que não vai mudar.

Mesmo que tenha de ceder a infantilidades ou à agressividade de um parceiro inadequado, não é preciso fazê-lo de modo a se sentir humilhado por não reagir ou por não estabelecer limites para ele. Você pode ceder de um modo adulto, o que é diferente de se submeter de forma covarde. Se você está consciente de por que seu parceiro não consegue (ou não quer) mudar, e se você está optando por contornar as situações com inteligência emocional e com capacidade empática, isso lhe permite ceder com dignidade e sabedoria, sem se humilhar.

Ter dignidade pessoal é muito importante, mesmo quando se cede ou sofre. As oito posturas abaixo poderão ajudá-lo nisso. Repassaremos uma a uma. Elas se referem à arte de conviver a dois e a não se comportar como vítima da situação.

1. Dar uma interpretação adulta ao comportamento do parceiro;
2. Precificar;
3. Evitar conflitos mapeados e previsíveis (contornar);
4. Ser pragmático;
5. Criar espaços para seu respiro;
6. Não se vitimizar;
7. Saber dar limites quando realmente for necessário;
8. Lembrar-se de seu senso de propósito.

No caso de Denise, isso não foi fácil, mas ao longo de alguns meses ela foi adquirindo as proficiências para fazê-lo. No final de dez meses, sentia-se significativamente mais feliz consigo mesma e com o casamento. Em grande parte porque sentia ter preservado sua dignidade pessoal. Alguns episódios são ilustrativos dessas oito posturas.

Se Ronaldo chegasse no fim do dia em casa e o filho e a esposa não o recebessem à porta, ele ficava magoado. Queria que os dois estivessem disponíveis durante as primeiras horas dele em casa. Caso contrário, queixava-se de que "ele não servia para nada além de ser provedor", que ela estava jogando o filho contra ele, e que ela ensinava o filho a não ter respeito pelo pai. Passava então o resto da noite emburrado, punindo-a com comentários ácidos, ameaças veladas e respostas atravessadas.

Em vez de se sentir massacrada e indignada, Denise passou a dar uma interpretação adulta ao comportamento de Ronaldo. Fez o exercício das cinco hipóteses para entender possíveis mecanismos psicológicos dele.

*Interpretação adulta*

Denise sabia que esses eram valores arraigados dos anos 1950, modelos do casamento dos pais de Ronaldo, e que ele era irritadiço, muito conservador e pouco flexível para entender outros modelos mais contemporâneos de casamento. Na cabeça dele, todos deviam ser gratos ao grande guerreiro provedor, que depois de sua labuta tinha o direito de ser paparicado e servido e a ter sossego. Ela lembrou-se de que já havia feito inúmeras tentativas de fazê-lo ver outros aspectos, já haviam brigado muito, e constatou que esse era um ponto por ora difícil de tocar.

Entendeu que já conhecia os padrões de conflito, os botões vermelhos dele e que era *ela* que havia decidido não se separar; portanto, cabia a *ela* aprender a conviver com a situação.

Denise usou alguns dos repertórios da arte de conviver a

dois — discutidos na Parte II deste livro — e tratou então de "descatastrofizar" e descontaminar os episódios. Ao fazer a escala de gravidade e separar suas diversas frustrações com Ronaldo, ela entendeu que nesse tipo de episódio seu maior sofrimento eram a indignação, a sensação de humilhação e submissão. Mas percebeu também que o custo prático de contornar e contemporizar era baixo. Ela decidiu precificar a questão.

*Precificando*
Era melhor já contar com essas dificuldades, em vez de, a cada novo episódio, surpreender-se ingenuamente e de forma inadvertida "provocar" seu parceiro. Passou a incluir no "preço" da relação uma lista das ogrices do marido e a testar se poderia conviver melhor com elas. Precificar significa entender a necessidade de Ronaldo como parte integrante da receita de convívio. Assim, ela já se organizava para incluir o atendimento dessa necessidade, ainda que a considerasse absurda. Diminuiu o tempo de ficar indignada e concentrou-se em achar uma solução. A solução implicava ser pragmática.

Denise começou a avaliar então como antecipar e evitar os conflitos mapeados e a ser mais pragmática.

*Evitar conflitos mapeados e ser pragmático*
Ela entendeu que, para Ronaldo, o ritual de chegada era importante, simbolizava que era amado e respeitado, e decidiu que podia se adequar a essa expectativa. Como ela e o filho estavam em casa nesse horário, combinou com Ronaldo que ele a avisasse antes de voltar, de modo que pudesse organizar os afazeres domésticos e chamar o filho para que fossem esperar o pai à porta. Sabia também que depois de ser recebido à porta, Ronaldo nem fazia questão de prolongar o convívio, e logo se refugiava no escritório por quarenta minutos. Portanto, habilmente combinou com o filho que, depois de cumprimentar o pai, ele provavelmente poderia continuar a brincar por mais meia hora.

E garantiu alguns respiros para si própria.

*Respiros*
Antes do horário de o marido chegar, e algum tempo depois, Denise obtinha prazer telefonando para amigas, lendo algo interessante ou brincando com o filho. Isso lhe permitiu equilibrar-se e conviver de modo menos sufocante com as necessidades de Ronaldo.

Além disso, cuidou para não se sentir como a vítima de um algoz.

*Não se vitimizar*
Denise percebeu que ele era carente, ingênuo e antiquado e que, embora fosse um pouco trabalhoso se adequar a essa demanda do marido, não era tão difícil fazê-lo feliz nesse e em inúmeros outros quesitos. Sentiu-se senhora de suas decisões e achou que o custo de evitar o conflito era muito pequeno, menor do que ter o conflito. Ela tinha, portanto, algum controle sobre as decisões. Fazia escolhas, não era vítima passiva.

Em dias mais difíceis, quando Ronaldo era agressivo, as coisas ficavam quase insustentáveis. Ele se tornava tão autoritário e irracional que extrapolava qualquer medida. Nessas ocasiões, Denise percebia que era necessário impor um limite, pois não havia como contornar com sabedoria a situação, e não fazia sentido ela se prejudicar por um capricho do marido. Ela aprendeu a fazer isso de modo assertivo e adequado, sem tumultuar o ambiente ou ofender o marido, com habilidade para lidar com divergências.

*Dar limites*
Dizia-lhe com muita firmeza, mas sem perder o foco, algo como: "Você sabe que sempre o espero com muito gosto, e não gostaria que se sentisse desprezado, mas infelizmente dessa vez tenho que cobrir uma colega". Mesmo que ele tumultuasse a conversa com *comunicações destrutivas* – como "Os outros sempre são prioridade", "Você devia deixar esse trabalho bobo e cuidar do filho e do marido,

você não ganha nada, não serve para nada e só desleixa a casa" –, ela não cometia o erro de se deixar arrastar pelas provocações; mantinha-se serena e afetiva e com foco no problema. Aprendeu a "des-escutar" as malcriações (por meio das quais o marido expressava a raiva agressivamente) e a escutar o pedido por trás delas (estou carente). Respondia então ao pedido e não à raiva, e dizia frases como "Prometo que amanhã estarei cedo em casa de novo" ou "Vou pensar no que você sugere sobre eu deixar o trabalho e conversamos amanhã sobre isso".

Nessas ocasiões, sentia-se orgulhosa de não deixar de seguir seus próprios interesses e ao mesmo tempo lidar com firmeza e educação com a situação. No dia seguinte, Ronaldo acordava calmo e a vida seguia. Mas havia situações em que ele extrapolava, por exemplo, quando ele começou a falar mal dos pais dela e chamar a ela e à família de folgados e inúteis. Em ocasiões assim, ela lhe dizia algo como: "Eu o amo muito, mas quando você fala assim dos meus pais e de mim, e o faz na frente do nosso filho e de seus cunhados, me deixa ofendida e constrangida. Não acho isso certo. Se você não parar agora, vou me retirar da mesa".

Ronaldo parava ou mudava de tema, ou do seu modo pedia meias desculpas. Mais tarde, quando estavam a sós, ela lhe dizia com firmeza, de modo adulto, algo como:

*Mais limites*

"É uma questão de respeito e educação preservar o filho e os parentes de divergências que você possa ter comigo. Não faça mais isso. Se tiver algo a dizer, diga a mim em particular. Além disso, se tiver críticas a mim, não as misture com meus pais. Se eu achar suas críticas pertinentes, certamente tentarei mudar. Meus pais são de minha alçada, e para preservar o casamento acho que devemos evitar mutuamente falar mal dos nossos pais."

Em dois meses de prática, Denise foi percebendo que "fervia" menos quando Ronaldo a destratava. Sentia-se mais inteira e dona da ação, cedia quando decidia ser o mais sábio, não por estar assustada. Só o enfrentava quando era inevitável, e sempre o fazia com cautela, etiqueta e enunciando para ele com clareza quais princípios éticos ela seguia, em vez do antigo padrão de tentar evocar a piedade dele. Aos poucos Ronaldo foi ficando mais afável, provavelmente porque ela atendeu diversas de suas demandas. Além disso, ela se utilizou do reforço positivo, e a cada vez que ele era gentil, ela o reforçava festejando ou elogiando sua atitude (mas sem ser submissa e tampouco acusatória):

"Você não imagina como adorei a sua ideia de viajarmos só nós dois para a praia no próximo fim de semana" ou "Fiquei emocionada de ver no passeio de ontem como nosso filho o admira e confia em você" (reforçando as situações em que Ronaldo consegue ser mais companheiro e menos autoritário com o filho).

De resto, desinflamar a relação, desativar botões vermelhos do parceiro e brigar menos envolve os mesmos passos dos capítulos sobre a arte de conviver (Parte II) e do projeto de resgatar um casamento em crise (capítulo 13). Ao segui-los, é quase certo que a atmosfera entre vocês melhorará, o que por um lado pode lhe custar alguns meses de muitos "sapos engolidos", mas pode trazer benefícios de viver com menos brigas e provavelmente tornar o parceiro difícil mais afável.

Para aguentá-lo você terá de se lembrar de seu senso de propósito. Em nome do que está fazendo isso? Nos momentos mais difíceis com Ronaldo, Denise se questionava se devia continuar o projeto que lhe exigia tanto desapego pessoal, tanta generosidade, tanto autocontrole e tanta capacidade de perdoar. Na maioria das vezes conseguia se lembrar de motivos que a mantinham na rota. Recordava-se fundamentalmente de que preferia tentar mais um pouco a aprender a conviver, pois gostava de Ronaldo, e uma separação seria muito desgastante. E dizia a si própria que se concluísse que era inviável viver com ele, ainda poderia dar o passo de se separar. Mas convencia a si mesma de que deveria primeiro concluir o projeto de tentar aprender a conviver com um parceiro difícil. Se desse certo, valeria muito a pena!

No final de três meses, com um clima nitidamente melhor, Denise começou a exercitar pequenas negociações com Ronaldo.

### PEQUENAS NEGOCIAÇÕES SOBRE PROBLEMAS MAIS FÁCEIS

Nesse período você pode, por tentativa e erro, seguir o mesmo roteiro de negociar pequenas divergências proposto na primeira fase do resgate de casamento. Utilize intensamente o diálogo em conexão, mas agora na versão express! Esse tipo de parceiro em geral tem pouco fôlego para discutir a relação. Você pode aglutinar os cinco passos do diálogo em conexão numa conversa de poucos minutos. Sempre escolha o momento adequado. Em uma das ocasiões (não durante a hora em que ele ouvia sua banda favorita), Denise abordou Ronaldo com a seguinte questão:

"Sei que você gosta de ouvir suas músicas no volume máximo e imagino que deva ser incômodo que eu fique lhe pedindo para abaixar o som. Fiquei pensando o que fazer: se consigo me acostumar com música alta ou se devo sair de casa e dar uma volta. Mas não consigo me acostumar com o volume alto e às vezes não tenho para onde ir por tanto tempo. O que você acha que eu poderia tentar? Pensei em usar tampões, ou talvez comprarmos para você bons fones de ouvido. Sinceramente, o que menos quero é podá-lo, mas não sei o que fazer."

Seguindo o projeto de conviver com um cônjuge difícil, Denise não teve esse diálogo no primeiro mês, quando Ronaldo ainda estava muito hostil e irritadiço. Ela esperou para começar a negociar pequenas mudanças somente no terceiro mês, quando a relação tinha melhorado e ele já demonstrava mais boa vontade. E escolheu conversar sobre o assunto das músicas durante um gostoso passeio de ambos na praia. Ele prontamente acolheu a sugestão de comprarem um bom fone de ouvido.

Você, provavelmente, não poderá ir além das pequenas divergências, já que em princípio seu parceiro tem, no momento ou cronicamente, limites intransponíveis que o impossibilitam de repactuar com você o casamento. Portanto, temas espinhosos como o fato de Ronaldo insistir para que o filho adulto do primeiro casamento passasse as férias com Denise e ele na praia, ou a ênfase exagerada dele no trabalho, não poderiam jamais ser negociados, pois tocavam concepções arraigadas de Ronaldo sobre família, papéis e autoridade de marido. Nesses aspectos, Denise teve de incrementar seu bem-estar pessoal e sua autonomia.

### Fase III: Incrementar seu bem-estar, autonomia e obter outras gratificações

Um cuidado importante é não se concentrar só em sua habilidade em lidar com o parceiro difícil. Fique atento à sua condição psicológica. Algumas pessoas conseguem desenvolver a arte de conviver e aprendem a lidar com seu parceiro, mas, ao descuidarem de seu próprio mundo interno, sofrem em demasia. Tornam-se capazes de se autocontrolar, mas a um custo elevado.

Esse tipo de equilíbrio, que está mais ligado ao seu autocontrole, não é sinônimo de bem-estar psicológico. Embora possa ajudá-lo a ter equilíbrio, o bem-estar abarca outras dimensões. Tem a ver com o quanto você é inerentemente uma pessoa resiliente, otimista, vitalizada, alegre e capaz de apreciar e se interessar pelo fluxo da vida. Essas condições derivam de seu temperamento biológico, de sua personalidade, de valores e hábitos que você adquiriu ao longo da infância, adolescência e juventude. E, claro, também das circunstâncias atuais. Quanto mais você desenvolver sua capacidade de obter bem-estar, menos impactantes serão as eventuais circunstâncias adversas de sua vida.

Se você tiver dificuldades nesse quesito e for inerentemente melancólico, ansioso ou desvitalizado, será um desafio lidar com qualquer situação de vida, sobretudo com um casamento cujo cônjuge o coloque sob pressão permanente.

Como você pode imaginar, o incremento de suas condições psicológicas de equilíbrio e bem-estar para poder lidar com adversidades de um relacionamento insatisfatório é um trabalho que pode ser difícil de realizar sozinho. Mesmo livros de autoajuda mais sofisticados, que lhe fornecem um roteiro, não dispensam o auxílio de um terapeuta.

Mas se você não tiver questões psicológicas mais complexas que o mantenham cronicamente infeliz, pode incrementar seu bem-estar num casamento difícil, investindo em áreas de interesse nas quais possa ter algum sucesso ou retorno afetivo: amigos, família, filhos, trabalho, esportes, lazer, vida intelectual, religião ou trabalho social. Não importa onde você encontra prazer, interesse ou retorno, uma vida mais rica e interessante somada a outras ocupações irão diluir seu problema matrimonial. Você terá menos tempo e energia para concentrar-se nas dificuldades de casamento, e elas provavelmente parecerão mais leves. Ao menos você terá "respiros" externos.

Denise se superou nesse aspecto. Desenvolveu-se profissionalmente, aprofundou seus conhecimentos sobre educação de filhos, passou a dedicar-se com mais consistência a criar o filho e envolveu-se com a associação de pais da escola. Também passou a promover mais encontros com amigos e a praticar mais esportes. No final de seis meses estava obtendo prazer com essas atividades, em algumas passou até a ter sucesso e bons retornos. Tinha orgulho de ter conseguido investir em si mesma e em atividades de relevância.

### DEPOIS DE APRENDER A CONVIVER COM UM PARCEIRO DIFÍCIL

Ronaldo mudou pouco, digamos que 30% de seus comportamentos melhoraram — não porque ele tenha caído em si, mas porque a esposa não toca em seus inúmeros botões vermelhos. Denise aprendeu a evitar a maioria das situações de conflito e conseguiu também selecionar melhor as situações que merecem limites, e aprendeu como fazê-lo sem deixar o ambiente se deteriorar. Esse conjunto resultou em muito menos brigas. Mais importante ainda: Denise aprendeu a ter lazer por sua conta, a não ficar tanto em função do marido, a ter respiradouros, outras atividades extraconjugais prazerosas (cursos, esportes, amigos), a se cuidar mais, usufruir do convívio com o filho.

Entraram em um círculo virtuoso e, embora ele continue o mesmo marido autoritário e machista, está mais ameno. O custo que Denise paga para preservar o casamento diminuiu à medida que diminuíram sua indignação e vitimização. Sendo capaz de lidar com dignidade e sabedoria com um marido difícil — mas que para ela vale a pena —, ela não se sente humilhada. Claro, até hoje ainda ocorrem alguns episódios pontuais em que Denise não consegue se controlar e se desespera entrando em uma briga horrível. Mas eles são cada vez mais raros. Até hoje ela comparece uma ou duas vezes por ano ao meu consultório para lidar com alguma situação especialmente difícil, mas, perguntada sobre como se sente, relata satisfação com a vida em geral e com o seu casamento com Ronaldo.

Alfredo também conseguiu aprender a conviver com Letícia, para ele uma parceira difícil (embora ele seja também um parceiro difícil). Letícia tinha muito mais boa vontade que Ronaldo e também tentou se empenhar para melhorar a relação, contudo, como já discutido, ela tinha limitações psicológicas importantes, e Alfredo pôde entender e aceitar suas impossibilidades.

Já Leonardo, após o fracasso da tentativa de resgate do casamento, tentou por algumas semanas aprender a conviver com Márcia. Mas ele não tinha nem equilíbrio emocional nem reservas de amor, tampouco apego suficiente ao Projeto Família para sustentar mais do que poucas semanas de tentativas.

# 15
# Incrementar uma relação sem afinidades e encanto

Para você, um casamento morno é um casamento ruim, médio ou bom?

Estou chamando de "casamento morno" aquele em que os dois não sentem grandes incômodos, mas não sentem empolgação em nenhum item da Equação do Casamento. Não se entusiasmam na dimensão sexual, nem vibram nas afinidades. Mas se dão bem, conseguem acomodar suas diferenças e vão tocando a vida.

Pessoas menos imaginativas e menos vitalizadas — como Rogério, o marido mais velho de Marcela, ou Letícia, esposa de Alfredo — talvez nem se deem conta de que têm casamentos mornos e encarem outros tipos de relação como muito cansativas. Também os cônjuges dos anos 1950 tenderiam a estar satisfeitos com casamentos assim.

Muitas vezes, após décadas de falta de encanto, o casamento morno passa a ser visto até como muito bom porque a familiaridade e a estabilidade se sobrepõem ao interesse sexual e ao desejo de aventura e vibração. Em outros casos, o casamento termina num grande vazio. Também é comum que o tempo e a rotina transformem muitos casamentos inicialmente mais instigantes em relações chochas.

Se seu casamento for morno e você estiver incomodado com isso, neste e no próximo capítulo tratarei das possibilidades de incrementar as duas principais dimensões do prazer usualmente ausentes nesse tipo de união. Neste capítulo, abordarei a falta de afinidades. No próximo, discutirei a falta de atração sexual.

Afinidades e sexo são itens ligados ao prazer, que em parte podem ser compensados por outras dimensões da Equação. Já vimos que uma forte aliança de cooperação em torno de projetos de vida comuns e uma profunda amizade e solidariedade, bem como consensos na concepção de casamento, podem lhe dar muita satisfação e em alguns casos indenizá-lo pela falta de prazer. Mas afinidades e atração sexual são fontes de prazer importantes, e muitas vezes podem ser incrementadas. Isso pode fazer toda diferença para você e seu parceiro.

## Gostos e interesses em comum podem se sobrepor ao sexo

Ter afinidades não é importante para casamentos tradicionais movidos a projetos de vida em comum, deveres ou conveniências, que, dependendo da Equação do Casamento e das referências culturais, podem ser muito harmônicos. Mas afinidades são vitais para o dia a dia da maioria dos casamentos paritários, marcados pelo projeto romântico de amor e de busca da felicidade pessoal.

De modo geral, passado o frisson erótico dos primeiros anos e perdida a força da aliança pela criação dos eventuais filhos, as afinidades de gostos e interesses falam alto. Sexo ruim costuma ser prejudicial para a maioria dos casamentos, mas sexo bom sem afinidades de gosto e interesse para muitos não basta a longo prazo. O prazer do convívio fora da cama depende muito das afinidades, isto é, de haver convergências de interesse e de gosto.

Talvez você não consiga se entusiasmar com a história que seu parceiro conta sobre a "Sociedade de Numismática"; talvez ele não se interesse pelo seu curso de salsa; talvez nenhum dos dois tenha interesse em experimentar o prato do outro. Nesse caso, quem sabe você e ele passem o jantar tendo conversas protocolares sobre o desempenho escolar dos filhos ou sobre a necessidade de reformar a área de serviço ou insistindo em "esquentar" a relação ao menos fazendo sexo na volta do restaurante. Dependendo da vitalidade de cada um e de suas ambições de prazer, talvez você e seu parceiro achem esse convívio tedioso. Ou, ainda que não achem tedioso, é provável que cada vez mais construam vidas paralelas.

Muitas vezes, se um dos parceiros desenvolve interesses ou gostos muito diversos do outro e passa a conviver com pessoas que têm os mesmos interesses, que se divertem e se entusiasmam juntos, abre-se o espaço para que surjam cumplicidades, sinergias e enlaces com terceiros. Isso não significa que você e seu parceiro tenham de "grudar" um no outro ou que você deva ter ciúmes dos hobbies, trabalho e interesses dele. Mas, de forma geral, é importante tomar cuidado para não se afastarem demais, perdendo a conexão. Como durante um tempo ocorreu com Paulo, que não estava satisfeito com o casamento com Mariana, e, no convívio com Gabriela, sua colega de trabalho e de curso de montanhismo, percebeu que tinha com ela muitas afinidades e interesses. Se antes a achava apenas bonitinha e nada mais, passou a considerá-la cada vez mais atraente. Era estimulante estar com ela, falavam de trabalho e de montanhismo por horas a fio. Ele e Gabriela vibravam com os mesmos assuntos, enquanto Mariana desprezava ou ignorava tudo que o entusiasmava.

A conexão entre os parceiros acaba se perdendo de diversas formas. Por exemplo, se você "empaca" com frequência e se recusa a participar dos programas que dão prazer ou são importantes ao parceiro. "Vá para a praia sozinho com as crianças que fico por aqui", ou "Não quero ir ao coquetel da sua empresa, são eventos muito chatos", ou "Não gosto de teatro, vá com um amigo ou amiga, enquanto isso irei ao cinema e nos encontramos depois".

Não seguir a etiqueta de casal e falar mal dos interesses e gostos do parceiro também é caminho certo para perder a conexão com o outro. "Não sei como você pode gostar disso." Além disso, também pode minar o prazer do parceiro em conviver com você fazendo resistência passiva ou acompanhando-o de má vontade aos programas de interesse dele.

Se essas situações forem frequentes, seu parceiro não irá mais insistir na sua presença, não contará com você em momentos que para ele são importantes. Ou pode ocorrer que seu parceiro até mesmo abra mão de atividades que o interessam só para ficar com você, mas depois de algum tempo se perceberá tolhido.

Não perder a conexão com o parceiro não significa você abdicar de suas preferências, ceder sempre e seguir o outro, obrigando-se a participar de programas e conversas que não o interessam. Vocês podem se alternar nisso, o que é mais fácil de fazer quando se domina a arte de conviver.

Sugiro que você tente duas providências para se manter conectado com seu cônjuge, mesmo não tendo tantos interesses e gostos em comum com ele:

1. Tentar desenvolver gosto e interesse pelas preferências do parceiro.

E, se isso não funcionar,

2. Criar espaços individuais apoiados.

### Desenvolvendo gostos e interesses pelas preferências do parceiro

Se quiser ter uma ideia mais clara de como anda seu casamento no quesito afinidades de gostos e interesses, coloque no papel as atividades de lazer, os programas com amigos, as viagens e os interesses profissionais, culturais, os esportes de cada um de vocês. Confira quais dessas atividades fazem juntos e quais fazem separados. Pense também se você se interessa pela atividade do parceiro ou a ignora e nem comenta nada sobre ela. Além disso, há atividades em que vocês se criticam mutuamente? O mesmo para os gostos e as preferências. Que comidas, decoração, roupas e tipos de viagem você e ele preferem?

---

**Inventário de convergência de afinidades**

*Lista de nossos interesses em diferentes atividades*

1. Atividades que fazemos juntos: ..........................................................................
..........................................................................................................................

2. Cada um tem as suas, mas admiramos e vibramos com os interesses do outro: .......................................................................................................
..........................................................................................................................

3. Cada um faz a sua, e ignoramos e não comentamos as atividades do outro: ..........................................................................................................
..........................................................................................................................

4. Nos criticamos mutuamente: ..........................................................................
..........................................................................................................................

*Lista de nossas afinidades de gosto*

1. Coincidimos no gosto por: ..........................................................................
..........................................................................................................................

2. Cada um tem o seu, mas respeitamos e admiramos o gosto do outro:
..........................................................................................................................

3. Ignoramos e não comentamos o gosto do outro: ..............................................
..........................................................................................................................

4. Nos criticamos mutuamente: ..........................................................................
..........................................................................................................................

---

Se você estiver ignorando ou criticando os interesses e gostos de seu parceiro, vale a pena rever esse ponto e tentar se aproximar mais.

Há gostos e interesses que você pode, sim, tentar desenvolver. Alguns são mais difíceis; outros, mais fáceis. Por exemplo, se um de vocês for fanático por esportes radicais e o outro tiver um temperamento menos intenso e gostar de ioga e meditação, talvez seja difícil, mesmo de boa vontade, iniciar-se em esportes mais intensos. Mas talvez seu parceiro adepto de esportes radicais possa aprender a apreciar ioga e meditação e compartilhar de algumas de suas aulas (ainda que ele continue a praticar esportes radicais).

Se vocês se gostam e se respeitam, é importante entenderem que não é tudo uma questão de boa ou má vontade; há certas adaptações que são mais fáceis numa direção do que em outra. Portanto, nem sempre as possibilidades de um se adaptar ao outro são simétricas.

Desde que você saiba da importância de manter áreas de interesse comum, vale ao menos tentar esportes radicais, apesar de ser sedentário. Ou tente assistir filmes cabeça, mesmo gostando dos de ação. Provavelmente haverá diversas áreas nas quais vocês poderão se aproximar e haverá outras em que isso será mais difícil. O mesmo se dá com gostos estéticos, paladares etc.

Sabendo como pode ser prazeroso compartilhar de determinados gostos e interesses, você pode fazer cursos e se iniciar em novas áreas, além de testar se consegue descobrir algum modo de "entrar" no mundo de seu parceiro. Eventualmente, também pode pedir que ele o introduza em sua área de interesse, que lhe explique diversos aspectos e o instrua por onde começar.

Se nada disso ajudar, você pode envolver-se de outra forma: construindo espaços individuais apoiados.

## CONSTRUINDO ESPAÇOS INDIVIDUAIS APOIADOS

*Arghh!*

Letícia não gosta de bebidas alcoólicas, mas Alfredo é um entusiasta de vinhos. Ele adora fazer viagens enogastronômicas, mas sentia falta de ter uma companhia sintonizada que degustasse e discutisse vinhos com ele. Compreensivelmente achava que fazer esses programas com Letícia, que só bebe chá e suco de frutas, seria desestimulante para ambos. Ele achava que, para esses programas, Letícia era uma companhia sem graça, e ela o via como um fanático obcecado. Ela então entendeu que cabia se empenhar em entrar no mundo de seu parceiro. Munida de boa vontade, fez então dois cursos sobre o assunto e tentou experimentar diversos vinhos para ver se conseguia uma entrada no tema. Ela podia beber um copo, até perceber a qualidade do vinho, mas não conseguia se entusiasmar com o assunto.

Se você ou seu parceiro tiverem determinados interesses ou preferências importantes que o outro não poderá ou não desejará compartilhar, criar espaços individuais apoiados pode ser um caminho para não perder a conexão.

Há basicamente dois tipos que vocês podem fazer, mantendo-se razoavelmente conectados.

No primeiro tipo, você acompanha, mas não participa de todas as atividades por completo, apenas parcialmente. Ao acompanhar seu parceiro, deixa claro que o faz de boa vontade, movido pelo desejo de conviver com ele. Isso o desobriga de fingir entusiasmo e de participar de todas as etapas. Letícia, por exemplo, poderia acompanhar Alfredo em uma viagem eno-gastronômica, e Mariana ir com Paulo a um passeio ecoturístico ou acompanhar sua atividade de esportes radicais participando de alguns treinamentos. Elas poderiam apenas participar de algumas etapas que lhes agradassem, apoiando o parceiro em outras e se ausentando de algumas durante um tempo (no qual poderiam fazer algo de que gostassem mais). Por exemplo, Letícia poderia visitar com Alfredo algumas vinícolas e experimentar meia taça de um vinho excepcional, apreciar os queijos oferecidos durante as degustações, contemplar as lindas paisagens e, em outros horários, passear pela cidade, ler um livro, e encontrá-lo mais tarde para jantarem juntos. Desde que isso fique explicitado como um modo prazeroso de compatibilizar o desejo de estarem juntos e desde que você não faça isso como um sacrifício a ser cobrado na próxima briga. Também é preciso que seu parceiro não seja infantil e entenda que você pode não ter tanta afinidade com determinadas atividades de interesse dele — e mesmo assim estar em conexão profunda com ele.

O modelo de acompanhar e apoiar sem participar diretamente pode funcionar muito bem, sobretudo se você conseguir desenvolver empatia com o entusiasmo do parceiro pelo tema.

No segundo tipo de acordo, você não acompanha seu parceiro e, portanto, não participa diretamente, mas o apoia ativamente. Enquanto ele desenvolve a atividade que o interessa, você pode fazer outra coisa e talvez o ajude em eventuais providências preparatórias ou posteriores: comprar entradas para uma ópera que ele quer assistir, enquanto você vai ao cinema e o encontra depois para jantar, ou fazer as malas do parceiro para uma pescaria que ele fará no interior, embora você vá ficar em casa. Você pode recortar um artigo de jornal que leu sobre numismática e entregá-lo ao parceiro interessado em moedas antigas, ou apresentar-lhe alguém que também se interessa pelo assunto.

Além de apoiar moral e logisticamente, ainda que o tema não o atraia, você pode genuinamente se mostrar interessado em saber como foi a atividade, pois você se interessa pelo parceiro e por isso quer saber como foi *para ele*.

Você pode tentar se informar sobre o que ocorreu durante a atividade, fazer perguntas e tentar compreender como aquela atividade funciona, não porque seja algo que o fascina, mas para saber do mundo de seu parceiro, saber como ele se sente. Pode então escutar com interesse como foi a pescaria de três dias de seu marido com os amigos, ou como foi o chá de cozinha de sua esposa com a prima dela. Afinal, cada um de nós pode ficar feliz junto com o parceiro ao celebrar coisas e eventos que para ele são importantes. Letícia, mesmo não apreciando vinhos, poderia se informar como foi a degustação de hoje de manhã e vibrar com a alegria de Alfredo por ter comprado uma garrafa rara de um Bordeaux.

Um bom modo de observar como anda seu progresso nesse quesito é preencher durante quatro semanas uma ficha que indica o quanto entraram em conexão com as atividades de interesse do parceiro.

---

**Episódios em que apoiei meu parceiro nos interesses dele**

......................................................................................................................

......................................................................................................................

......................................................................................................................

......................................................................................................................

**Episódios em que não apoiei meu parceiro nos interesses dele (critiquei, ignorei, ou fiz resistência passiva)**

......................................................................................................................

......................................................................................................................

......................................................................................................................

......................................................................................................................

---

O mesmo vale para os gostos do parceiro. A não ser que avilte sua estética ou seu paladar, procure entrar no mundo dele! Se não for possível, ao menos apoie e respeite; evite ignorar aquilo que o entusiasma, ou criticar e ser destrutivo.

Não há como subestimar a importância das afinidades entre os cônjuges. Passado o frisson sexual, esse costuma ser o item mais prazeroso na relação. Não cultivá-lo os leva a ter prazer apartados um do outro, a ter a parte borbulhante da vida em paralelo. Talvez você e seu parceiro tenham alguns interesses em comum, como educar e apreciar os eventuais filhos, sair com os amigos do casal ou viajar, mas isso pode ser pouco — experimente sintonizar-se genuinamente com ele nos gostos e interesses!

# 16
# Buscar mais sintonia sexual

O que para uma cultura ou pessoa é sexualmente satisfatório, para outra pode ser um problema. Nos casamentos atuais, em geral voltados para a realização amorosa e sexual, qualquer uma das situações abaixo tende a ser percebida de forma negativa. Talvez algumas se apliquem ao seu caso:

1. Falta desejo ou libido para procurar uma aproximação sexual;
2. Uma vez iniciada a aproximação sexual, não surge a excitação;
3. Dificuldade de manter a excitação nas preliminares ou durante o sexo;
4. Dificuldade de chegar ao orgasmo;
5. Tudo funciona, mas é mecânico e pouco emocional, mesmo o orgasmo é oco;
6. Um de vocês sofre de "distúrbios sexuais", como ejaculação precoce, anorgasmia, vaginismo, impotência etc.;
7. A frequência de relações está abaixo do desejado por um dos parceiros, e não corresponde ao socialmente esperado na idade e no ciclo de casamento.

Qualquer uma dessas situações pode estar ligada diretamente

a algum dos aspectos eróticos que já discutimos no capítulo sobre atração e vida sexual. Pode faltar química sexual entre você e seu parceiro, ou talvez vocês não se entendam nas preferências eróticas. Ou um de vocês não tem habilidade sexual. Ainda há outras possibilidades.

Algumas das sete dificuldades listadas podem derivar de inibições sexuais anteriores ao casamento, que pouco têm a ver com o parceiro.

Também é possível que você ou seu parceiro simplesmente queira mudar de cenário e trocar de objeto sexual. Ao menos por um tempo, você quer sentir outro corpo, outros cheiros, toques, ter a emoção do flerte, da conquista, sair do roteiro previsível, ter uma paixão! E por isso está sentindo menos desejo e prazer.

Os problemas sexuais podem derivar de áreas não diretamente eróticas. Por exemplo, brigas e ressentimentos fora da cama que acabam contaminando o sexo.

Há também os casos em que fatores orgânicos (disfunções hormonais, efeitos colaterais de medicação) interferem no desejo e no gozo.

Já falamos em outros capítulos de quais fatores indiretamente sexuais podem contaminar seu desejo. Neste capítulo, vamos nos concentrar nas possibilidades de atuar sobre os quatro aspectos diretamente eróticos da relação — química, habilidade, preferências e ambiente sexual. Para atuar sobre as dimensões sexuais é preciso que você se comunique sexualmente com seu parceiro. Portanto, cabe uma breve palavra sobre a comunicação na cama.

## Comunicações sexuais com ou sem palavras

### 1. Falando sobre sexo sem usar palavras

Conversar sobre preferências sexuais de cada um ou sobre a eventual falta de habilidades sexuais do parceiro pode ser bastante difícil. Há pessoas muito tímidas ou desajeitadas — e há culturas que não favorecem esse tipo de diálogo. Na cultura norte-americana, falar sobre as preferências sexuais ou sobre habilidade nas manobras sexuais é mais fácil do que na brasileira, que enxerga esse tipo de conversa como pouco romântica ou como uma "fraqueza do macho" e "devassidão da mulher". Na cultura tradicional japonesa ou muçulmana, esse tipo de conversa nem sequer tem espaço para ocorrer. Se para vocês for difícil falar de sexo, há formas de tentar se comunicar por vias não verbais.

Por exemplo, você pode ensinar seu parceiro não só sobre suas necessidades pessoais no sexo, como também sobre as necessidades sexuais de seu gênero, mostrando e fazendo coisas, em vez de falar a respeito delas. Para isso, tem de ser suficientemente desinibido para autorizar a si mesmo e ao parceiro a explorar a sexualidade, tateando, fazendo e observando as reações do outro. Você precisa aprender a observar sinais, iniciativas e respostas, e também a sinalizar de modo adequado o que o agrada ou não.

Se você for muito tímido, tente ir aos poucos, avance a cada semana. Pode experimentar conduzir as mãos, os genitais ou outras partes do corpo do parceiro, ou indicar um ritmo diferente. Para os tímidos, é mais fácil tentar fazê-lo de modo progressivo, ao longo de vários dias ou semanas. O pior que pode acontecer é que o parceiro diga "não" ou sinalize que não quer — nesse caso, você simplesmente volta ao padrão anterior.

O mesmo vale para a sinalização que você der ao parceiro a respeito de como está recebendo as ações dele. Se você não é desinibido, tente se comunicar por meio de sonorização sexual, ritmo ou colaborando e intensificando fisicamente a manobra do parceiro. Dessa forma você pode confirmar que a postura dele o está agradando ou, ao contrário, pode gentilmente se recolher. Mesmo que for tímido, tente ser suficientemente expressivo. Você pode afastar áreas de seu corpo ou do corpo do parceiro, alterar o ritmo ou até verbalizar um gentil "prefiro do outro modo" ou "assim está desconfortável para mim".

Cuidado para não reprimir o parceiro com um ar escandalizado ou com uma atitude veemente ou brusca. Respeite as necessidades e fantasias de cada um, entre em conexão com a história dessa necessidade, com a intensidade dela, compreenda o desejo do corpo e da mente de seu parceiro. Respeite as diferenças e, se não quiser sequer experimentar, ao menos seja cuidadoso ao recusar.

Se quiser desenvolver sua habilidade sexual e introduzir eventuais fantasias e preferências sexuais, seu desafio será ter a coragem de testar essas novas possibilidades. Use seu bom gosto e senso de oportunidade para levar para a relação as novas práticas que você quer tentar, de forma a não ficar estranho ou bizarro. Mas não deixe de tentar!

Em minha experiência de vinte anos com casais, nunca vi uma tentativa de inovação sexual de um parceiro tímido causar problemas de relacionamento. Ao contrário, vejo — com frequência — cônjuges surpresos com a reação positiva de seu parceiro, que antes ele imaginava cheio de tabus, mas que, na verdade, estava havia anos só esperando que o outro tivesse coragem de ousar.

Claro que há práticas — como levar o parceiro para um swing de casais ou usar um vibrador — que dificilmente poderão ser tentadas em silêncio e paulatinamente. Nesse caso, você terá de conversar. Aos poucos, você pode ir explorando a visão do parceiro sobre o assunto, tateando as respostas e compartilhando suas fantasias.

**2. Comunicando-se — com palavras — sobre habilidades e preferências sexuais**

Entraves típicos a uma conversa aberta sobre sexo são:

I. A inibição cultural em falar de sexo. Há diversos preconceitos, como considerar sexo algo "sujo" ou achar que falar de aspectos "técnicos" acaba com a graça e a magia.

II. Medo de que, ao falar de sexo, você abale a autoestima do parceiro. Será que, se você disser ao parceiro que ele não o está agradando, ele irá se ver como um amante incompetente?

Vencer esses dois entraves pode ser difícil para pessoas tímidas ou sexualmente inibidas, mas talvez você possa pensar que falar de sexo é necessário para a maioria dos casais que gostaria de se ajustar nessa área. Vocês provavelmente não são telepatas, e uma sintonia sexual mágica e natural é algo raro.

Pessoas mais tímidas preferem esperar por uma "ocasião natural" para falar sobre o assunto, mas isso pode levar semanas, meses ou anos. Em geral, em todas as áreas problemáticas do casamento, é melhor você aprender a abordar o assunto de modo proativo, sabendo escolher um momento adequado e uma forma respeitosa. Para falar de sexo vale o mesmo: escolha um momento calmo e íntimo para ativamente puxar o assunto, usando de tato e carinho. Crie você mesmo as ocasiões e empregue o diálogo em conexão (capítulo 13).

Nem sempre a conversa sobre sexo tem de ser profunda e se constituir como um diálogo extenso. Para falar de suas preferências e ajustar manobras "técnicas", há casos em que se pode ser mais direto. Como a tímida Juliana experimentou.

*Agora vou lhe mostrar algo*

André beijava Juliana de um modo que não a agradava. Para ela, o beijo era muito molhado, com uma língua muito invasiva, e demorado demais, sufocando-a. Em certa ocasião, antes de começarem a se beijar, ela experimentou ir sussurrando, de modo sensual e sedutor, algo como: "Hoje *eu* vou conduzi-lo, deixe-me mostrar como eu adoraria que você me beijasse". Funcionou e evoluiu para diversas comunicações sexuais divertidas ao longo do mês a respeito de outras manobras sexuais.

Para tratar de situações mais complexas, é melhor você seguir os cinco passos do diálogo em conexão. Juliana, por exemplo, se incomodava quando o marido, durante o ato sexual, lhe perguntava diversas vezes se ela estava gostando ou se tinha gozado.

Ao "cobrá-la", ele a deixava ansiosa. E pior: prolongava além do razoável o ato sexual, insistindo em extrair dela um orgasmo.

Ela decidiu ter um diálogo em conexão sobre o tema. No passo 1, elogiou o empenho dele em agradá-la. No passo 2, explorou como ele via essa questão do orgasmo dela. Depois, no passo 3, empatizou. Finalmente, no passo 4, compartilhou com ele algo como: "Adoro que você queira me dar prazer e que não seja egoísta, mas para nós, mulheres, chegar ao orgasmo tem outro significado do que para vocês. Uma minoria de mulheres tem orgasmo tão facilmente. Mas há atos sexuais sem orgasmo que são muito prazerosos. Fico aflita se você pensa que preciso sempre ter um orgasmo e que você tenha de me proporcionar isso. Sinto-me cobrada e vejo você se cobrando. Queria tranquilizá-lo e dizer que, quando eu achar que você deve me esperar, avisarei. Quando eu não disser nada, você pode seguir em frente e chegar você ao orgasmo. Isso para mim também é delicioso".

Há muitos outros modos de iniciar e conduzir uma conversa sobre sexo. Você pode casualmente investigar o que seu parceiro sente sobre a vida sexual de vocês, ou ser mais direto e explicar que você sente que poderiam incrementar alguns aspectos e que gostaria de falar sobre isso. Pedro, o marido que se tornou dono de casa, tinha um problema oposto ao de Juliana. Ele não era nada tímido, ao contrário, insistia de modo invasivo e grosseiro em instruir a esposa, Silvana, sobre as manobras sexuais que desejava. Também ele aprendeu a falar de modo mais sintonizado sobre o fato de que queria mais sexo e sobre as fantasias que queria realizar. Em vez de acusá-la, queixar-se e dar-lhe "aulas", ele mudou o padrão.

*Pedro, o fofo*

"Notei que nossa frequência sexual de seis meses para cá tem sido menor e tenho pensado em como será que você se sente na cama comigo. Também tenho pensado se eu posso ser sexualmente mais instigante para você e gostaria de lhe dizer que tenho algumas necessidades sexuais que adoraria que você soubesse." Silvana lhe contou que estava satisfeita, mas que as expectativas altas dele a deixavam aflita. Depois disso, puderam conversar mais calmamente sobre as necessidades e fantasias de cada um.

Se for tímido ou agressivo demais, achar o tom certo exige que você aos poucos experimente qual o melhor estilo para abordar o assunto. Se tiver dificuldade, um terapeuta pode ajudá-lo a superar constrangimentos e a desenvolver seu modo de abordar e conduzir a conversa. Mas não deixe de se comunicar sexualmente com seu parceiro. Muitos casais passam a vida sem fazê-lo e perdem muitas possibilidades de entendimento e sintonia.

Uma vez que você tenha conseguido abordar claramente a existência de problemas nas questões "técnicas" e na falta de sintonia, vocês terão outro desafio: vencer o constrangimento de conversar sobre *como* instruirão o parceiro sobre as maneiras que apreciam fazer sexo.

Ao conseguir falar sobre suas necessidades, cabe a você e a seu parceiro combinarem como seria mais confortável um instruir o outro sobre *como* fazer sexo. Por exemplo, sugerindo que durante o sexo irão *mostrar* ao parceiro *como* determinadas manobras podem agradá-lo mais. Uma vez havendo essa abertura, você pode, durante o próprio momento sexual, conduzir o corpo do parceiro e mostrar didática e amorosamente como gostaria que as coisas fossem feitas. Sem pressão de tempo e sem pressa de logo conseguir mudar tudo.

Se não estiver muito à vontade, tente começar pelo mais fácil, que é falar sobre o que dói ou incomoda e como é mais agradável ser tocado. Depois que tiver instalado uma abertura para esse tipo de comunicação, você pode tentar um passo a mais: alinhar as preferências sexuais, ou seja, pedir ao parceiro para realizar certas fantasias, bem como dizer a ele que você está disposto a tentar fazer o que o agrada.

Ainda que isso possa ser difícil, lembre-se que não há como sintonizar ritmos e experimentar fantasias sem comunicação! Do contrário, você e seu parceiro correm o risco de passar toda uma vida sem usufruir do potencial sexual de vocês. Já foi mencionado que uma boa cumplicidade sexual pode indenizar a perda do frisson sexual da juventude, substituindo o sexo apaixonado pelo recreativo e divertido — além de prolongar a vida erótica até a idade avançada!

Falemos agora sobre como você pode incrementar os quatro aspectos da vida sexual: química, habilidades, fantasias e ambiente.

### 1. Sobre a falta de química sexual

Como já discutido no capítulo 4, a química sexual se refere à atração por aspectos como pigmentação, cheiro, motricidade, textura, tônus, trejeitos e características psicológicas, aspectos que, em geral, são inconscientes.

Mas os aspectos da química não existem isoladamente; eles se mesclam com a habilidade sexual e com as preferências erótico-sexuais. Por exemplo, o prazer no beijar está ligado a aspectos sensoriais muito arraigados e pessoais: se os lábios são carnudos, finos, úmidos ou secos; o cheiro e a textura das mucosas orais; mas também à habilidade de beijar e às preferências de tipo de beijo (bruto, delicado, curto, longo etc.).

Ainda assim podemos tentar por um momento separar as coisas. Se você tem um problema de química sexual com o parceiro, talvez ocorram alguns dos seguintes sinais:

1. *Você só faz sexo com o parceiro por necessidade de manter as aparências, não por atração;*

2. *Só quando você ovula ou acumula testosterona sente um tesão inerente e, por falta de opção, faz sexo com o parceiro;*

3. *Você só sente atração em ocasiões em que se comove ou fica grato ao parceiro, ou quando você se droga ou bebe;*

4. *Também é possível que você até sinta uma atração, mas muito pouca (incomparável à intensidade que sentiu com a maioria dos outros parceiros);*

5. *Ou a falta de química é tão contundente que você sente ojeriza física, tem repulsa ou nojo por certos aspectos do parceiro.*

Esses cinco sinais indicam uma falta de química de pele importante.

Em alguns poucos casos, é possível amenizar a ojeriza ou a falta de atração de pele. Por exemplo, quando ocorreram traumas. Tive uma paciente que, na infância, sofreu abuso de um dentista careca. Nesse caso, uma vez tratado o trauma, ela conseguiu superar sua ojeriza e repulsa a carecas. O que ela tinha era mais uma fobia do que falta de química.

Também há casos em que um dos parceiros tem valores estéticos fúteis ligados à inexperiência. Há pessoas que sentem nojo de certas características, como pelos ou secreções sexuais, porque ainda são sexualmente infantis.

Finalmente, há casos de idealizações estéticas ingênuas. Seu parceiro pode ter se fixado em características sexuais de ídolos de cinema ou fotos de modelos em revistas que dificilmente encontrará na vida real. Esses três tópicos podem, em tese, ser trabalhados.

Mas, em geral, a falta de química não muda. Está ligada a fatores como sua biologia ou a impressões arcaicas, já arraigadas. De toda forma, vale ao menos testar as possibilidades de alterar essas sensações. É muito difícil fazê-lo sem a ajuda de um terapeuta.

Se você tiver problemas desse tipo, tente separar o que é da química de pele e o que está ligado aos outros três aspectos (habilidade, preferências e ambiente).

*Juliana confundia ojeriza à pele com ojeriza ao jeito*

Ao se queixar do beijo de André, na verdade Juliana descobriu que o problema era o modo como ele a beijava – achava o beijo demorado demais, a língua dele a invadia de modo incômodo, a ela parecia uma "limpeza dentária", o beijo era demasiado molhado, ela sentia-se cuspida. São aspectos que André poderia mudar, diferentemente das queixas de Jayme, que achava os lábios de Catarina muito finos, não gostava do cheiro dela e achava o gosto do beijo desagradável.

Um terapeuta pode ajudá-lo a localizar exatamente o que o incomoda: a pele (a textura, a pigmentação, os pelos), o cheiro do corpo, o hálito, o cheiro da genitália, o cabelo, os trejeitos, isto é, os gestos, o andar, as expressões, a entonação de voz, o modo de olhá-lo, a maneira de gozar e assim por diante. Às vezes pode ser difícil destrinchar os elementos em jogo. Alguns aspectos são muito sutis, mas se quiser trabalhar o assunto é preciso fazê-lo. Não misture o jeito de o parceiro fazer sexo (habilidades e preferências) com características fisiológicas e psicomotoras. Muitas vezes, superados entraves nas outras três dimensões, a repulsa diminui e você descobre que não tinha uma falta de química de pele, havia apenas uma dissintonia sexual.

Quando se trata de uma genuína falta na química entre vocês, não há muito o que fazer a respeito. Não se condene. Mesmo que seu parceiro seja uma pessoa adorável e perfeita em todos os outros itens da Equação, uma ojeriza ou pobreza na química sexual pode ser insuperável. Se realmente não gosta de sabores amargos, há limites para o quanto você poderá se forçar a gostar ou a ignorar o amargo. O mesmo em relação ao sexo.

Na melhor das hipóteses, você pode procurar enfatizar outras qualidades do parceiro ou pode melhorar as condições afrodisíacas (ambientes estimulantes, drogas excitantes etc.), mas isso só funcionará a curto e médio prazo. A longo prazo, só se o sexo não for importante no casamento de vocês.

Na verdade, são raros os casamentos em que desde o início houve uma verdadeira repulsa ao corpo do parceiro, que o sujeito ignorou e suprimiu, forçando-se a aceitá-lo sexualmente — como no caso de Jayme, que desenvolveu uma severa alergia no pênis às secreções vaginais de Catarina.

O habitual é que as pessoas tenham uma química "média" que se deteriora com o desgaste da relação. Nesse caso, se a química sexual entre você e seu parceiro não for ruim, considere que é muito comum que pessoas com as quais tenhamos uma experiência de química excepcional, e que sejam sexualmente muito habilidosas e sensuais, não sirvam como parceiros de vida.

Como discutido no capítulo 4, é raro encontrar alguém que, além de ser excepcionalmente sensual e sexualmente carismático, também atenda a todas as nossas outras necessidades em cada uma das dimensões da Equação do Casamento. Por isso algumas pessoas, mesmo encontrando parceiros sexuais incrivelmente estimulantes, muitas vezes optam por outros parceiros para se casar. Ainda que eles sejam menos interessantes sexualmente, podem ser mais confiáveis, melhores provedores, pais mais vocacionados, mais cultos ou mais equilibrados.

Não quero desestimulá-lo a procurar alguém que, além de ser sua alma gêmea, consiga satisfazer suas expectativas de química sexual inebriante, mas isso não é só uma questão de competência e persistência. É também uma questão de sorte — e não precisa ser o único padrão de felicidade sexual.

Para muitas pessoas, é possível estar sexualmente satisfeito sem estar com sua alma gêmea e sem uma química sexual mágica (embora uma química ruim costume inviabilizar a relação). Se a química for ao menos razoável, as pessoas podem ir se ajustando no aspecto sexual, tornando o convívio extremamente prazeroso na cama e fora dela, sobretudo se ajustarem as preferências eróticas e trabalharem na habilidade sexual e no ambiente erótico-sensual, temas dos próximos tópicos.

## II. Ajustando as preferências eróticas

### O QUE FAZER COM OS IMPASSES NAS PREFERÊNCIAS ERÓTICAS?

Muitas vezes, mesmo casais que conversam abertamente e sem constrangimento chegam a certos impasses sexuais sobre o que cada um prefere sexualmente. Alguns dos conflitos comuns são gostar ou não de manter preliminares mais longas, diferenças sobre a frequência sexual desejada, sobre a duração do ato, sobre gostar ou não de sexo anal, oral, de sexo a três ou em grupo, de aceitar ou não fazer sexo fora de hora ou em lugares ousados. Também fazer ou não sexo em casa, ter sexo mais bruto ou mais carinhoso são temas comuns.

Sobretudo para os homens, as frustrações nas preferências sexuais costumam minar ao longo do tempo toda a relação matrimonial. Mulheres, embora decepcionadas, geralmente têm mais tolerância nesse quesito, e menos para frustrações com o ambiente erótico e com a falta de habilidade sexual do parceiro. Se você for mulher, não subestime a importância de ajustar essa dimensão com seu parceiro!

Diferente da química, das habilidades e do ambiente, no âmbito das preferências há algum espaço para negociação. E como em qualquer negociação, também no sexo é importante entender a magnitude da *resistência* (o quanto um parceiro não quer) e da *necessidade* (o quanto o outro quer).

Abordarei a seguir os limites dos pedidos e das resistências sexuais. Comecemos pelos pedidos.

*Os pedidos sexuais*

No campo dos pedidos, considere três graus de intensidade:

1. Uma *preferência* sexual — por exemplo, vontade de fazer sexo no mar;
2. Uma *necessidade* sexual — sempre precisar de preliminares mais longas;
3. Uma *obsessão* sexual, ou *fetiche* — por exemplo, o caso de Alfredo: ficar profundamente infeliz e às vezes brochar se não puder se travestir de mulher durante o ato sexual.

Chamo aqui de "*preferência* sexual" algo que enriquece sua vida sexual, mas que, se for insuportável para seu parceiro, você pode abrir mão. Em geral, é algo ocasional, variado e lúdico.

Utilizo o termo "*necessidade* sexual" para descrever uma vontade cujo não atendimento tornaria sua vida sexual tão esvaziada que, sem ela, há uma redução significativa de seu prazer e interesse (mas não a ponto de inviabilizar a relação). As necessidades sexuais masculinas mais comuns se referem a práticas e modalidades de sexo; as femininas, em geral se referem ao estilo, ritmo e atmosfera erótica. Por exemplo: Pedro gostaria de fazer — com frequência — sexo a três e, na ausência disso, pensa muito no tema e sente uma grande falta. Ainda assim, diferente de outros pacientes que já tive, consegue ter prazer com Silvana, mesmo sem terceiros na cama, e aceita viver sem essa dimensão.

Já a "*obsessão* sexual" refere-se a de uma condição essencial para o funcionamento sexual. Dependendo da intensidade e estranheza que cause, pode ser percebida como problemática e inviabilizar a vida do casal. Mulheres não costumam ter fetiches ou *obsessões* sexuais, mas têm *preferências* e *necessidades* sexuais que podem variar conforme o parceiro e a fase. *Obsessões* sexuais são mais frequentes em homens. O que para a mulher pode ser uma fantasia excitante com um parceiro, pode não ser com outro. Muitos homens têm fetiches, não apenas fantasias eróticas. Fetiches são comportamentos estereotipados, repetitivos e condição para o gozo. Se, nesse sentido, você é fetichista, é possível que a atividade ou o objeto sexual passe a ser mais importante que o parceiro. Até certo ponto, pouco lhe importa quem é o parceiro; o importante é que ele tope realizar o fetiche.

Nem sempre essas fronteiras são tão nítidas, mas servem de baliza para entrar em conexão com o parceiro e consigo mesmo.

Se o que você sente é mais do que uma *preferência*, é uma *necessidade* sexual, vale a pena abordar esse tema com o parceiro. Se ele tiver total clareza da importância que isso tem para você, talvez se disponha a acolher sua demanda. Mas é comum que, mesmo que você chegue a falar claramente tudo, o parceiro do sexo oposto simplesmente não consiga perceber quão importante seria atendê-lo. Como Ricardo, que não percebia a importância que Penélope dava às preliminares — para ele, "meras implicâncias".

Se você tiver mais que uma *necessidade*, tiver uma *obsessão* sexual e ela não for aceita, terá escolhas difíceis pela frente: viver muito abaixo de seu potencial de prazer ou separar-se (a não ser que seja uma opção viver o fetiche fora do casamento, de modo consentido ou não). Fetiches dificilmente mudam ou são "tratáveis". Na melhor das hipóteses, o sujeito aprende a suportar não vivenciá-los.

Seja uma *preferência* sexual, uma *necessidade* ou uma *obsessão*, nem sempre o parceiro tem coragem ou desinibição de lhe revelar seus desejos, ou às vezes o menciona marginalmente, não expressando com clareza a importância que isso tem para ele. Talvez você tenda a ignorar ou não valorizar as discretas insinuações do parceiro. Às vezes, mesmo que tais pedidos sejam mais insistentes ou repetitivos, podem lhe parecer ser só caprichos que não precisam ser acolhidos. Não despreze eventuais *preferências* sexuais e eróticas, sobretudo *necessidades* do parceiro. Isso rebaixa de modo relevante a qualidade do prazer e o interesse, vai tornando o casamento chocho e abre espaço para experiências extraconjugais (que, de qualquer modo, são uma tentação para a maioria das pessoas).

Quanto às *obsessões* sexuais, muitas vezes é difícil lidar com elas. Talvez vocês tenham sorte e os fetiches de seu parceiro coincidam com suas *preferências*. Ou você pode não apreciar o fetiche, mas aceitar praticá-lo porque se sente compensado em outros aspectos da sexualidade e do casamento. Mas fetiches tendem a ser mais problemáticos porque não são tão ocasionais, e talvez sejam muito repetitivos, rígidos ou chocantes. Uma vez que tenha clareza sobre o grau de relevância dos pedidos sexuais do parceiro (e dos seus próprios), é importante saber lidar com eventuais resistências.

### *A resistência aos pedidos sexuais*

Se você reage de modo alérgico, intolerante e nem sequer aceita ouvir a demanda do parceiro, tente entender o que se passa com você. Talvez estejam em jogo:

1. *Inibições sexuais* — por exemplo, envergonhar-se e não deixar que o outro faça sexo oral;

2. *Tabus* — como, por exemplo, não fazer sexo a três por achar moralmente errado;
3. *Repulsa fisiológica* — algum tipo de nojo sensorial;
4. *Egoísmo* ou *Alienação* — você não percebe a importância que o outro confere à lingerie sensual ou a preliminares mais longas porque não são sua preferência.

Também nesse caso as fronteiras entre as intensidades não são tão nítidas.

Como já foi dito, homens têm mais dificuldade de abdicar de suas *necessidades* sexuais do que mulheres. Por isso, é comum que ela imagine que, se está abrindo mão de certas *necessidades* ou *preferências*, o marido também pode perfeitamente fazê-lo. Às vezes, ela acha que ele deve abdicar dos desejos dele em nome de não forçar a barra e ferir a etiqueta, ou simplesmente por respeito. Ela pode se indignar com a incompreensível insistência dele. Na verdade, muitas mulheres interpretam todas as fantasias masculinas como meras *preferências* sexuais e se irritam se eles insistem demais no tema.

Mais tarde, muitas dessas mulheres se mostram surpresas e chocadas por nunca terem se dado conta da frustração e do grau de importância que seus maridos conferiam a certas atividades sexuais. O mesmo acontece com os homens, que se sentiam incomodados com os comentários e as insistências femininas sobre o ambiente, o ritmo e a importância em sair da rotina doméstica, e, mais tarde, se espantam com a real relevância e intensidade dos pedidos de sua esposa. Não se davam conta de que eram *necessidades* sexuais femininas.

Se perceber que está diante de uma *preferência* e sobretudo de uma *necessidade* ou *obsessão* sexual do parceiro, verifique até que ponto você quer e consegue superar suas resistências.

1. Explorando os limites de suas *inibições* sexuais
Se seu parceiro sugerir algo diferente e você sentir vergonha ou que é "demais" para você, talvez esteja diante de uma *inibição*.

Ficar nu, adotar certas posições sexuais, tocar e ser tocado em certas partes do corpo, ultrapassar certo nível de intimidade, ser objeto de um olhar que o desnuda ou ser intensamente desejado pode inibi-lo. Há mulheres que não toleram que o marido faça sexo oral, por medo de que ele não goste do cheiro da vagina, ou sentem-se invadidas e desnudadas na intimidade, ou ficam aflitas pela intensidade do contato da boca e língua dele na genitália dela. Há homens que não toleram uma mulher com muita volúpia e iniciativa, entram em ansiedade de desempenho, chegando a ficar impotentes.

Se for de seu interesse explorar seus limites, um modo de tentar superar as suas *inibições* é ir aos poucos, tentar se acostumar por aproximação paulatina. Há diversos manuais e livros de autoajuda sobre esse tema. Se não puder discutir isso abertamente com seu parceiro, busque ajuda terapêutica. Existem *inibições* superficiais mais fáceis de superar, há diversas técnicas eficazes em psicoterapia, que trabalham com os princípios da aproximação gradual e da eliminação da ansiedade por desempenho.

Eliminar a obrigação de desempenho é importante, pois ela o livra de ter de cumprir uma meta sexual que o deixa tenso: não obrigar-se a ter uma ereção, não ter de penetrar, não ter de chegar a um orgasmo, não precisar ficar com a vagina umedecida. As metas de desempenho são substituídas pela atividade lúdica de explorar e conhecer melhor o corpo e as reações.

Mas há *inibições* mais complexas, que se enraízam em experiências psicológicas mais profundas — traumas, repressões. Por exemplo, se você não aguenta ser olhado com desejo e precisa fazer sexo no escuro, quem sabe tenha questões sérias de autoestima, uma história traumática na infância ou adolescência, ou tenha tido uma mãe cheia de tabus. Às vezes a superação de *inibições* não dispensa um trabalho terapêutico mais profundo. Mas mesmo *inibições* enraizadas em experiências traumáticas muitas vezes são superáveis.

*Fantasmas do passado*

No caso de Juliana, algumas de suas *inibições* estavam enraizadas em experiências negativas com o olhar que seu padrasto lhe lançava quando era pequena e com uma primeira experiência negativa de sexo oral com o namorado de escola. Também havia questões quanto à aceitação da própria feminilidade. Apesar de conseguir se soltar em diversos aspectos sexuais, nem todas as *inibições* puderam ser superadas, como sua aflição com sexo oral. Essa questão também se ligava à sensação de desconforto com excesso de intimidade, aflição com questões de higiene, traumas infantis com manuseio de sua genitália e aparentemente a uma hipersensibilidade do clitóris. Mas além dos entraves psicológicos existe também o gosto de cada um, e talvez Juliana simplesmente não gostasse desse tipo de carícia.

2. Testando os limites de seus *tabus* e *preconceitos*

Há diversas *inibições* que se mesclam a *tabus*. Se seu parceiro gostar muito de fazer sexo a três e você sentir vergonha, é uma reação de *inibição*. Talvez você sinta também indignação moral, e nesse caso trata-se de *preconceitos* ou *tabus* que foram ativados — os desejos do parceiro, por exemplo, evocam fantasmas de uma homossexualidade que você condena ou teme.

O termo *tabu*, na acepção que estou usando aqui, refere-se ao "certo e errado" para você. Mas, desde os anos 1960, nosso discurso cultural vigente tem sido de que tudo que seja consensual e não afete a integridade física e a saúde deveria ser permitido! Nesse sentido, no casamento paritário atual você poderia sentir-se *inibido*, mas não precisaria ficar moralmente indignado. Como Letícia, que ao lidar com as *obsessões* sexuais de Alfredo, foi percebendo que nas relações atuais nada é proibido, tudo pode ser negociado e eventualmente aceito. Claro que mesmo que não tenha nem *inibições* nem *tabus*, você pode simplesmente não gostar de determinadas fantasias, mas deixemos a questão do gosto para mais adiante. Falemos ainda um pouco de *tabus* e *preconceitos*.

*Bons costumes*
Letícia precisou rever suas *inibições* e *tabus* ao se confrontar com o fato de que Alfredo precisava praticar sexo travestido de mulher e queria ser penetrado por ela utilizando um consolo. Isso não era do gosto de Letícia, não lhe dava prazer nem era uma fantasia que a excitava, mas não havia por que ficar moralmente indignada e condenar eticamente o marido. Ao parar de condená-lo por isso e se debruçar sobre suas próprias *inibições*, *nojos* fisiológicos e sobre o quanto estava (ou não) sendo egoísta, ela pôde adquirir segurança a respeito de até onde podia ir e sobre o que simplesmente não lhe dava prazer. No final, concluiu que podia fazê-lo ocasionalmente. Mas ao longo da terapia de casal ficou claro para ela que essa fantasia tão vital para Alfredo se ligava a uma moderada transexualidade do marido. Durante um tempo isso a deixou insegura sobre ser desejada ou ser uma mera figurante no cenário sexual que ele fantasiava.

Talvez você precise rever profundamente seus valores. Diversos casais conseguem avançar na sintonia sexual quando se despem de seus preconceitos moralistas. Experimentando a partir de exercícios mentais de visualização, assistindo a filmes ou conversando abertamente com pessoas que adotam tais práticas sexuais, você talvez se abra para considerar mais seriamente as demandas de seu parceiro. Alguns dos seus valores talvez sejam imutáveis, outros às vezes mudem surpreendentemente. Algumas pessoas bebem ou se drogam para se soltar e passar por novas experiências, mas se você se abrir para o novo, poderá experimentar avançar além dos seus horizontes sexuais habituais sem ter de se dopar.

3. Testando os limites da *repulsa fisiológica* e do nojo sensorial
Mas, além de ser um *tabu*, talvez a demanda de seu parceiro provoque uma *repulsa fisiológica*. Digamos que você seja mulher e além do nojo moral de praticar sexo oral no marido, sinta um nojo fisiológico do cheiro do sêmen ou nojo fisiológico de fazer sexo anal e lidar com as misturas de cheiros e secreções.

Se você for homem, talvez tenha nojo do suor ou dos pelos púbicos da esposa.

O nojo é em parte genético, em parte aprendido. Na infância e adolescência, vinculamos certos cheiros, texturas, sensações táteis e aparências a algo agradável ou desagradável, e isso tende a ser impresso de modo bastante intenso em nossa memória sensorial, estética e afetiva. Existe plasticidade nessas memórias, mas não é fácil mudá-las. É possível que de fato determinada atividade sexual ou situação erótica lhe cause uma genuína *repulsa fisiológica*.

Em geral, *repulsas fisiológicas* só podem ser mudadas com ajuda profissional e, ainda assim, pode não funcionar. Uma vez tendo a *repulsa fisiológica*, a sua tendência será não de buscar ajuda para superá-la, mas de persuadir o parceiro a abdicar do desejo dele! Isso nos leva à questão de seu eventual egoísmo e até onde você deveria, em nome da parceria e cumplicidade, se forçar a tentar vencer suas resistências a atender a demandas que sejam realmente importantes para o parceiro.

4. Flexibilizando seu *egoísmo* ou *alienação* (uma questão de ética sexual)

Você não é obrigado a se aviltar e a fazer o que não quer ou não pode, mas isso é diferente de ser *egoísta* ou leviano. *Inibições* talvez possam ser superadas; o mesmo vale para *tabus*. *Repulsas fisiológicas*, mais raramente. Mas a recusa em se esforçar para tentar algo diferente pode se dever ao fato de você não ter percebido a importância que isso tem para seu parceiro. Você pode estar alienado, achando ingenuamente que se trata de mera *preferência* onde talvez haja *necessidades* ou *obsessões* sexuais.

*Nem pedindo por favor*

Penélope precisa de preliminares mais prolongadas, mas, apesar de pedir sempre para Ricardo, ele não a atende. Assim como, por preguiça, Penélope não masturba Ricardo como ele solicita. Ignoram mutuamente as *preferências* e *necessidades* sexuais um do outro, empobrecendo o potencial erótico. Embora isso seja mais um tema para as eternas brigas entre eles, os dois têm uma vida sexual satisfatória porque sentem boa química e forte desejo, além de boa habilidade sexual e facilidade de se sintonizarem.

Se seu desejo sexual for apenas um capricho, mas provocar em seu parceiro profundo incômodo, é fácil perceber quem deveria ceder. Mais difícil é decidir o que fazer quando há empate entre o profundo desejo de um (ou seja, uma *necessidade* ou uma *obsessão* sexual) e a resistência intensa do outro.

Alguns casais só se motivam a superar as resistências e a tocar nesses temas a partir de uma situação de dificuldades sexuais que ameaça o próprio casamento. Às vezes, pode ser tarde demais. Por isso o ideal é manter desde o início uma ética sexual e um canal aberto e amoroso sobre pedidos e resistências.

## III. Melhorando sua habilidade sexual

No capítulo 4, discutimos que a maioria dos homens até os quarenta anos depende menos da habilidade sexual feminina para se satisfazer. Para eles, as preferências erótico-sexuais e a excitação da parceira podem ser mais importantes. Já para as mulheres, desde sempre a habilidade sexual masculina costuma ser importante para a satisfação sexual.

Ambos os gêneros se beneficiam de parceiros com habilidade sexual. Portanto, certa educação sexual de gênero pode ser necessária. As questões "técnicas" ligadas a inabilidades e desajustes de ritmos são relativamente simples de aprender. Experiência com os modos de manobrar (velocidade, intensidade, profundidade, pressão, ângulos etc.) estão ao alcance das pessoas que desejam progredir nesse quesito.

Sobre as diferenças sexuais de gênero, pode valer a pena buscar apoio em livros ou em especialistas em sexualidade. Há também o recurso de buscar conhecimento sobre como realizar certas manobras sexuais e como agradar o sexo oposto em cursos, sites ou com terapeutas sexuais que podem ajudá-lo a encontrar alguns atalhos. Mas seu parceiro pode não corresponder aos estereótipos de homem e de mulher, por isso é preciso aprender a observar e a experimentar.

Em certos casos, paradoxalmente, experiências extraconjugais podem incrementar a qualidade da vida sexual, pois o parceiro "infiel" às vezes se desinibe, aprende muito com o amante e, ao retomar a relação, traz novos estilos e modos de lidar com sexo. Em nossa cultura, essa certamente não é uma maneira recomendável de incrementar sua vida sexual. De forma geral, é melhor não enveredar por esse caminho. Se perceber que não estão conseguindo se entender pela comunicação não verbal, e se aprender mais sobre técnicas sexuais não estiver funcionando, provavelmente será melhor se preparar para conversarem sobre a vida sexual de vocês.

### IV. Trabalhando na construção de um ambiente erótico-sensual

Já sabemos que tudo no projeto de casamento conspira contra o erotismo: hábito, rotina, previsibilidade, filhos, envelhecimento, conflitos, frustrações, monogamia e ambiente doméstico.

Mulheres se queixam de homens monótonos, pouco criativos, pouco românticos, afeitos à rotina e que só se empenham romanticamente na iminência de levá-las para cama. Homens se queixam de mulheres que são pouco sexy, que se comportam como matronas cobradoras, obsessivamente concentradas na manutenção doméstica, que não sabem se divertir.

Nem todas as pessoas são sensuais por natureza; algumas são menos vitalizadas, mais acomodadas, menos criativas, gostam da rotina caseira. A outras falta autoestima, autoconfiança ou têm pouco desejo e necessidade de sexo. Muitas estão cansadas ou estressadas.

Se você e seu parceiro não estiverem desgastados por conflitos matrimoniais relevantes (dentro ou fora da esfera sexual) e se não estiverem enfrentando problemas externos graves, você pode conseguir bons avanços no ambiente erótico-sensual. Claro que há limites na sensualidade de cada um, e muitas vezes o desgaste do cotidiano não pode ser removido. Ainda assim, como sugiro a seguir, simples iniciativas e mudanças de hábito podem ajudar. Mas, antes disso, algumas palavras sobre conflitos matrimoniais e sobrecarga de trabalho.

**Ressentimentos e conflitos**

Algumas pessoas têm dificuldade de se empenhar sexualmente por estarem ainda ressentidas com antigas mágoas. Se você de fato quer incrementar o relacionamento, reveja seu lado emburrado, ressentido e justiceiro. O capítulo 8, sobre como explorar e desativar botões vermelhos, pode lhe ser útil. Também o capítulo 13, sobre o resgate do casamento. Para trabalhar na melhora do ambiente erótico, é preciso que você esteja genuinamente disposto a investir na relação.

**Sobrecargas de obrigações**

Às vezes, em determinado momento, é impossível se dedicar a cultivar o romance e o prazer. Homens tendem a alegar a sobrecarga de tarefas e estresse do trabalho; mulheres incluem nessa lista também as zeladorias domésticas e os filhos. Tente, por dois ou três meses, avaliar realisticamente se isso é mesmo provisório ou se é uma situação mais prolongada.

Se for algo que irá demorar, considere que mais de quatro meses, em geral, é um período excessivamente longo para o sistema nervoso lidar com o estresse. Portanto, sobrecargas assim não deveriam ser tratadas como se fossem algo "só por mais um tempinho".

Talvez você tenha estruturado sua vida em função de projetos de longo prazo, que lhe exigem um fôlego intenso que só se suporta por um curto prazo. E talvez seu parceiro não aguente.

Talvez você precise recalibrar o ritmo, pois se a atmosfera sensual de seu casamento estiver destroçada e a vida de casal tiver se transformado em uma maratona forçada, na qual tudo se submete ao *tour de force* profissional ou a cuidar de filhos, é possível que seu parceiro não resista e comece a se distanciar de você. Muitos casamentos acabam por essa via.

Na iminência de perder o parceiro, mesmo os mais viciados em trabalho (em geral homens) podem começar a enxergar o descaso com que estavam tratando a relação.

### POR ONDE COMEÇAR?

Se você por anos ficou sem cultivar a dimensão erótica, talvez se sinta inibido para iniciar a mudança. Tem medo que seu parceiro estranhe, o ache bobo ou desajeitado. Você teme ser rejeitado e se decepcionar com as respostas desanimadoras dele.

No caso de Rogério, cuja esposa Marcela se queixava da mesmice e da indiferença do marido, havia uma dificuldade em começar a mudar as coisas. Sobretudo porque ele era tímido e tinha pouco traquejo social. Mas a não ser que você faça algo bizarro, exagerado, vai descobrir que pequenas melhorias e ousadias no grau de atenção e investimento no ambiente erótico tendem a agradar. E ainda que seu parceiro se espante com essas mudanças ou zombe um pouco delas, nada impede que você lhe explique que, mesmo que ele ache estranho, você agiu assim simplesmente porque sentiu vontade de fazer algo diferente.

*Trocar o pijamão pela sunga?*

Durante dez anos, Rogério e Marcela falaram de problemas domésticos e viviam entre irritados e ocupados, mal se lembrando de que eram também homem e mulher. Ele não se cuidava fisicamente, não se arrumava para ela e não cultivava nenhuma dimensão sensual. Ela, aos poucos, foi se transformando numa "Rogéria", sem empenho algum em cultivar o prazer a dois. Até mesmo quando queria sexo,

Rogério era incapaz de criar um clima. Deitado na cama, roçava desajeitadamente com o dedão do pé a nádega da esposa.

Ao se dar conta de que Marcela não suportava mais essa tumba matrimonial e que cabia sobretudo a ele mudar, Rogério não fazia ideia de como começar. Poderia ser realmente estranho ele passar a recebê-la no quarto de sunga sensual e levá-la nos braços à banheira cheia de espuma. Antes de tudo, ele se achava gordo e peludo demais para usar roupas mais sensuais. Também achava que seria esquisito enviar mensagens de texto eróticos durante o dia, ou elogiá-la e agradá-la de forma mais galante, trazendo-lhe uma lembrancinha. Também convidá-la semanalmente para um jantar em um restaurante romântico seria excêntrico (e caro).

Ele decidiu então que poderia, uma vez por semana, comprar queijos e um bom vinho para apreciarem em casa, e sugerir que jantassem com a mesa bem-posta. Empenhou-se em mudar o padrão de conversa habitual e contar de modo mais interessante algo pitoresco que ocorrera no seu dia, perguntar sobre o dela e evitar falar de cortes de despesas domésticas. Também conseguiu comprar um pijama mais elegante e, em vez de sinalizar que queria sexo roçando o dedão nas nádegas, passou a beijá-la no pescoço. No dia a dia, passou a se comunicar mais com ela, compartilhando algo que leu ou dizendo que se lembrou dela ao ver ou ouvir tal coisa. Passou também a elogiar mais os aspectos femininos dela e tentou ser mais cavalheiro. Não se transformou num fulgurante amante latino, mas sua esposa notou a diferença, e a vida sexual do casal se reacendeu.

No início, Marcela zombava dele, alegava que ele estava cumprindo ordens do terapeuta. Ele aprendeu logo a não se constranger com isso e a seguir em frente. Ela estava claramente apreciando e aceitando as mudanças. Durante alguns anos a vida sexual foi retomada e mais tarde, quando se separaram, essas aquisições de conexão sensual serviram a Rogério para novos relacionamentos.

Se na sua Equação do Casamento o ambiente erótico-sensual for pobre, mas os outros fatores estiverem razoavelmente satisfatórios, há ao menos algumas coisas que você pode introduzir no seu dia a dia para beneficiar a atmosfera geral.

Há cônjuges que, em diferentes momentos, praticam gestos que adoçam o convívio: pequenas "provocações eróticas" (elogios eróticos, manifestações de atração, toques), manifestações de desejo e algumas surpresas, como surpreender o outro com pequenas lembrancinhas, flores, doces, sugestões de programas inesperados.

O mesmo pode ocorrer com a agenda semanal. Alguns incluem uma "noite do casal", na qual farão algo de que gostem, como ir ao cinema, jantar, frequentar o teatro ou fazer sexo. Esse momento da semana fica como um espaço sagrado em que celulares, filhos, familiares, trabalho, amigos etc. não terão espaço — a não ser que filhos ou amigos sejam o programa que o casal queira genuinamente fazer. Outros criam no mês um espaço tal como um fim de semana só do casal. No semestre ou no ano, pode-se também abrir um espaço de semanas para ficar junto fazendo coisas de que gostam e tendo o prazer do convívio de um com o outro.

Para que essas atividades não sejam protocolares, é preciso que cada um mostre estar interessado, que haja alguma intensidade nessas demonstrações, que está conectado com o parceiro. Pouco ajudará ter esses momentos especiais e, em seguida, voltar à rotina massacrante. Você anulará todo o efeito dessas ocasiões mensais e semestrais se não mantiver o compromisso. Portanto, trata-se de mudar profundamente de atitude. De entender que cultivar a relação é dedicar-se a ela. E que isso custa empenho, tempo, dinheiro, boa vontade, paciência — e que pode ser muito gratificante. Relações de grande amizade, atração pelo charme, gratidão, sintonia, são benesses na vida, mas não acontecem de graça ou por magia.

Se tiver pouco tempo para tanto investimento no ambiente sensual e tiver de optar, prefira os pequenos momentos diários e semanais aos grandes gestos mensais e semestrais. É ótimo viajar a dois, reeditar uma lua de mel, mas é o cotidiano que sustenta a vida real. De pouco adianta vez por outra ter grandes gestos românticos de "reconexão" para posteriormente voltar à mesmice do cotidiano.

Mas não há receitas prontas. Há muitos modos de entrar em conexão com o outro, de mostrar interesse e entrar em sintonia. Se você se empenhar, encontrará seu estilo.

## Uma palavra final

Como foi discutido ao longo de todo o livro, no casamento atual temos elevadas ambições de fruição e prazer. Em parte é preciso diminuí-las, "cair na real" e cobrar menos do parceiro, da vida e de si mesmo. Mas essas ambições de fruição fazem parte de nossa mentalidade atual. Por isso, neste e no capítulo anterior, sugeri modos de tentar atender às expectativas mais diretamente ligadas à vibração de estar junto com seu parceiro. Espero que tenha ficado claro que — moderadamente — podemos incrementar esses aspectos, desde que não se transforme num ônus de "ser feliz e gozar" a todo custo.

# 17
# Lidar com um caso extraconjugal

Vamos abordar neste capítulo a infidelidade da perspectiva de quem foi traído, mas também da de quem traiu.*

Apesar do profundo abalo que a revelação de um caso extraconjugal provoca em relações monogâmicas, os casais com uma boa Equação do Casamento costumam sobreviver e aprofundar a relação depois de um episódio assim. E mesmo casais que também não viviam bem podem, a partir do "chacoalhão" da traição, rever a si mesmos e a relação, e construir algo novo. Mas longe de mim apregoar a traição como terapia de casamento!

Traições amorosas são quase sempre muito dolorosas, e raros são os casais dispostos a relações "abertas". A prática mostra que, mesmo no atual casamento monogâmico exclusivista, a traição não significa necessariamente que você terá de se separar. Dos cinco casais-tema deste capítulo, todos tiveram dúvidas sobre como lidar com a infidelidade.

---

* As palavras "infidelidade" e "trair" estão sendo utilizadas apesar de seu cunho moralista por serem termos usuais para tratar de casos extraconjugais. (N. A.)

## Se você foi traído

Do ponto de vista de quem foi traído, há três aspectos importantes a se contemplar:

1. Entender o contexto em que aconteceu o caso extraconjugal;
2. Rever seus sentimentos e sua ética;
3. Avaliar a possibilidade de retomar a relação.

Esteja em terapia ou por sua conta, em vez de tomar atitudes intempestivas das quais você talvez se arrependa, tente primeiro entender o que houve, desvendar o contexto em que ocorreu o caso extraconjugal. Em seguida, é importante compreender o que se passa com você. Examinar com mais profundidade quais vertentes na malha de sentimentos e pensamentos contraditórios têm mais força: o desejo de superar e resgatar; o de se vingar e punir; ou o de se separar? Ou será que você se sente paralisado? É importante que reveja seriamente suas concepções sobre o casamento e seus valores éticos. Se vocês pensarem em continuar juntos, um terceiro passo será verificar até que ponto é possível retomar o casamento. Para isso pode ser útil conhecer um pouco sobre o modo pelo qual muitos dos casais resgataram suas relações depois de uma infidelidade.

O roteiro a seguir pode ajudá-lo a lidar com essa situação.

### I. QUAL O CONTEXTO DO CASO EXTRACONJUGAL?

*A história que não "fecha"*

Thais e Armando formam um dos dois casais "perfeitos" deste livro. Quando Thais descobriu que Armando, havia dois anos, frequentava prostíbulos, emagreceu sete quilos, chorava noites seguidas e tornou-se insegura. Ele se desespera ao ver a esposa que ama tanto sofrer assim. Mas não consegue lhe dar algo fundamental, uma boa explicação. Inicialmente, alegou que havia tempos andava frustrado com algumas atitudes dela e que, embora a amasse, teria se sentido às vezes pressionado e por isso buscou apoio emocional nas garotas de programa. Mas ela não havia jamais detectado sinal de crise entre os dois; ele sempre era carinhoso e ela se esmerava em cultivar o melhor da relação (no cotidiano e na cama)! Se para ela tudo parecia bem e, na verdade, não estava, como poderia se sentir segura dali em diante? Além disso, a explicação dele a culpava. Armando criou essa história para escapar do constrangimento de explicar algo que ele imaginava ser inexplicável a uma mulher: que idas aos prostíbulos nada significavam, era apenas um modo de relaxar do estresse do dia a dia, que desde a adolescência ele frequentava tais locais com amigos e mais tarde por hábito. Durante o namoro e o noivado (e durante os dezenove anos de casamento), Armando teve relações com prostitutas. Alegar "problemas de relacionamento" a ele parecia moralmente mais aceitável e, depois de se aferrar a essa versão, ele mesmo passou a acreditar nela. No final, numa sessão individual, Armando aceitou desmontar a história das frustrações, que apenas a deixava confusa e a culpava. Abriu-se então a uma discussão franca com ela sobre o "background" machista em que ele crescera e sobre verdadeira extensão de seus hábitos farristas. Apesar da fúria inicial de Thais, a recorrente infidelidade de Armando se tornou coerente com o que ela de fato sentia sobre quão boa era a qualidade da relação deles. Entendendo o que se passou e ambos desejando prosseguir juntos, puderam fazer um novo pacto de casamento que será discutido adiante.

Ser infiel não é visto hoje como um desvio de caráter, tampouco é algo incomum. Isso não significa que seja uma coisa boa ou que você tenha de aceitar, mas conhecer alguns padrões típicos de infidelidade deve ajudá-lo a entender o que se passou entre você e seu parceiro.

Das possibilidades a seguir, só a primeira está ligada a problemas de relacionamento.

1. Seu parceiro poderia estar infeliz porque havia dificuldades

importantes em uma ou mais das cinco primeiras dimensões da Equação do Casamento. Talvez isso tenha acontecido desde sempre ou as coisas se deterioraram ao longo do tempo, o que pode ter levado a conflitos ou a um esvaziamento com os quais vocês dois não souberam lidar.

Ele pode ter buscado outra pessoa como um respiradouro temporário para compensar a falta de entendimento que havia entre vocês, ou como trampolim para ter força de sair do casamento ou, inconscientemente, para dar um "chacoalhão" na relação. Enfim, dependendo dos problemas entre vocês e da personalidade de seu parceiro, ter um caso extraconjugal pode ter sido um modo de reagir às dificuldades do casamento.

Porque seu parceiro teve um caso não significa que o casamento estivesse mal ou fosse insatisfatório. Há outros aspectos que podem ser importantes, não diretamente ligados a uma crise de casamento ou ao esvaziamento da relação. Nem sempre um caso é sintoma de que algo vai mal.

2. Pode ser que seu parceiro tenha começado um flerte por um misto de curiosidade e autoafirmação, sem se dar conta da dimensão que viria a adquirir. Há flertes recreativos que permitem a homens ou mulheres exercitarem uma dimensão que mesmo os melhores casamentos apagam: a conquista, a sedução. Muitos dos flertes recreativos ficam restritos à esfera de jogo, não vão além. Mas alguns evoluem.

3. Há casos que se iniciam mais pelas circunstâncias do que por um interesse amoroso imediato. Ocorrem entre pessoas que convivem intensamente e têm interesses em comum, por exemplo no trabalho, na prática de um hobby ou de esportes. Aos poucos e a partir do convívio e do compartilhamento de interesses e afinidades intensos, uma eventual simpatia anterior se transforma em desejo sexual e talvez em amor.

4. Há pessoas cujas características psicológicas não favorecem a monogamia. Por exemplo, pessoas de temperamento inquieto, que têm dificuldade em lidar com situações estáveis e previsíveis, muitas vezes se sentem sufocadas na moldura de um casamento. Existem também aquelas com compulsão a seduzir ou a fazer sexo. E há as capazes de amar diversas pessoas ao mesmo tempo. Por mais que amem, esses parceiros podem necessitar ter experiências extraconjugais.

5. Também há pessoas que tiveram poucas aventuras amorosas antes de se casar, ou acham que não vivenciaram o suficiente e anseiam por vivenciar mais. Mesmo amando muito o parceiro, precisam de uma temporada para experimentar essas vivências. Na meia-idade, sobretudo os homens acham que essa será sua última fase para experimentar algo intenso nunca vivido, ou algo que anseiam por reeditar.

6. Há ainda as situações em que, conscientemente ou não, o sujeito busca uma relação extraconjugal por necessidade de conferir como anda seu casamento. Ele avalia a sua escolha fazendo comparações. São os casos que, se não forem descobertos, tendem a se esgotar por si, servindo para oxigenar e reforçar a união.

7. Há casos fulgurantes, em que ocorre uma paixão à primeira vista, um encontro explosivo com uma "alma gêmea" ou com "um corpo que se encaixa", algo que logo de início se mostra poderoso, que atropela os anos de compromissos, cumplicidade e magia que havia no casamento. Talvez você tivesse uma boa relação com o seu parceiro, mas num caso assim ele se vê capturado, quase que abduzido por uma experiência eletrizante que o desestabiliza.

8. Existe a infidelidade como valor da subcultura masculina, que ocorre em países como o Brasil e outros com uma herança machista latina (há versões análogas em sociedades

asiáticas e africanas). De um lado, haveria o casamento com a esposa imaculada (e muito amada) e de outro, a farra com amantes ou prostitutas. É um modus vivendi farrista e alegre do macho latino, que muitas vezes era praticado pela turma de amigos desde o namoro ou noivado, mas que nada tem a ver com o desgaste da relação. Nessa versão, apenas a traição feminina seria proibida, pois a mulher que trai é "devassa" ou se envolverá emocionalmente.

9. Em alguns casos, a experiência extraconjugal se refere a uma reorientação sexual do sujeito. Sobretudo homens, mas também mulheres, podem ter vivido longos períodos fermentando e reprimindo tendências homossexuais ou transexuais. Mesmo amando seus parceiros, podem necessitar de experiências ocasionais para se manter emocionalmente equilibrados, ou como trampolim para assumir uma nova sexualidade.

Há, enfim, inúmeras configurações ligadas a aspectos individuais, além da clássica ideia de que só existem casos extraconjugais quando a dinâmica do casamento se deteriora.

Apesar dos mitos sobre o comportamento intrinsecamente infiel dos homens, as pesquisas indicam que ambos os sexos traem mais ou menos na mesma proporção, com uma ligeira maioria masculina — exceto nos países em que se cultua a infidelidade masculina ou onde se reprimem os direitos da mulher. E as motivações para um caso extraconjugal valem para os dois gêneros.

## 2. REVER SEUS SENTIMENTOS E SUA ÉTICA

Seja qual for o contexto em que seu parceiro foi infiel, ficar atolado em recriminações moralistas não vai ajudá-lo a se separar nem a resgatar a relação. Por isso, antes de examinar seus sentimentos, pode valer a pena rever seus critérios éticos.

*Bom caráter também trai*

Já vimos que Juliana e André tinham personalidades incompatíveis em diversos aspectos e tinham uma vida sexual frustrante para ambos. Quando Juliana soube que André teve um caso, se desestruturou. Em sessão, manifestava sua indignação moral. Sempre acreditara que é imoral "mentir e trair" e que "nada justifica uma infidelidade". Seguia o discurso "politicamente correto": André primeiro devia ter enfrentado com transparência os problemas matrimoniais e, se quisesse ter um caso, que a avisasse – ela teria o direito de saber e optar por se separar ou tentar resgatar a relação, mas jamais ser enganada em sua boa-fé.

André, que havia começado o caso buscando um respiradouro para uma relação deteriorada e tinha sido seduzido por alguém que parecia admirá-lo, em pouco tempo viu-se enredado num inferno. Não sabia mentir e tinha dificuldade em enganar a esposa. Pressionado pela amante a se posicionar, passou a mentir também para ela. Vivia fustigado pelo receio de perder Juliana e a família, mas também temeroso de perder a amante, com medo de ser objeto de um escândalo social. Ao ser descoberto, André entrou em desespero e passou a lutar para resgatar o casamento.

Apesar de ter mentido e dissimulado, Juliana sabia que André tinha boa índole. Mesmo sentindo fúria e decepção, entendeu que ele passou por impasses afetivos difíceis e também por dilemas éticos. E que, embora a tivesse enganado, jamais foi leviano ou cruel nas intenções. Isso não aliviou o drama de Juliana, mas deslocou o foco das recriminações moralistas para outros temas mais fundamentais na relação.

*Egoísmo e desamor*

Rui, o septuagenário que durante mais de quarenta anos manteve casos seguidos, movido por um egoísmo insensível e sem empatia, se queixava sempre de que Helena "não sabia satisfazer um homem".

Não escondia seus casos, até se vangloriava, e se a esposa, os filhos ou a amante sofressem, paciência. "Dou um duro danado, não deixo faltar nada a ninguém e tenho o direito de buscar meu prazer." Embora fosse insensível à dor alheia e desmesuradamente egoísta, mesmo no seu caso ainda havia um resíduo ético, um limite. A meta de Rui não era infringir dor: o sofrimento da família ou da amante era apenas um dano colateral.

Se seu parceiro tiver uma postura como a de Rui, talvez não valha a pena tentar resgatar o casamento. Não por causa da infidelidade, mas do caráter. Depois de ter um ataque cardíaco e diante da ameaça de perder Helena, Rui se humanizou e promoveu mudanças profundas, entrando em conexão com a mulher e os filhos.

Diferentemente de André e Rui, existem pessoas sem ética alguma, que desdenham da dor do outro ou até se divertem em enganar, em corromper relacionamentos. Pessoas assim podem escolher os melhores amigos do parceiro, seus parentes ou sócios pelo mero prazer de corromper, e com frequência pedem que filhos, parentes ou empregados os acobertem, comprazendo-se em transformar terceiros em seus cúmplices involuntários. Como Walter, o primeiro marido de Glaucia (cujo casamento triste com Claudio discutimos no capítulo 1). Quando ela flagrou Walter com a irmã dela, decidiu dar um basta. Fez bem, não porque houve uma infidelidade, mas porque estava diante de um parceiro que se comprazia em manipular e maltratar. Buscou abrigo numa relação serena com Claudio, seu segundo marido, um homem "bonzinho", mas de quem também acabou se separando.

Em uma sessão individual com Juliana, sempre tão rigorosa, discutimos a diferença entre "ter critérios éticos" e "ser moralista". O fato de você não ter traído não significa necessariamente que seja um sujeito mais virtuoso do que seu parceiro. Entre os que são fiéis, nem todos o fazem por convicção. Muitos mantêm o recato porque simplesmente não tiveram o desejo de trair, outros só não tiveram a oportunidade. Alguns porque o medo os conteve.

Há os que amam unicamente seu parceiro e nem sentem a tentação de trair. Outros são acomodados e não têm interesse. Enfim, existem muitos tipos entre os "honestos" e "fiéis" que, na verdade, não foram testados em sua "retidão moral". Ainda que você seja de fato mais virtuoso e ético que seu parceiro, tome cuidado com o moralismo e leve em consideração as circunstâncias e o caráter de seu parceiro. Ter traído não faz do seu cônjuge um "bandido".

*II. Sobre os sentimentos contraditórios*

Além da indignação moral, a maioria dos cônjuges traídos passa por uma voragem de emoções intensas que podem mantê-los paralisados, confusos ou levá-los a atitudes intempestivas, das quais se arrependem posteriormente.

Raiva, ansiedade e tristeza podem se alternar com carinho, alívio ou indiferença. Uma traição pode ativar vulnerabilidades ligadas à rejeição, ao medo de ficar só, à baixa autoestima, à incapacidade de lidar com frustrações, entre outras tantas. Em algum momento você precisará lidar com elas para que tenha chance de superar o episódio, separando-se ou resgatando a relação.

*Nem eu gosto de mim*

Sérgio nunca soube dos outros amantes de Rita, mas descobrir o caso dela com Carlos foi devastador. Seu maior desafio foi superar a dor da rejeição e do abandono. É doloroso imaginar que há outra pessoa mais desejável para seu cônjuge do que você. Ele ficava repassando em detalhes como Rita desejou e se entregou a outra pessoa, sem se lembrar dele. Ele já tinha vivido na adolescência o trauma de ser abandonado. Uma vulnerabilidade de infância que apenas foi reativada pelas traições das namoradas anteriores e agora por Rita.

Sérgio padecia de falta de autoestima ("Não sou interessante", "Não sou desejável"). Também lhe faltava autonomia psíquica ("Não posso ficar só", "Não tenho alegria suficiente de viver nem interesses próprios, tampouco conseguirei amar outra pessoa"). Só após avançar nessas questões pessoais pôde lidar com uma nova traição e com o desejo de Rita de se separar dele. Para Mariana foi bem mais fácil lidar com a traição do marido Paulo. Tendo alguma autoestima, interesses próprios e uma família e amigos que a apoiavam, foi mais fácil entender que não somos o centro do mundo do outro, mesmo que sejamos amados. Compreendeu que Paulo se voltou por um tempo para outra pessoa, mas entendia que era com ela, Mariana, que ele queria ficar. Suas maiores dúvidas eram se a relação valia a pena (como vimos, tinham incompatibilidades no temperamento e nas afinidades).

Além do abalo à autoestima, também a fúria pelo abandono e pela traição costuma ser ativada. Juliana passou meses oscilando entre o desejo de punir o parceiro e o de preservar a relação. Ela queria punir André para lhe mostrar o dano que causou a ela e para que ele se arrependesse. Tratou-o mal durante meses, muitas vezes acordava de madrugada furiosa e o xingava. Achava que tinha o direito de descarregar sua raiva e "limpar as mágoas", como numa catarse. Seu lado "justiceiro" se ligava ao perfeccionismo, à falta de flexibilidade em geral. De início serviu para aliviá-la, mas depois apenas prolongou além do razoável suas demonstrações de contrariedade. Ao rever a escala de gravidade e catastrofização, e ao rever a pré-história dos próprios botões vermelhos, ela pôde deixar sua sanha vingativa de lado e dedicar-se a entender o que havia se passado.

Outra reação comum em quem foi traído é o desejo de também ter um caso. Se isso for usado para "empatar" o jogo ou para punir o parceiro, pode até aliviá-lo, mas poderá também impedir a reconciliação. O fato de seu parceiro ter tido um caso e você também ter "o direito a" não significa que as coisas sejam simétricas. Por mais que se sinta culpado, existe a possibilidade de ele não aguentar que você tenha um caso por vingança ou para restabelecer uma relação de igualdade. O contexto dele pode ser diferente do seu. Portanto, examine com calma o que se passa com você e se ter um caso é congruente com suas metas.

Também é comum, sobretudo se a parte traída for uma mulher, querer compartilhar sua dor com os outros, bem como "mostrar ao mundo quem é de verdade meu marido". Um caso extraconjugal é assunto exclusivo do casal. Evite espalhar pelos quatro cantos a história. Mesmo seus parentes próximos podem se posicionar contra seu parceiro e, mais tarde, se houver uma reconciliação entre vocês, a vida social e familiar ficará prejudicada para sempre.

Penélope, por um mal-entendido, achou que tivesse sido traída por Ricardo e não se conteve. Por necessidade de compartilhar, de obter opiniões e apoio, espalhou o suposto caso para toda a família, e, por vingança, para "mostrar a verdadeira cara de Ricardo", para o círculo de amigos. No final, entendeu que tinha se equivocado e teve muito trabalho para desfazer, junto à família e aos amigos, a confusão que armara. Como de hábito, esse episódio serviu para ambos brigarem muito e se reconciliarem mais tarde.

Nem sempre as emoções negativas prevalecem depois da revelação de um caso. Algumas pessoas, como Mariana, passaram a sentir um paradoxal incremento no desejo e carinho pelo parceiro. Mesmo Glaucia, nos piores momentos com Walter, sentia algum tesão e se condenava por esse sentimento. Imaginava-se uma masoquista doente. Como já dizia Freud, não há dor que não esteja relacionada com prazer e vice-versa. Não se condene se sentir tesão no ápice da raiva ou da tristeza.

Ainda que você tenha revisto seu moralismo e repassado em profundidade seus sentimentos, talvez se pergunte quais as possibilidades de você e seu parceiro superarem essa história e recuperarem os sentimentos positivos. Para avançar nesse ponto, pode ser importante saber das fases que muitos casais percorrem entre uma traição e um eventual resgate, expostas a seguir.

## 3. AVALIAR A POSSIBILIDADE DE RETOMAR A RELAÇÃO

Em geral, quando enfrentamos traumas ou rupturas, é útil saber como outros que já passaram por situações análogas lidaram com elas e quais foram os resultados. Muito da eficácia de grupos de ajuda se baseia nisso. Abordarei algumas das fases usuais pelas quais passam muitos dos casais que decidiram — e conseguiram — superar a traição.

**Fases usuais de superação**

Não há regras, mas usualmente os casais que permanecem juntos depois de um episódio de infidelidade percorrem seis fases, que se apresentam quase como rituais e que podem seguir a sequência abaixo:

1. Arrependimento;
2. Desforra;
3. Processo de explicações e esclarecimentos;
4. Indenização;
5. Perdão;
6. Reasseguramento.

Só depois dessas fases, que podem ocorrer simultaneamente, os casais costumam conseguir o sétimo passo: repactuar o relacionamento, em geral num patamar mais elevado que o anterior.

Se vocês estiverem empenhados em refazer o casamento, muito dependerá de como percorrerão cada fase. Será decisivo, sobretudo, que o parceiro que traiu desenvolva as competências da arte de conviver. Uma boa habilidade para lidar com divergências (nesse caso, com a contrariedade sentida pelo parceiro traído) e etiqueta de convívio para cuidar do que restou da relação. Mas ele deve ter, acima de tudo, a capacidade de fazer florescer a relação, estabelecendo uma conexão com as diferenças de personalidade, de gênero e de situação. O parceiro traído também não pode se encastelar na postura do ressentido a ser "reconquistado" a qualquer custo.

*I. Arrependimento*

Se você é o parceiro que foi infiel, mas quer permanecer na relação, precisará de capacidade empática e habilidade para construir o lento caminho de obter um perdão genuíno. Normalmente, isso implica aguentar um período de desforra e punição, mesmo que exageradas pela fúria e pela angústia inicial do outro. Em geral, também cabe ao parceiro que foi infiel demonstrar que se arrepende e que quer compensar o parceiro "traído" dando o melhor de si. Sacrifícios indenizatórios implicam um período que pode ser de vários meses, em que o "infiel" se dispõe a se dedicar muito mais e a "caprichar" na qualidade da relação, sendo mais atencioso e proativo.

Entretanto, não basta demonstrar arrependimento. É preciso explicitá-lo. Embora haja muitas razões humanas que expliquem seu caso extraconjugal e apesar de o fato de ter sido infiel não o tornar uma pessoa desprezível, esse não foi o modo ideal de lidar com suas necessidades e problemas.

O arrependimento precisa ficar muito claro para o parceiro. Não apenas da boca para fora, um arrependimento protocolar, pragmático e rápido, mas que estabeleça uma profunda relação empática com aquele que foi enganado, rejeitado e destronado. Não é muito sábio que o parceiro que teve o caso enfatize a parcela de culpa do cônjuge traído ("Você me tratava com frieza") ou enfatize de modo complacente as próprias necessidades ("Eu estava carente"). Tudo que soar como algo que tenta minimizar o quanto o sujeito lamenta ter mentido e enganado não será adequado. Deixe para o momento em que seu parceiro estiver mais pronto para reconstruir um novo pacto de casamento para também abordar suas reivindicações. Por ora, não perca o foco em assumir a sua parcela de culpa, tirando o foco do parceiro. Lembre-se do diálogo em conexão ("um tema por vez"), cuidado com as falas destrutivas e não faça contra-ataques.

Talvez você não se arrependa de ter tido um caso, tampouco de ter dissimulado e mentido, mas é preciso que lamente profundamente isso ter ocorrido e sinta muito por ter exposto seu parceiro ao imenso sofrimento que isso significa. É possível que você lamente não ter tido mais maturidade e conhecimento para lidar melhor com a situação. Pode ter ocorrido que por anos você tenha apenas se queixado, mas não tenha se empenhado em enfrentar eventuais dificuldades da relação matrimonial, de modo que ter "fugido" para outra experiência não foi a atitude ideal.

*II. Desforra*

Muitas vezes, mesmo já tendo discutido exaustivamente o caso extraconjugal, o parceiro traído volta a ter ataques e recaídas de fúria, em que agride o outro verbal e até fisicamente. Alguns exigem um empenho enorme do parceiro infiel em compensá-lo, dando-lhe incumbências diversas ou cobrando que preste contas do que faz a cada minuto do dia, ou que lhe conte detalhes constrangedores do caso extraconjugal. Se você é o parceiro que foi infiel, saiba que é possível, normal e até certo ponto saudável que seu parceiro ressentido precise de um tempo para descontar toda a raiva e mágoa em você. "Punindo-o", ele não só se alivia um pouco, como pretende "reeducá-lo" e fazê-lo saber como doeu. Isso não quer dizer, claro, que você deva se deixar espancar.

Se o parceiro infiel for um homem, é comum que tenda a querer abreviar o período de expiação e desforra, e muitas vezes sugira que "viremos logo a página". Ele perde a paciência com a demora do outro em superar o episódio e sente-se cobrado além da conta. O risco é que dê um xeque-mate no parceiro traído cedo demais, exigindo que ele supere o episódio ou que se separem. A não ser que ele seja muito inseguro e dependente (e se reprima), esse tipo de superação pragmática em poucos dias ou semanas simplesmente não funciona. É normal que o período de desforra leve semanas ou até meses. Claro que cada caso é individual e não há receitas e prazos a priori, mas, de modo geral, é de se esperar que, mesmo durando de três a oito meses, a fúria vá amenizando em intensidade e se intercalando com momentos prazerosos.

Também pode ocorrer que o parceiro traído aproveite da posição fragilizada do infiel e utilize a traição como salvo-conduto para humilhar, exigir coisas absurdas, dominar e obter vantagens que durante o casamento não tinha "moral" para conseguir. Se esse período de expiação se alongar além do razoável, será muitas vezes necessário que o parceiro infiel coloque um basta em algum momento e, unilateralmente, imponha o término da quarentena de torturas e punições. É provável que se você e seu parceiro se gostam e querem permanecer casados, se ambos têm capacidade empática e algumas das cinco competências da arte de convívio, encontrarão o balanceamento adequado para a dinâmica. De modo geral, mesmo com seus "direitos de vítima", tenha cuidado para não se comprazer em torturar um parceiro que agora está sem moral. Lembre-se de que por mais que ele esteja sem credibilidade, tope ser paciente com sua mágoa e com seu tempo de catarse, ele não tem de suportar abusos, mesmo tendo sido infiel.

*III. Processo de explicações e esclarecimentos*

Pouquíssimos parceiros traídos optam por saber o mínimo possível e passar por cima de tudo. A maioria busca explicações. Quer saber o que se passou no íntimo do parceiro, entender como ele estava avaliando o casamento, por que se interessou por outra pessoa. Quer detalhes concretos sobre como se iniciou e se desenvolveu o caso. Essas explicações podem ter a função de clarificar e situar o parceiro traído, que afinal ficou sem referências e busca reencontrar parâmetros e rever a imagem que tinha do outro, tendo acesso a uma esfera "do mundo oculto" dele. Mas podem também servir para maltratar o parceiro e a si mesmo, expondo ambos a detalhes doloridos demais, que não esclarecem nada, apenas humilham os três envolvidos. Pode ser também um modo de se aproveitar da situação para obter controle sobre o parceiro adúltero e devassar sua vida.

Há aqui, novamente, uma questão de balanceamento. Muitas vezes os parceiros infiéis se recusam a esclarecer as dúvidas. Talvez se envergonhem de revelar detalhes "sórdidos" de como mentiram, enganaram e macularam a relação, ou porque têm medo de magoar e piorar a retaliação do parceiro. Também ficam embaraçados de revelar coisas que acham constrangedoras (por exemplo, que não sentem muita atração sexual pelo parceiro ou que ainda estão apaixonados pelo amante, mas que foram no final rejeitados e preferiram retomar o casamento). Alguns cônjuges que tiverem casos se sentem pressionados em demasia, feridos em sua dignidade, e reagem com fúria, recusando-se a contar mais detalhes. Evite agir assim.

Se você for o que teve um caso extraconjugal, procure entender o que exatamente seu parceiro está buscando com essas perguntas. Até certo ponto você talvez não possa escapar das agruras desses interrogatórios, tampouco dos surtos de fúria ou das reações intensas de mágoa a cada nova informação que você vai "soltando". Faz parte do processo. Se vocês tiverem uma boa Equação do Casamento, e se ainda se gostarem, é provável que tudo isso passe. Portanto, de modo geral, é melhor ser o mais transparente possível. Ainda que seja constrangedor e desperte a cada revelação mais indignação do parceiro, é preciso que ele se municie de informações que você omitiu durante tanto tempo, para se situar sobre quem você é, como funciona e o que sente por ele.

Mas há limites para esses interrogatórios. Quando se transforma em tortura, humilhação e sadismo, ou se só serve para deixar ambos mais atolados num lodaçal de raiva e tristeza, cabe ao parceiro infiel, com ternura mas firmeza, dar um limite e um basta. Diga algo como: "Já lhe disse tudo o que era importante para que você se situasse e entendesse o que se passou. Não vou e não devo entrar em detalhes que não acrescentam mais nada e apenas nos farão muito mal".

Se você for a parte traída, não cometa o erro de se dedicar obsessivamente a investigar cada um desses detalhes e segredos, que só irão lhe fazer mal. Você sabe que houve um caso, então sabe que houve entre o parceiro e o amante: atração, talvez amor, certamente sexo, romantismo, promessas, juras de amor, e que provavelmente seu parceiro declarou ao amante que não tem mais amor por você etc. Não fará diferença colecionar mais detalhes de onde, quando e como transcorreu essa relação. Cada foto, vídeo, e-mail, cada evento será apenas mais um motivo de dor, repugnância e revolta. Além disso, só humilhará mais seu parceiro, chegando talvez a ponto de inviabilizar a continuidade da relação de vocês. Se seu problema for um ciúme doentio, busque ajuda, mas se sua meta é refazer o casamento, não destrua o que restou entrando numa relação promíscua com a história de seu parceiro com o amante.

*IV. Indenização*

Se você quiser restaurar a relação, também é preciso se dispor a dar uma indenização ao parceiro. É possível que você passe a realmente se esmerar em agradar, a dar atenção, a ser prestativo, carinhoso, a corrigir antigos maus-tratos e negligências que praticava, e a atender com especial cuidado às necessidades do parceiro. Essa parte é talvez a mais importante para o futuro da relação. Tanto você como ele poderão utilizar esse período de resgate da relação para incorporar em definitivo novas práticas de um cuidar do outro. Não encare esse seu esforço como uma "limpada de barra provisória". Não pense que, superado o episódio, você deverá "normalizar" as relações e voltar aos antigos padrões de negligência.

Se você for a parte traída, cuidado para não exagerar nas exigências de indenização. Lembre-se de que, depois da Primeira Guerra Mundial, os aliados impuseram o Tratado de Versalhes à Alemanha e a sufocaram de tal maneira, cobrando dívidas impagáveis e humilhando de tal forma a população, que, no final, boa parte da motivação para se iniciar a Segunda Guerra veio desse excesso de severidade punitiva.

*V. Perdão*

Se o parceiro traído não se separou logo de início, pode ser que implicitamente esteja declarando que tem disposição a perdoar e superar a dor. De qualquer modo, isso também depende de como o parceiro infiel se portar ao longo do processo. Se você é a parte infiel, não tenha pressa e não pressione o seu parceiro a oficializar um perdão. Saiba que, se ele permanece com você, ainda que lhe diga coisas terríveis, que o puna incessantemente e que não demonstre ter decidido superar o episódio, isso provavelmente faz parte do processo.

Se você for o parceiro traído, considere sua Equação do Casamento, reveja o que é bom, o que os vincula, qual o valor que tem para você permanecer casado, e pense no que precisaria mudar para que você possa ficar novamente bem. É difícil ouvir isso no momento em que está ferido e com muita raiva, mas cuidado para não dramatizar. É claro que uma traição envolve uma quebra de pacto e um período de mentiras e dissimulações. Nesse sentido, seu parceiro não foi leal. Entretanto, como já discutimos, as motivações para ter um caso são diversas. Antes de se lançar à fúria, é melhor tentar compreender a dimensão do que ocorreu e considerar seriamente a necessidade de perdoar.

Busque rever seu lado moralista, não demonize o parceiro e não se afunde na autocomiseração. Ser traído não tira nada de sua dignidade e de seu valor. Você não é um coitado. Não será o primeiro nem o último a ser traído. Embora o sofrimento pela traição e as tragédias daí derivadas tenham servido de material para mitos, peças clássicas de teatro, romances etc., não esqueça que certas culturas cultivam esses sofrimentos e os alçam ao status de modelos de comportamento naturais e inevitáveis, às vezes grandiosos e valorizados como sofrimentos enobrecedores ou teatralmente impactantes. Apesar disso, a maioria das pessoas lida com esses episódios de modo menos destrutivo do que os personagens de mitos e peças clássicas, e conseguem superá-los, seja mantendo o casamento, seja se separando. Se você quer permanecer casado, em algum momento terá de aprender a superar e perdoar. Se precisar de ajuda psicoterápica para isso, não hesite em procurar, pois às vezes é muito difícil curar as feridas narcísicas e as vulnerabilidades que esse episódio ativou em você.

Perdoar não significa esquecer, negar, minimizar artificialmente a importância do impacto que isso causou. Perdoar é humanizar e empatizar com o parceiro, compreender os contextos e se dispor a repactuar a relação. Não é fácil. Há diversos mecanismos psíquicos envolvidos. Mas se você estiver com suficiente autoestima e autoconfiança em sua capacidade de lidar com a vida, será possível manter o equilíbrio pessoal para refazer uma nova aposta no parceiro.

VI. *Reasseguramento*

Em paralelo à reconstrução da relação em novas bases, é comum que transcorra um longo período de insegurança e reconquista da confiança por parte do parceiro traído. É razoável que, se você tiver sido infiel, tenha de tranquilizar o parceiro inseguro por meses, talvez por anos. De início, cabe àquele que teve o caso extraconjugal oferecer ao parceiro inseguro que este determine o que gostaria de ter para ficar mais tranquilo. Por exemplo: se você se ausentar, ele ficará inseguro, imaginando que está novamente tendo um caso? Será que ele gostaria de ter acesso a seus e-mails, celulares, de poder achá-lo a qualquer momento, de ter sua agenda diária, de acompanhá-lo em viagens ou saídas, de ser incluído em programas que antes eram exclusivamente seus?

Aceitar e acatar esses pedidos pode ser o custo de reconquistar a confiança e tranquilizar alguém que talvez tenha ficado traumatizado em ter sido enganado por você. Alguns parceiros que foram infiéis se sentem sufocados, humilhados ou controlados e "exigem" que o parceiro traído seja capaz de voltar logo a confiar, sem ter de dar contrapartidas, sem deixar-se controlar. A não ser que o parceiro traído tenha muito medo de contrariar o que o traiu, ele dificilmente aceitará continuar a confiar "cegamente". Portanto, tenha paciência e seja generoso. A prioridade nessa fase de resgate de confiança não é o seu conforto, mas o do parceiro traído.

*Confiar, jamais; apostar, talvez*

Quando Thais soube da infidelidade de Armando sentiu em primeiro lugar um choque, o susto diante do inesperado. Ter sido surpreendida por uma traição foi avassalador para ela; em minutos toda sua vida matrimonial foi desmentida. Nos primeiros meses houve um profundo estranhamento. Olhava para Armando e às vezes não sabia mais quem era aquele homem a seu lado. Seu o maior desafio era o medo de não confiar nele nunca mais.

Se você foi traído, é importante entender que só deve confiar no sentido de dar um voto de confiança; não significa confiar "cegamente", mesmo que jamais tivesse havido uma traição entre vocês. De modo geral, é preciso confiar, na acepção de "apostar", porque é melhor viver apostando em quem convive com você do que desconfiando. Mas não se trata de uma confiança ingênua. Em toda aposta há riscos. Embora seja necessário confiar para conviver, isso implica correr riscos, e você não pode conviver bem se vigia paranoicamente seu cônjuge.

Para você aprender a confiar sem ser ingênuo talvez precise se lembrar de que "a vida é uma bagunça" e que, embora tenhamos que fazer inúmeras apostas, não podemos contar com nada. Doenças súbitas, guerras, crises econômicas, brigas, o inesperado habita os melhores planejamentos. Podemos nos precaver de dois modos: tomando algumas providências que diminuem o risco (no caso do casamento, cultivando o relacionamento e o diálogo) e internamente nos mantendo flexíveis e ágeis para lidar com mudanças de cenário. Sejam empresas, estratégias militares ou casamentos, sempre somos desafiados pelo inesperado. Circunstâncias e pessoas mudam, filhos podem se tornar desleais, sócios se mostrarem não confiáveis, um cônjuge pode se tornar infiel. Contudo, temos de dar um voto de confiança. Seja para filhos, sócios ou cônjuges.

Acima de tudo, temos de confiar não só em nossa capacidade de nos precaver (muito limitada), como também na competência de lidar com o acaso e, muito importante, apostar no fato de que não teremos só azar, mas que também poderemos ter sorte. Enfim, temos de apostar na vida. Entender isso nos ajudará a superar uma eventual segunda traição e a seguir em frente com otimismo!

*VII. Repactuação*

A maioria dos casais que se dispõe a retomar a relação depois de uma infidelidade consegue construir uma nova relação mais verdadeira, profunda e cúmplice. Fica claro para ambos que, se eles sobreviveram a essa crise, é porque se sentem vinculados, e em geral passam a entender mais claramente o que os une e sobretudo o que precisam para um se sintonizar mais com o outro.

Depois do choque inicial, os casais geralmente acabam por fazer uma revisão da relação, discutir o que pode ser incrementado e como prevenir para que não ocorram mais situações que propiciem a infidelidade. Você pode utilizar a Equação do Casamento para localizar as fortalezas e fraquezas da sua relação, e se propor a reforçar o que for bom, trabalhando para melhorar o que não estiver bem. Ainda que você seja a parte traída, é importante que não se mantenha arrogante, ofendido e na posição de só cobrar. Esteja aberto a rever que aspectos em seu comportamento e atitudes podem melhorar. Você pode ter contribuído para que o casamento não fosse satisfatório e, se quiser resgatar a relação, cabe-lhe fazer também a sua parte.

Se for você quem traiu, chegou a hora de ter conversas e atitudes transparentes e honestas, em que coloque também suas necessidades, além de escutar as do parceiro, buscando melhorar a qualidade da relação e corrigir eventuais déficits em sintonizar-se com ele. Claro que ser transparente e honesto não implica dizer tudo e qualquer coisa; há aspectos que nada acrescentam à renovação da relação e que talvez sejam ofensivos ou devastadores.

Embora haja casos em que a volta não é tão favorável, é comum que, depois de uma crise dessas, ambos queiram cuidar mais um do outro, que busquem apreciar intensamente a vida a dois e a se divertir juntos. Se tiverem alguma afinidade, atração sexual e complementaridade psicológica, a arte de conviver será fundamental para evitar os mesmos erros e para preservar e cultivar a relação.

**Um passo atrás**

Nem sempre casais empenhados em superar um episódio de traição percorrem as seis fases e repactuam a relação. Às vezes, o parceiro que se apaixonou por outra pessoa decide voltar um passo atrás.

*Uma "proposta indecente"*

Rita, antes de se separar de Sérgio, havia revelado estar tendo um caso com Carlos. Havia decidido se separar, mas antes de sair de casa mudou de ideia e pediu a Sérgio para que tentassem resgatar a relação. Passado um mês e meio, ela se dá conta de que continua indecisa e lhe faz uma "proposta indecente". Que ela viva por um ou dois meses com Carlos para se conhecer melhor e que Sérgio a espere.

Na maioria das vezes, é melhor recusar esse tipo de proposta. Mas se for dolorido demais para você perder o parceiro e se não conseguir rejeitar essa proposta, procure ajuda profissional para entender por que se sujeitaria a tal esquema. Se você for emocionalmente dependente, é provável que mesmo que haja uma eventual volta de seu parceiro, ela seja temporária, pois a dependência faz de você uma companhia desinteressante e pouco instigante A tendência é que vivam uma relação esvaziada ou acabem por se separar mais adiante.

A vida, entretanto, nem sempre é linear, esquemática, e nem sempre o "certo" é o "certo". Se você estiver em dúvida, tenha calma para pensar bem sobre algumas questões. Dependendo de seu vínculo (seja de dependência neurótica, seja de genuíno afeto e bom entendimento), talvez valha a pena aceitar.

Se você tem autoestima e autoconfiança, não é carente nem se desespera diante da possibilidade de se separar, pode não ser tão dolorido esperar. E valer a pena sobretudo se, na Equação do Casamento, os itens de prazer e amizade forem fortes.

Mas se esses itens não forem fortes, a volta acaba sendo em geral chocha, seja porque o parceiro foi rejeitado pelo amante, seja porque tem medo dos riscos ou por apego ao Projeto Família. Esse foi o caso de Rita, que não aguentou mais de três meses após voltar novamente para Sérgio.

Em princípio não é um bom modo de voltar, mas ainda assim há casos em que faz sentido.

## Se você traiu (ou está traindo)

### 1. O medo da escolha errada

Durante o período em que mantinham um caso, tanto André como Rita entraram em pânico decisório. Isso ocorre quando há uma pressão externa do cônjuge (ou do amante) cobrando uma posição, quando você mesmo se pressiona a fazer uma escolha (porque percebe que não conseguirá mais prolongar a situação) ou, ainda pior, quando você estiver arrependido de ter feito uma opção entre o cônjuge ou o amante, fechando as portas a um deles. Em todas essas situações você terá muito medo de ter feito a escolha "errada".

### 2. Quando o autoconhecimento não chega a tempo

Quando há um empate emocional entre seus medos e desejos, insistir em descobrir o que afinal é o melhor para você pode não ser possível no curto prazo. Explorar seus medos e desejos, aprofundar-se em exercícios de autoconhecimento podem levar mais tempo do que a vida está lhe dando. Você talvez tenha de decidir sem ter certeza. E se lhe faltarem autoestima, autoconfiança e flexibilidade, você ficará obcecado em não errar, pensando que só tem uma bala na agulha e que um eventual erro será fatal.

Seja qual for sua escolha, você nunca terá garantias. Em algum momento é preciso fazer uma aposta. Diante do pânico decisório, seu desafio será entender que você poderá se refazer em qualquer cenário, ainda que perca suas duas opções de amor e que acabe ficando sozinho por um tempo. Se necessário tente o exercício do melhor e pior cenário já apresentado no capítulo 14.

Mas pode ser que você esteja vivendo um pânico decisório incontrolável. Nesse caso, talvez seja melhor permanecer na situação mais estável. Se estiver insuficientemente sintonizado com o amante para se sentir seguro, talvez deva esquecer por um tempo a vida mais aventurosa e emocionante; se o apelo disso fosse tão mais forte, você não estaria tão apavorado. Embora eu aprecie explorar com os pacientes a coragem de ousar, em caso de dúvidas paralisantes recomendo inicialmente buscar reinvestir na relação ou anunciar a ambos que precisa ficar por um tempo só (apesar do medo de perder os dois).

Para algumas pessoas, o único modo de lidar com o pânico decisório é deixar a vida decidir. Vão enrolando até que uma das partes dê um basta. Também é uma escolha. Embora pareça ser do outro, você talvez já soubesse qual dos dois lhe daria o basta. Seria melhor que a decisão fosse sua, quem arcará com as consequências será você. Mas se está com demasiado medo de errar, você não conseguirá arcar com o preço de seu desejo, preferirá aceitar o preço de uma "decisão" do destino. Na verdade, o provável é que, inicialmente, qualquer das escolhas seja dolorida e você se arrependa. Porque os medos e desejos, por enquanto, se equivalem. Por isso, seja qual for sua decisão, talvez você necessite de alguns dos grandes aliados para enfrentar a dor da dúvida e da perda: a dignidade pessoal, o desapego, a autodisciplina e o caráter. Em terapia é possível trabalhar esses aspectos, que costumam trazer grande alívio e serenidade diante de perdas inevitáveis. Não é possível discuti-los aqui, mas uma breve reflexão pode ser útil.

### 3. Dignidade pessoal

Há limites até onde você consegue saber se tomou a decisão certa. A partir daí, é preciso ter coragem de viver, e isso pode exigir que você seja muito duro consigo mesmo a fim de ter força para enfrentar as perdas mais sérias. Trata-se de saber que, ante as grandes catástrofes, seus próprios erros, o vexame, a perda de amigos, prestígio ou amor, sofrer pode ser inevitável, como pode ser inevitável deprimir-se, arrepender-se. Mas ficar só se lamentando e deixar seus entes queridos e amigos loucos porque você não sabe arcar com a dureza da vida e com suas escolhas equivocadas (e com uma eventual rejeição) é outra coisa.

O pavor de fazer a opção errada liga-se a não aceitar que podemos falhar e que existe sorte, azar, altos e baixos, e às vezes não há como saber de antemão qual a melhor escolha.

Pulsar com a vida é navegar nessas ondas de erros e acertos. E ainda que fosse possível saber o que era o "certo" naquela circunstância, se você, por *sua* própria culpa, pôs a perder seu patrimônio, sua honra, seus amigos, sua família ou o amor do amante, em algum momento terá também de ter dignidade pessoal de aguentar as consequências de ter errado. Arrepender-se é uma coisa; não aguentar ter "errado" e ter ataques histéricos por isso é outra. Chegou a hora de desapegar e seguir em frente. Imagine um cenário terrível: um sujeito foi injustamente condenado à morte e ainda tem cinco dias de vida sem chance de reverter a decisão do juiz. Ele tem duas opções: morrer desesperado, deixando filhos e parentes que o visitam (e os carcereiros) enlouquecidos por seus ataques de choro, medo e desespero ou dar um exemplo de como é possível lidar de maneira digna com a morte e a injustiça. Algumas pessoas conseguem obter muita força a partir da ideia de dar um exemplo aos filhos e não sobrecarregar os outros com sua covardia e medo. Claro que medo de vir a ter um fracasso amoroso e familiar devido a eventuais erros seus não é comparável à situação de um condenado à morte, mas para alguns a perda do parceiro, do convívio familiar e talvez de patrimônio e imagem social acaba sendo catastrofizada e igualada a uma condenação à morte. Portanto, além de descatastrofizar (avalie mais serenamente se as consequências serão mesmo tão terríveis e permanentes e se não haverá modos de compensá-las ao longo do tempo), talvez lhe ajude pensar que você dará um exemplo a si e aos outros de como lidar com infortúnios. Não se trata de moralismo, mas de ter autoestima na acepção de dar-se o respeito, ter dignidade diante do eventual erro, da perda e do vexame social.

Se não estiver conseguindo fazê-lo, busque ajuda profissional, mas evite ao máximo colocar as decisões nas mãos do cônjuge, do amante e da família — e sobrecarregá-los com seu desespero.

# 18
# Breves palavras sobre separação

Antes de pensar em se separar, tente pôr em prática um dos cinco projetos apresentados nos capítulos 13 a 17. Se nenhum deles lhe serviu, talvez sua melhor opção seja mesmo se separar. De toda forma, ter testado esses projetos pode ter lhe dado mais segurança em fazer a escolha, ao mostrar que vocês não conseguirão ir além de certo ponto — que para você é insuficiente. Ou você, logo de início, percebeu que não está disposto a tentar nada, sente-se sem energia e confiança na relação para entrar em qualquer um dos projetos.

Há vários modos de se separar.

Algumas pessoas precisam fazê-lo de maneira intempestiva, num momento de descontrole, fúria, arroubo, paixão. Precisam demonizar e odiar o parceiro para arregimentar dentro de si as forças para sair, porque têm medo de ainda estarem obrigados moralmente a ficar com ele, e só se autorizam a sair se puderem enxergar algo de muito negativo no outro.

Marcela inicialmente precisou disso com Rogério, assim como Helena, quando Rui estava recuperado. Há aqueles que deixam o casamento se deteriorar até que o parceiro peça o divórcio, o que é um modo de não ser "culpado" pela separação. Outros precisam de um grande amor que os aguarde do lado de fora para se arriscarem, porque têm medo de deixar um casamento em troca de uma vida solo.

Essas não são as melhores formas de encerrar uma relação,

mas para algumas pessoas podem ser a única maneira de fazê-lo. Neste capítulo, sugiro algumas formas de construir uma separação a dois e em consenso. Abordarei a questão da separação inicialmente do ponto de vista de quem deseja se separar e, em seguida, da perspectiva de que está sendo deixado.

**Construindo uma separação a dois**

Se for você quem pensa em se separar, leve em conta que construir uma separação a dois e em consenso dá a ambos mais segurança de que esse é o melhor caminho. Mesmo que seu parceiro ainda esteja ligado a você e prefira continuar casado, ele pode concluir que realmente não há mais o que tentar. A decisão comum permite uma saída organizada, com prazos que respeitem as condições emocionais e práticas de cada um e dos eventuais filhos.

Nem sempre a separação poderá acontecer no ritmo em que você deseja. Há situações em que é preciso considerar o tempo, as necessidades e os direitos dos outros envolvidos. Em geral, de três a doze meses é um tempo razoável para que todos se preparem. André esperou sete anos para se separar de Juliana por causa do filho pequeno. Mas nem todos nós conseguimos ou devemos aguentar tanto tempo. Esperar demais pode ser uma desculpa para não fazer algo que talvez você tenha de fazer. Se você agir seguindo os preceitos do convívio a dois, com ética, respeito e autopercepção, alguns meses, devem bastar para construir uma saída.

Supondo que não haja um caso extraconjugal em curso, se você decidiu se separar, busque entender as necessidades de cada parte envolvida e tente desenhar caminhos que as contemplem, na medida do possível, e negocie com calma. Isto é, entre genuinamente em conexão. Três passos podem ajudá-lo:

1. Explorar quais as vulnerabilidades e necessidades de cada um;

2. Abordar o tema da separação;
3. Negociar a construção consensual da separação.

### I. QUAIS AS VULNERABILIDADES E NECESSIDADES DE CADA UM?

Procure se aprofundar no ponto de vista do outro. Comece por avaliar os botões vermelhos e verdes do parceiro e pense na ocasião, nas metas e na forma de abordar e negociar a separação. Algumas perguntas podem ajudar.

---

**Explorando vulnerabilidades**

*A motivação*

Quem quer se separar?

Seu parceiro ainda quer resgatar a relação?

Ele não se dispõe a um resgate, mas quer ir levando?

*A reação emocional esperada*

A possibilidade de separação já foi abordada alguma vez?

A reação dele foi litigiosa e tumultuada ou houve um diálogo?

Qual é o histórico de vocês em situações de conflito?

Como ele demonstrou pensar sobre separações?

Sua expectativa é de que ele vá reagir de modo ponderado, fazer chantagem emocional, retaliar ou confrontá-lo?

*As condições atuais do parceiro*

Seu parceiro está psicologicamente bem?

Ele é uma pessoa com boa autoestima?

Tem gratificações fora do casamento?

É dependente de você emocional ou financeiramente?

Tem dificuldades em lidar com filhos, parentes, amigos?

Tem problemas para enfrentar a vida sozinho?

---

Quais são as dificuldades emocionais que você imagina que ele terá de enfrentar e o preocupam mais? E as dificuldades práticas?

Como você imagina que ele possa lidar com essa situação a médio ou longo prazo?

*Outros envolvidos*

Há outras pessoas afetadas além de você e ele?

Quais os impactos emocionais que você terá de levar em conta a respeito dos outros envolvidos (filhos, parentes)? E logísticos, operacionais, como transporte dos filhos, novas moradias etc.?

Há problemas financeiros e jurídicos a equacionar?

*Seus medos e vulnerabilidades*

Você tem certeza de que quer se separar?

Está seguro quanto ao modo como deseja fazê-lo? Prazos, acordos financeiros, logísticos, jurídicos?

Você tem vulnerabilidades emocionais e práticas?

Em caso de litígio, como acha que você lidará emocionalmente?

Nas questões práticas, você tem segurança em como agir e talvez dizer "não"?

*Em caso de litígio*

Quais as consequências de um eventual litígio?

Qual seria o pior cenário se tudo caminhar da pior maneira possível?

Que meios seu parceiro teria se resolvesse retaliar e agir de má-fé?

Nesse cenário pessimista, há soluções possíveis, ajuda externa, procedimentos de emergência, cortes radicais de gastos?

Do que você precisa para responder questões ainda em aberto: de advogados, de terapeutas de casal?

Quem poderia ajudar: um mediador, familiares, amigos em comum?

*Critérios éticos*

O que a seu ver é um modo leal e ético de se separar?

Do ponto de vista das necessidades emocionais dos envolvidos e do ponto de vista das necessidades práticas e financeiras?

Se você tem dúvidas sobre a ética da separação, que pessoas poderiam ajudá-lo a formar uma opinião?

Liste suas metas a serem negociadas e avalie se elas se chocarão com as de seu parceiro. Ele teria poder e tenderia a usar as suas metas como instrumento de retaliação, opondo-se sistematicamente a tudo? Ou como arma de negociação para extrair de você determinadas concessões? Ou você crê que as metas são comuns e fáceis de negociar? Qual o prazo que você gostaria de ter para formalizar a separação?

Tente visualizar o mapa das vulnerabilidades e dos botões vermelhos e verdes do parceiro, além do cenário amplo de como seria na prática uma eventual separação. Se mapeou boa parte dos problemas, faça o exercício do melhor e pior cenário (um modelo dele você encontra no capítulo 14). Esse exercício de visualização de cenários pode ajudá-lo a avaliar seus medos e sonhos, seus recursos para lidar com os problemas e eventualmente a se preparar melhor.

Se necessário, tenha um terapeuta como interlocutor para que você possa se assegurar de que é esse mesmo o seu desejo. E sua ética! Discuta como poderia lidar com medos que você porventura ainda tenha ao pensar nos piores cenários. Ele também pode ajudá-lo a preparar um modo de realizar a separação e decidir como comunicar seu desejo, negociar as condições e tentar contemplar as necessidades de todos. Mas não deixe de conversar com um advogado e, se necessário, com um mediador. Eles têm experiência e também o ajudarão a ajustar melhor suas metas com as eventuais necessidades do parceiro, com ética e firmeza.

### 2. COMO ABORDAR O TEMA DA SEPARAÇÃO?

Se vocês estiverem em uma franca crise conflituosa, talvez não seja a hora de discutir uma separação. A construção de uma separação talvez deva ocorrer só dentro de algumas semanas, e antes vocês precisam passar pelos mesmos passos iniciais de desinflamar a atmosfera litigante descritos no projeto de resgatar um casamento em crise (capítulo 13). A meta inicial desse tipo de empenho não é “resgatar o casamento”, mas resgatar as condições de conversar. Para isso você terá que tentar desarmar os ânimos e voltar a ter condições de diálogo, deixando de lado a questão da separação por uma ou algumas semanas.

Uma vez em condições de conversar sem brigar (e de cada um escutar as questões do parceiro), a separação pode ser abordada de modo mais tranquilo. Há vários modos de fazê-lo com diplomacia e respeito.

Não como Ronaldo, que colocou sua primeira esposa (Denise foi a segunda) diante de um fato consumado, numa decisão abrupta, sem que ela tivesse tempo de processar toda a mudança. Diante de decisões já detalhadamente pensadas e impostas por você, a tendência de seu parceiro é de ficar chocado e resistir, ou de ficar furioso por sentir-se traído e atropelado. Pior ainda se deixar seu parceiro acuado, em condições desfavoráveis, sem levar em conta as necessidades dele.

Após desarmar os ânimos, o próximo passo é tentar entender como seu parceiro vê a relação atual.

Não empregue comunicações destrutivas; atenha-se ao mérito da questão: basta dizer como você se sente e quais são suas necessidades não atendidas, sem acusações. É essencial você também estar interessado em saber das atuais necessidades do parceiro. Ainda que esteja compartilhando com ele suas próprias necessidades, vocês ainda são sócios e vale escutar com respeito, e sem contestar, quais são as insatisfações e necessidades dele (mesmo que você não possa atendê-las).

Deixe claro que você tem pensado em se separar e quer saber o que ele acha disso, mas permita que a conversa evolua por um tempo. A não ser que haja um terceiro esperando por você, ou que você não tolere mais viver um minuto ao lado do seu atual parceiro, não é preciso atropelar: converse, entre em conexão, escute o que o outro tem a dizer. Dê a si mesmo um tempo para pensar sobre o que seu parceiro tem a dizer, mesmo que você já esteja decidido.

Talvez vocês possam, aos poucos, concluir juntos que ambos não estão satisfeitos, ou que você não se sente feliz com seu parceiro. Pode ser que você só consiga chegar ao passo 4 do diálogo em conexão (que consiste em compartilhar de um dilema: "não estou feliz no casamento") ou que consiga avançar um pouco mais ("estou achando que devemos nos separar").

Mais adiante, depois de alguns dias ou de semanas, quando a ideia da crise estiver bem clara, você pode propor que pensem juntos em construir uma maneira adequada de se separarem.

Mas nem sempre isso é possível. Seu parceiro pode resistir a encarar os fatos. Ou ser uma pessoa hostil, de trato difícil. Ou se desestruturar. Ou fazer chantagem emocional. Nesse caso, talvez você tenha de entrar em confronto e em algum momento anunciar seu desejo de separação como algo concluído e decidido por você, deixando claro que está mesmo determinado a fazê-lo. Que não está negociando *se* vai se separar, mas *como* irá fazê-lo.

Cuidado para fazê-lo como um *firme anúncio de seu desejo, de uma decisão*, não como um *fato consumado e já encaminhado* por você (que, em segredo e sem avisá-lo, já alugou outro lugar, arranjou advogados ou um novo parceiro).

Mesmo em litígio, a separação não deve ser algo subitamente imposto ao parceiro. Se você se lembra da Parte II sobre habilidade para lidar com divergências, seja adulto e ponderado. Após anunciar seu firme desejo, pergunte a ele como se sente a respeito. Só depois de escutar (se necessário por alguns dias), você deveria entrar nos aspectos concretos de *como* deseja realizar na prática a separação. Vá perguntando como isso impacta o parceiro, que necessidades ele tem e, ainda dentro do espírito do diálogo em conexão, vá negociando prazos.

Se seu parceiro optar pela hostilidade, você não precisa aceitar condições absurdas, mas só entre em confronto se for necessário. Esse processo precisa de um tempo de vai e vem. Como em qualquer negociação, é importante as partes irem refletindo, mudando de opinião, consultando-se com terceiros. Um eventual confronto litigioso pode se tornar inevitável, mas tente negociar e construir consensos. Em caso de seu parceiro entrar em surto e iniciar uma "guerra", tente entrar em conexão com a dor dele e empatizar, sem perder sua firmeza, mantendo-se calmo. Se necessário, tome medidas de força, sempre explicando de modo objetivo por que está sendo obrigado a tomá-las. Mas não tenha medo, passe segurança e ponderação. Acima de tudo, tente, antes de mais nada, negociar com lealdade e respeito, buscando um consenso.

### 3. NEGOCIANDO A CONSTRUÇÃO CONSENSUAL DE SOLUÇÕES

Ainda que você tenha tentado prever algumas das vulnerabilidades e necessidades do parceiro e pensado em como tentar contemplá-las, poderão surgir surpresas. Essas necessidades costumam ser de natureza financeira (não erodir o patrimônio, fazer uma divisão justa, garantir rendas e pensões adequadas), ou logística (prazos de troca de moradia, apoio na criação de filhos, tempo de adaptação a rotinas e obrigações novas) ou emocional (suporte presencial, prazo de convívio para se acostumar à nova realidade, chance de entender os motivos e revê-los).

Quais as soluções para cada um dos problemas? Seja flexível na formulação de soluções. Talvez você encontre modos novos para resolver o que parecia insolúvel. Tente flexibilizar certas exigências e expectativas, releia os itens sobre como desinflamar seus próprios botões vermelhos, descontamine os episódios, contorne, contemporize e negocie.

*Rogério vira um ex-demônio*

Marcela levou um tempo para entender que não precisava encarar Rogério como seu inimigo. Depois que desativou seu próprios botões vermelhos, ela compreendeu que ele tinha genuinamente muito apego aos filhos e que se sentia assustado e abandonado, de modo que foi generosa nos acordos de dar-lhe acesso ao convívio com os filhos e foi atenciosa com as vulnerabilidades psicológicas do marido. Também levou em conta que afinal ela queria se separar acima de tudo porque achava Rogério velho demais para ela e que ele não tinha culpa disso. Quando ficou claro que todos os outros motivos de conflito teriam sido contornáveis se não fosse a insuportável diferença de idade, ela conseguiu até mesmo negociar sobre como educar filhos (antes motivo de grandes embates).

Talvez o que você avalie inicialmente como "exigências insensatas" do parceiro sejam pedidos razoáveis, mas que estão ativando seus botões vermelhos. Reveja como anda seu bem-estar pessoal, sua resiliência e sua capacidade de enfrentar adversidades. Faça o exercício de entrar em conexão com as diferenças de gênero, de personalidade e, acima de tudo, com as diferenças de situação. Muito da reação de seu parceiro se deve a especificidades da situação momentânea dele. Procure entender quais são os medos e desejos dele antes de negociar.

Tente construir modos leais e sérios de contemplar as necessidades de ambos, sempre sendo ético. Você tem convicção sobre quais acertos e concessões devem ser feitos ou obtidos? Se você tem dúvidas éticas sobre se tem o direito de se separar, sobre como fazê-lo de modo correto (como dividir bens, que timing seguir etc.), procure vislumbrar as várias perspectivas da questão. Converse com o máximo de pessoas que puder, mas não só familiares e amigos solidários a você. Busque pessoas de ambos os sexos que se separaram e estiveram nas duas pontas (do que quer se separar e do que "foi deixado"), além de advogados, mediadores e psicólogos. Isso lhe dará múltiplos ângulos de visão e ajudará a formar uma solução ética da qual você esteja tão convicto que se sinta capaz de enfrentar eventuais divergências.

Sentir que está fazendo "a coisa certa do modo correto" lhe dará mais força e tranquilidade. Não fique solitário, atolado em dúvidas circulares, e não deixe o egoísmo, o ressentimento e a mesquinhez tomarem a frente. Mas nem sempre é possível construir uma separação, sobretudo se houver um terceiro envolvido.

### Quando há um caso extraconjugal em curso

Não existem estatísticas confiáveis sobre qual porcentagem das separações envolvem casos extraconjugais, mas em média considera-se que seriam 20% (entretanto, suspeito que a maioria não seja honesta nas respostas aos questionários). Se for você quem estiver envolvido em um relacionamento extraconjugal, a separação pode se tornar muito mais complexa.

Você terá de lidar com mais pressões, dilemas e dissintonias de ritmos. Será melhor se você puder diferenciar as duas relações e não se apoiar em uma para lidar com a outra. Caso seja possível, tente primeiro construir com calma e consensualmente com seu atual parceiro a necessidade de se separarem, e procure fazê-lo de acordo com as cinco competências da arte de conviver, dando tempo ao parceiro para se reorientar e pedindo ao terceiro que o aguarde.

Se seu novo companheiro pressioná-lo em demasia e não for capaz de entender que você precisa primeiro, com lealdade e empatia, encerrar seu casamento, talvez isso seja um indício de que você está diante de um futuro parceiro "difícil" (tema do capítulo 12). Em princípio seu novo parceiro deveria entender que você precisa do apoio dele e da tranquilidade para encerrar uma relação de anos, valendo-se de cuidado e respeito. Se ele o pressionar a encerrar de forma cruel ou pouco empática seu casamento, talvez falte na nova relação de vocês complementaridade psicológica.

Mas se for uma paixão avassaladora ou se a pressão do novo parceiro (e seu medo de perdê-lo) o impedem de primeiro resolver com calma sua separação, provavelmente ela será apressada e tumultuada. Ainda mais se houver uma eventual revelação do caso extraconjugal que deixe o parceiro do casamento transtornado, talvez muito agressivo. Geralmente tal revelação faz aflorar no cônjuge o pior do estoque de ogrices e feminices disponíveis, que são então colocadas a serviço de "estragar" sua vida e seu novo relacionamento. Nesse caso, pode ser melhor sair rapidamente da relação. Mas, ainda assim, você pode tentar não se perder em retaliações, catastrofizações e buscar manter-se leal e justo, mesmo que tudo tenha se complicado. Apenas esteja preparado emocional, jurídica e financeiramente para o pior cenário.

*Ronaldo paga o preço de provocar sua ex-mulher*

Por sua falta de tato, Ronaldo colocou mais lenha na fogueira na separação de seu primeiro casamento. Não aguardou o término do divórcio para, com calma e aos poucos, ir assumindo a nova mulher. Ansioso, circulava com Denise nos ambientes que antes eram comuns ao casal, forçava o convívio dela com o filho de seu primeiro casamento, e decorou ostensivamente um novo apartamento para ambos. Tudo isso fez com que sua ex-esposa ficasse ainda mais furiosa. Ele pagou um preço caro por "provocá-la" desse modo: teve a separação mais litigiosa possível. Passou quatro anos enredado em processos, dificuldade de acesso a bens, filhos e enfrentando intrigas e denúncias no seu círculo de amizades e negócios. Irritadiço como era, Ronaldo começou a apertar todos os botões vermelhos que achava em sua primeira esposa, Beatriz. Até hoje se odeiam.

Além de processos dispendiosos, denúncias, desgaste social e com os filhos, Ronaldo teve que fechar um acordo de pensão bastante desfavorável.

## E se for seu parceiro que quer se separar?

Além de estar interessado em um novo parceiro, há diversas outras situações que podem levar seu parceiro a querer se separar de você. Ao longo deste livro, cobrimos boa parte delas ao discutirmos a Equação do Casamento. Em um ou mais dos 22 aspectos da Equação, algo pode ter se tornado insuficiente para ele. Pode ter a ver com você, com coisas que você faz ou com aspectos que você não pode mudar. Pode ter a ver com a dinâmica de seu parceiro, que pode ser alguém inadequado para casamentos. Ou pode ser que os ciclos de vida de cada um tenham se defasado.

Se você gostaria de continuar o casamento, tente negociar com ele para que invistam por um tempo em algum dos quatro projetos discutidos nesta terceira parte do livro. Mas se ele não quiser, ou não puder, você terá de lidar com suas próprias vulnerabilidades e incrementar sua própria capacidade de lidar com perdas (de amor, de convívio familiar, de patrimônio, de prestígio social, do círculo de amigos). Por mais que você ame seu parceiro e vá sentir sua falta, constatará que quase sempre na raiz de sua dificuldade em lidar com a separação há uma catastrofização. Você não se imagina com recursos e autonomia (emocionais ou práticas) para lidar com a vida por conta própria.

Talvez você precise de apoio profissional para lidar com essa situação. Ficar triste, com raiva ou ansioso é uma coisa; ser tomado por depressão, surtos de fúria irracional e ansiedade panicosa é outra. Se esses estados tender a se prolongar, podem levá-lo a agir de modo danoso para si mesmo e para os eventuais filhos. Não deixe que esses estados prevaleçam. Se suas reações forem perigosas ou danosas, ou se prolongarem por mais de três ou quatro semanas sem sinal de melhora progressiva, procure ajuda. Não é que não sejam reações normais, mas isso não quer dizer que você não possa ter ajuda para sofrer menos e evitar danos.

### A separação é um fracasso?

Uma separação certamente é um fracasso do projeto de "viverem felizes para sempre". Mas há quem se case com a ideia de ficar junto apenas "enquanto durar".

Por outro lado, ainda que sua ideia fosse viver junto para sempre, é inerente ao casamento paritário que possam acontecer defasagens incorrigíveis na Equação do Casamento. Como vimos, você e seu parceiro nem sempre poderão ajustar defasagens na

Equação; o que *você* deveria poder ir ajustando permanentemente é sua Equação de Vida. O casamento é apenas uma parte dela.

Você pode encarar uma eventual separação como um ajuste, um recalibramento em *sua* vida, que talvez lhe tenha sido imposto, como tantas outras transições involuntárias nos são regularmente impostas (demissões, doenças, transferências de domicílio forçadas etc.). Seu casamento pode ter se defasado de forma definitiva. E você pode ter de adquirir os recursos para lidar por sua conta com mais autonomia psíquica e prática com os desafios da vida.

Defasagens definitivas nos casamentos ocorriam também com casais no passado, mas eles não podiam se separar e muitas vezes não se autorizavam a desejar tantas coisas como você ou seu parceiro.

Hoje, um terço dos casamentos acaba depois de quinze anos, e no mínimo mais um terço dos parceiros relata grande insatisfação em seus casamentos. Não há nada de incompetente ou fracassado em fazer parte dos 60% a 70% que se separam ou estão infelizes na relação.

Alguns movimentos de vida precisam ser radicais. Às vezes são movimentos irreversíveis. Mas nenhuma de suas decisões de casamento são por si um fracasso. A não ser que você ainda pense que é possível prever e controlar 100% do destino, ideia que, espero, este livro tenha ajudado a desconstruir.

A partir de certo momento, é preciso ter dignidade pessoal para sofrer sem dramatizar o que é inerente à vida e ter resiliência para suportar as adversidades e reagir.

Talvez você possa conseguir sozinho, por sua própria conta, mas é provável que se sinta melhor com o apoio de amigos, família, religião, livros, sites, terapeutas ou medicação. É um momento difícil em sua vida, não recuse ajuda.

# 19
# E agora?

Ao longo deste livro falamos de muitos casais, de alguns detalhadamente, de outros apenas de forma superficial. Todas as histórias são reais, embora tenham sido modificadas e muitas vezes fundidas com outras. Alguns dos casais atendi por meses ou até anos; outros fizeram comigo breves sessões de terapia, outros tantos desistiram no meio do caminho.

Como terapeuta de casal, habituei-me ao fato de que nunca sabemos como uma história acaba. Ao longo da terapia e depois de seu encerramento, os novelos continuam se desenrolando em novos capítulos, às vezes repetindo padrões, às vezes com reviravoltas inusitadas. O que parecia ser a melhor decisão, se mostra a pior; o que pensávamos ser ruim se revela maravilhoso.

Além disso, nunca sabemos dizer o que faz uma relação valer a pena. O que conta é ter sido uma relação feliz? Ou ter sido intensa e, apesar de traumática, ter permitido um imenso crescimento pessoal? Na sua avaliação, que peso tem a "história" e o "aqui e agora"?

Nenhum terapeuta de casal tem respostas prontas para essas perguntas, tampouco sabe lhe dizer como ser feliz no casamento. Espero que, com a leitura deste livro, você — como a maior parte dos casais descritos — consiga três coisas:

1. Enxergar as fraquezas e fortalezas da sua Equação do Casamento e lidar com elas, em vez de ignorá-las.

2. Entender que os conflitos pessoais são, em sua maioria, mal-entendidos e que, mesmo quando são agressões intencionais, em geral são retaliações desesperadas de dor e frustração, que pedem que você entre em conexão com as necessidades de seu parceiro.

3. E — talvez o mais importante — que você não tenha medo de experimentar, de errar e de fazer escolhas equivocadas, arcar com o preço delas — e de tentar de novo. Acima de tudo, não viva se lamentando, não se ponha numa posição queixosa, culpando os outros. Aprenda a incrementar sua relação com generosidade ou a apreciar a que tem. Se decidir se separar, faça-o de modo leal. Não viva num atoleiro matrimonial; desencalhe-se ou transforme o lamaçal num areal arborizado, com alguns canteiros floridos.

Mais do que desejar que você seja feliz em seu relacionamento, faço votos de que ouse experimentar e entenda que para a maioria de nós aprender a viver demora algum tempo. Se há uma coisa boa em amadurecer é que você entende melhor os pesos de cada dimensão de sua Equação do Casamento, e não se perde mais no que simplesmente não importa. Tenha paciência com seu processo de aprendizado.

# APÊNDICES

APÊNDICE A

# Tabela da Equação do Casamento: Como montar a *sua* Equação?

Apresento a seguir uma tabela que, além das seis dimensões principais da Equação, contempla também os 22 aspectos específicos de cada dimensão que foi desdobrada ao longo dos capítulos de 1 a 6.

Ao preenchê-la, você poderá ter uma visão detalhada de como percebe seu casamento hoje. Além de sua avaliação de cada aspecto, indique também as notas que imagina que seu parceiro daria, tentando pensar do ponto de vista dele. Isso é importante para colocar as coisas em perspectiva.

Considere A = alto, B = médio e C = baixo. Essas notas apenas indicam a qualidade de cada aspecto, não servem para cálculos matemáticos de médias. A nota geral, no fim de cada coluna, não resulta da soma de todas. Por exemplo, se você avaliou três aspectos com nota A na dimensão *Compatibilidade psicológica*, mas avaliou um quarto aspecto (muito importante para você) com nota C, pode ser que dê uma nota C ao resultado final desta dimensão. A nota geral de cada dimensão depende do peso subjetivo que cada aspecto tem para você.

No final da tabela, você pode fazer uma avaliação global do grau de satisfação que vive em seu casamento. Novamente, não se trata da soma e da média, mas de sua sensação subjetiva global sobre quão satisfeito ou não você está em seu casamento.

Embora a maioria dos parceiros tenha um bom índice de acerto a respeito do que o outro pensa e sente, compartilhar certas questões pode ser muito destrutivo. Portanto, é mais prudente que, de início, você utilize a tabela apenas para suas reflexões pessoais. Se, depois de amadurecer algumas questões, decidir que é realmente importante compartilhar alguns pontos, leia a Parte II sobre a arte de conviver a dois *antes* de fazê-lo. (Ao terminar a leitura você entenderá por quê!)

## Compatibilidade psicológica

**Complementaridade de fortalezas e carências:**

A sua capacidade de atender o parceiro nas carências psicológicas dele:

A( ) B( ) C( )

A capacidade dele de me atender nas minhas carências psicológicas:

A( ) B( ) C( )

**Funcionamento psicológico individual:**

O quanto você é equilibrado e positivo:

A( ) B( ) C( )

O quanto ele é equilibrado e positivo:

A( ) B( ) C( )

**Sintonia de temperamentos e estilos:**

A sua opinião sobre se estão em sintonia de temperamento e estilos:

A( ) B( ) C( )

A opinião dele sobre se estão em sintonia de temperamento e estilos:

A( ) B( ) C( )

**Como avalio de forma geral o grau de nossa *Compatibilidade psicológica:***

A( ) B( ) C( )

## Saber conviver a dois

**Habilidade para lidar com divergências:**

A minha:

A( ) B( ) C( )

A dele:

A( ) B( ) C( )

**Etiqueta de casal:**

A minha:

A( ) B( ) C( )

A dele:

A( ) B( ) C( )

**Conexão com diferenças de gênero:**

A minha capacidade de me conectar com necessidades de gênero dele:

A( ) B( ) C( )

A capacidade dele de se conectar com minhas necessidades de gênero:

A( ) B( ) C( )

**Conexão com diferenças de personalidade:**

A minha capacidade de me conectar com a personalidade do parceiro:

A( ) B( ) C( )

A capacidade dele de se conectar com minha personalidade:

A( ) B( ) C( )

**Conexão com diferenças de situação:**

A minha capacidade de me conectar com aspectos da situação atual dele:

A( ) B( ) C( )

A capacidade dele de se conectar com aspectos de minha situação atual:

A( ) B( ) C( )

**Como avalio de forma geral nossa capacidade de conviver a dois:**
A( ) B( ) C( )

## Graus de consenso

**Concepções de casamento:**

A convergência de concepções matrimoniais que você sente:
A( ) B( ) C( )

A convergência que você acha que ele sente:
A( ) B( ) C( )

**Projetos de vida:**

A convergência que você sente existir entre os projetos de vida:
A( ) B( ) C( )

A convergência que você acha que ele sente existir:
A( ) B( ) C( )

**Valores e senso de propósito:**

A convergência que você sente existir entre valores e propósitos de vocês:
A( ) B( ) C( )

A convergência que você acha que ele sente:
A( ) B( ) C( )

**Afinidades de gostos e interesses:**

A afinidade que você sente existir de gostos e interesses de vocês:
A( ) B( ) C( )

A afinidade que você acha que ele sente:
A( ) B( ) C( )

**Como avalio de forma geral nossos *Graus de consenso*:**

A( ) B( ) C( )

## Atração e vida sexual

**Química sexual:**

A química que você sente:

A( ) B( ) C( )

A química que você acha que ele sente:

A( ) B( ) C( )

**Preferências eróticas:**

A convergência de preferências eróticas que você sente:

A( ) B( ) C( )

A convergência que você acha que ele sente:

A( ) B( ) C( )

**Habilidade sexual:**

A minha:

A( ) B( ) C( )

A dele:

A( ) B( ) C( )

**Ambiente erótico-sensual:**

A minha contribuição para nosso ambiente erótico-sensual:

A( ) B( ) C( )

A dele:

A( ) B( ) C( )

**Como avalio de forma geral nossa *Atração e a qualidade de nossa vida sexual*:**

A( ) B( ) C( )

## Ciclos de vida, pressões e frustrações externas

**Pressões provisórias e permanentes:**

A sua capacidade para lidar com pressões provisórias e permanentes:

A( ) B( ) C( )

A capacidade dele para lidar com pressões provisórias e permanentes:

A( ) B( ) C( )

**Ciclos de casamento e de vida:**

A sua capacidade para lidar com mudanças e dissintonias de ciclos:

A( ) B( ) C( )

A capacidade dele para lidar com mudanças e dissintonias de ciclos:

A( ) B( ) C( )

**Gratificações em outras áreas:**

A sua capacidade para obter gratificações em outras áreas:

A( ) B( ) C( )

A capacidade dele para obter gratificações em outras áreas:

A( ) B( ) C( )

| **Como avalio o modo como lidamos com *Ciclos de vida, pressões e frustrações externas*:**<br>A( ) B( ) C( ) |
|---|

## Vantagens de permanecer casado

**Dependência de suportes práticos:**

A sua dependência:

A( ) B( ) C( )

A dependência dele:

A( ) B( ) C( )

**Laços afetivos:**

A força de seus laços afetivos pelo parceiro:

A( ) B( ) C( )

A força dos laços afetivos dele por você:

A( ) B( ) C( )

**Apego ao Projeto Família:**

O seu grau de apego:

A( ) B( ) C( )

O grau de apego dele:

A( ) B( ) C( )

**Quanto valorizamos de forma geral as *Vantagens de permanecer casado*:**

A( ) B( ) C( )

Escreva a seguir o resultado geral de cada uma das seis dimensões. Isso vai lhe dar uma visão geral das fortalezas e carências de seu casamento, do grau total de sua satisfação e do quanto você ainda deseja investir na relação.

LEMBRE-SE: Não se trata de somas ou médias, uma vez que cada fator tem seu próprio valor e sua própria lógica.

**Avaliação de cada dimensão**

- Compatibilidade psicológica:
  A( ) B( ) C( )
- Saber conviver a dois:
  A( ) B( ) C( )
- Graus de consenso:
  A( ) B( ) C( )
- Atração e vida sexual:
  A( ) B( ) C( )
- Ciclos de vida, pressões e frustrações externas:
  A( ) B( ) C( )
- Vantagens de permanecer casado:
  A( ) B( ) C( )

Grau geral de sua satisfação matrimonial:
A( ) B( ) C( )

Seu desejo de investir no casamento:
A( ) B( ) C( )

Se você preencheu a tabela de sua Equação do Casamento, perceberá que há áreas mais fortes e positivas, outras mais fracas e negativas, e algumas médias. Se seu grau de satisfação global com o casamento for insatisfatório, vale a pena explorar as possibilidades de diminuir ou reverter as áreas problemáticas ou então fortalecer as áreas médias, que talvez compensem os aspectos negativos que não possam ser incrementados. Se quiser fazê-lo, volte ao capítulo 7 e leia mais sobre essas possibilidades. As Partes II e III deste livro são inteiramente voltadas a maneiras como você pode tentar incrementar sua Equação do Casamento, atuando sobre cada uma das dimensões que têm potencial de mudança.

APÊNDICE B

# Sobre o casamento de terapeutas (e sobre o meu próprio casamento)

Ao folhear livros sobre casamento, talvez você tenha se deparado com a foto de um psicoterapeuta e seu cônjuge abraçados e sorrindo na contracapa. E se perguntado se de fato ele aplica em sua vida pessoal aquilo que escreve.

Como vimos, felicidade na vida ou no casamento não depende só de competência, mas também de genética (temperamento) e de circunstâncias (sorte). Mais do que ser feliz, a questão é poder experimentar e ir escolhendo a vida que lhe parece valer a pena, seja uma vida de solteiro, separado ou casado. E ter dignidade de arcar com os preços de suas escolhas.

Não importa que opção seu psicoterapeuta de casal fez na vida pessoal, desde que ele não se misture com você (um pouco é inevitável). E desde que o ajude a aprender a fazer suas próprias opções. Vários dos melhores treinadores esportivos e consultores de empresas não são campeões nem empresários. Mas é preciso que tenham vocação de ajuda, empenho e formação adequada.

Entendo que alguns de meus pacientes e leitores sintam necessidade de perguntar a respeito de minha vida pessoal. Sempre suspeitamos de um médico que se recuse a demonstrar que usa o próprio remédio que propaga.

Por isso em certos limites respondo às perguntas que sobretudo mulheres no final das minhas palestras me fazem sobre meu casamento. Algumas "jogam verde", afirmando: "Sua mulher" deve ser muito feliz em ter um marido como você!". Outras indagam abertamente: "Casa de ferreiro, espeto de pau?". Homens costumam fazer piadas, como: "Em que monastério tibetano você fez estágio?".

Começarei por revelar o óbvio — que parte das histórias dos casais descritos no livro também se refere a minha relação matrimonial. Muito do que aprendi como terapeuta de casal veio dos encontros e sobretudo dos desencontros em meu casamento. Por outro lado, casais que atendi me ajudaram a entender melhor o que se passava em meu próprio casamento. Até hoje isso ocorre. A clínica e a vida pessoal de um terapeuta são sempre uma via de mão dupla.

Daniela e eu estamos casados desde 1995. Durante doze anos, namoramos diversas vezes antes de oficializarmos a união. Amigos e até mesmo nossas filhas, uma de nove, outra de treze, às vezes nos perguntam por que "perdemos tanto tempo". Não sei exatamente, mas penso que éramos suficientemente imaturos e problemáticos, e damos graças a Deus por termos ganho mais experiência antes de nos casar.

Todavia, na vida os ajustes não acabam, e ao longo de quase um ano, revisando o livro comigo, Daniela — diversas vezes, zombeteira — fazia uma mímica apontando para certos trechos. Referia-se sobretudo às minhas ogrices e ao fato de eu colocar a vida a dois num lugar mais central em nosso casamento...

## APÊNDICE C

# Atuais conhecimentos sobre terapia de casal e a contribuição deste livro

Por que cônjuges que moram junto antes de casar têm, em média, casamentos piores? Há relação entre o prognóstico do seu casamento e o dos seus pais? Ocitocina (hormônio relacionado ao vínculo) pode ajudar na terapia de casal?

Há quarenta anos casais e terapia marital são estudados a partir de diversas perspectivas. Observam-se, por exemplo, casais na vida social (pesquisa de campo) ou em laboratórios de psicologia, onde se medem comportamentos e se testam terapias com grupos-controle. Além disso, até dezenas de variáveis são estudadas, acompanhando por anos sua evolução em casos isolados. E, via internet, aplicam-se questionários a milhares de casais. Outras áreas também estudam relacionamentos — por exemplo, a psicogenética, a neuroendocrinologia, a psicologia animal e a antropologia.

Contudo, comportamento de macacos, costumes tribais ou neuroimagens de casais não se aplicam diretamente ao *seu* casamento. Mesmo pesquisas com grandes amostras de casais costumam ter problemas metodológicos difíceis de contornar, pois as evidências empíricas não são replicáveis e têm vieses que não permitem extrapolá-las para o todo.

Embora décadas de pesquisa tenham permitido estabelecer correlações bem definidas entre muitas variáveis, na vida real nossas emoções e cognições estão interligadas em redes complexas e instáveis. Por isso na clínica preferimos falar em "tendências", "contratendências" e "multideterminação" em vez de correlações de causa e efeito.

Arrisco dizer que em psicologia estamos num estado análogo à economia, com seus modelos de simulação, laboratórios de finanças comportamentais e ferramental estatístico. Também nós sofremos de um diabólico problema metodológico denominado "subdeterminação da teoria pelas provas": diferentes teorias explicam igualmente bem os mesmos dados. Temos muitas teorias rivais e pouco consenso. Como em economia, diante da complexidade empírica, o fundamento da argumentação tem um papel-chave também em psicologia.

A força do argumento em psicoterapia depende de mostrar que: 1. a teoria é lógica e plausível; 2. tem alcance explicativo; 3. faz previsões; 4. explica os acertos e falhas das rivais; 5. é coerente com conhecimentos de campos afins; 6. apoia-se em evidências empíricas (que não são provas); 7. permite melhores intervenções terapêuticas que as rivais; 8. obtém bons resultados clínicos; 9. propõe correlações suficientemente claras para um dia serem testadas.

Mas bons argumentos não bastam, é preciso capturar corações e mentes com retórica e paixão, que não faltam aos psicólogos! Muitas vezes, profissionais se proclamam mais "científicos" que colegas e evocam como prova experimentos e testes de eficácia (que, na verdade, tornam a teoria apenas plausível). É comum que terapeutas pouco conheçam as linhas rivais e, no afã de vencer o debate, as distorçam de forma preconceituosa.

Ainda assim, houve muito progresso no conhecimento sobre casais. Temos hoje mais dados do que conseguimos processar. Mas um grande acúmulo de conhecimento e argumentos bem fundamentados garantem terapias eficazes?

## Quais psicoterapias de casal são mais eficazes?

Se você quiser fazer terapia de casal, poderá optar entre mais de duas dezenas de abordagens. Citarei quatro das principais matrizes das quais muitas delas derivam: a sistêmica, a psicanalítica, a cognitiva e a comportamental.

Dentre as dezenas de abordagens, algumas têm nomes autoexplicativos; outras, mais herméticos. "Terapia focadas nas emoções", "Terapia de apoio incondicional", "Terapia focada em soluções", "Terapia vincular", "Terapia sistêmica construtivista". Entre os terapeutas que as criaram ou as tornaram populares, figuram nomes que você poderá ver em vídeos na internet, como John Gottmann, Sue Johnson, Jack Padesky, Jeffery Larson e Insoo Berg, para citar alguns.

Se você levar problemas conjugais a terapeutas de linhas diversas, eles divergirão nos pressupostos e na conceituação dos problemas (de novo a subdeterminação da teoria pela prova). Mas as metas clínicas serão semelhantes:

1. Estabelecer uma aliança terapêutica com vocês.
2. Ajudar cada um a sair da postura persecutória e perceber as próprias fragilidades e as do cônjuge.
3. Obterem mais autoconhecimento e formarem expectativas realistas a respeito de si, do parceiro e de relacionamentos.
4. Ajudá-los a se comunicar e a lidar com conflitos.
5. Se ficarem juntos, experimentarem outros modos de convívio.

Mas não usarão os mesmos métodos. Alguns farão perguntas para levá-lo a construir raciocínios. Outros farão interpretações para instigá-lo. Uns explicarão as dinâmicas entre você e ele. Alguns terão uma postura ativa; outros, passiva. Uns enfatizarão emoções; outros, a cognição, o ego ou o inconsciente. Os "ortodoxos" seguirão uma só linha; os "ecléticos" usarão recursos de várias abordagens.

Mas o que funciona melhor? Desde os anos 1980 se faz, sobretudo nos Estados Unidos, estudos comparativos, mas há certas dificuldades. Por exemplo, como selecionar terapeutas com experiência, carisma e talento equivalentes, para comparar métodos, e não habilidades pessoais e profissionais? Em vários estudos há mais variação devido a diferenças de qualidade entre terapeutas que em função da linha adotada.

Diante da dificuldade de comparar eficácias, a Associação Americana de Psicologia (APA, na sigla em inglês) trocou o selo que credenciava terapias como "validada empiricamente" [*empirically validated*] pela designação de "apoiada em evidências empíricas" [*empirically supported*], deixando claro que as pesquisas indicam que a abordagem *também* funciona, mas não que seja superior ou esteja cientificamente validada. Hoje, mesmo só com relatos de casos individuais, desde que bem documentados, uma nova linha pode receber o selo de "promissora". Enfim, não conseguimos dizer qual linha é mais eficaz para a maioria dos pacientes.

Mesmo assim, podemos afirmar que em geral a terapia é muito eficaz. A maioria dos estudos de eficácia se refere a métodos de terapia individual, e embora seja difícil compará-los entre si, em média a psicoterapia se mostra eficaz para grande parte dos problemas psicológicos (quando comparada ao não tratamento e à medicação). Sobre psicoterapia de casal há menos pesquisas de eficácia, mas as poucas que temos também indicam que ela funciona. Apesar de a maioria dos casais só buscar ajuda quando a relação já se deteriorou (em torno de seis anos após começarem os problemas), cerca de 70% resgatam o casamento e até dois anos depois ainda estão satisfeitos com a terapia. E parte dos 30% que se separam acha que a terapia os ajudou a lidar melhor com o divórcio.

### Qual a contribuição deste livro?

Procurei atingir quatro objetivos ao escrever este livro.

1. Descrever os principais elementos do casamento sob a forma de uma Equação do Casamento.

2. Trabalhar a conexão erótica, buscando pontes entre erotismos femininos e masculinos.
3. Enfatizar a arte de conviver a dois como educação preparatória para o casamento e insistir que ela é uma ferramenta contemporânea imprescindível.
4. Apresentar os projetos de experimentação, que na verdade são experimentações de graus de congruência, como um instrumento permanente de autoconhecimento.

Os *elementos* que compõem a Equação foram discutidos por muitos autores. Mas creio que a Equação é um modo inédito de olhar para o casamento. Ela traz uma visão panorâmica sobre os mais importantes aspectos da relação (22 na minha versão; podem ser mais, ou menos, na sua). E permite que paciente e terapeuta criem hipóteses de como os diferentes aspectos se articulam.

Embora, ao longo dos anos, eu tenha reformulado a Equação até chegar ao formato que me parece o mais bem concebido, os pacientes faziam os mesmos progressos (ou não faziam) usando versões da Equação "inferiores" à atual. Alguns chegaram até a construir suas próprias. O que mostra que, além do conteúdo da teoria, importa também o engajamento do paciente. Como a concebi, a Equação dá autonomia a ele para apropriar-se dela ou formular sua própria versão.

Além do papel terapêutico, a Equação tem um valor teórico, pois conecta a psicologia individual, a psicologia social e a contingência — ela interliga suas características psicológicas pessoais à mentalidade de sua época e à sua situação de vida.

Na meteorologia, o vento, a temperatura e a umidade estão interligados. Alterando-se um, os outros são afetados. O mesmo ocorre com a mentalidade de época (valores sociais, estética), as características individuais (temperamento, personalidade) e as contingências de vida (ciclos, pressões externas, saúde). Nossos neurônios operam inserindo-se alternadamente em diversos subsistemas interligados. A Equação do Casamento foi construída pressupondo um funcionamento solidário das diferentes funções cerebrais.

Quanto aos *erotismos*, defini erotismo como aquilo que faz aflorar seu desejo sexual, ou o sustenta, ou o leva ao gozo. E a diferenciação entre erotismo primitivo (primário) e o erotismo associado ao vínculo pessoal (secundário) é uma maneira de visualizar as assimetrias eróticas. Parti do que, ao longo dos anos, capturei da subjetividade sexual masculina e feminina, e de como os dois tipos de erotismo em geral se configuram em cada gênero. Para tanto, pautei-me por vários conceitos freudianos: "gozo ativo" e "passivo", "corpo erógeno", "difusão" e "concentração pulsional", e "processos primário e secundário" (que descrevem modos de processamento cerebral).

A distinção entre erotismo primário e secundário não é científica e tampouco rigorosa. Eles se interpenetram, como ocorre com quase todos os fenômenos psicológicos. E como já percebia Freud, e os gregos antes dele, também masculino e feminino não são distinções claras, tampouco só anatômicas. São também pessoais e culturais. Atribuímos a determinadas atitudes a designação de "masculino" e "feminino", mas elas existem nos dois gêneros.

Em minha clínica, a distinção entre erotismo primário e secundário, masculino e feminino, tem sido de valor inestimável. Ao familiarizar cada um com seu próprio erotismo e com o do parceiro, e acrescida de outros métodos terapêuticos (oriundos da terapia sexual), essa distinção permite muitas experimentações no erotismo e na sexualidade individuais, bem como na dinâmica erótica do casal, desde que o terapeuta não tenha inibições para tratar desses temas e não seja invasivo.

A ênfase nas cinco competências necessárias para o convívio a dois como ferramenta de ajuste permanente da relação não é uma unanimidade. Alguns terapeutas consideram irreal esperar que os cônjuges desenvolvam as capacidades que denominei de arte de conviver. Exigiriam um autocontrole insustentável na vida a dois. Seriam ferramentas para utilizar moderadamente. De fato, para alguns casais pode ser inviável, mas vejo dois argumentos a favor de dar às competências um papel central no casamento:

1. O casamento mudou. Hoje temos de negociar muitos ajustes (salvo a minoria de casais que é psicologicamente complementar, ou os que se "alimentam" de conflitos).
2. Com cinco a dez sessões, as competências de convívio podem se tornar uma "segunda pele". Para guiar carros com espontaneidade, temos de aprender manobras, saber as leis do trânsito e treinar. O mesmo com as competências de convívio.

Encaro-as como educação básica, tal como somos educados a ter etiqueta à mesa ou manter a higiene bucal. Ser respeitoso, levar o outro em conta, comunicar-se em conexão, e mesmo em conflito, manter-se leal, pode ser ensinado a crianças, a noivos ou como complemento educacional a cônjuges.

Não acredito que essas competências brotem naturalmente da autodescoberta em terapia. A busca do "verdadeiro Eu" ou dos "desejos genuínos" pode torná-lo mais tolerante e empático (ou até menos tolerante). Mas em geral é necessário uma dose de "informação" e "treinamento" sobre o convívio a dois. Cabe educação numa terapia? Pelo que sei, não há melhor momento para o casal adquirir essa "educação" do que em sessão. É um "*coaching* de casal", que dificilmente poderia ser dado por outro profissional em paralelo à terapia.

Muitos terapeutas criticam o direcionamento na terapia. Outros, aos quais me alinho, argumentam que há uma diferença entre dois tipos de direcionamento. Um nocivo, que tenta direcionar o desejo do paciente, prescrevendo-lhe o que *deve* querer; outro positivo, que é o "direcionamento do processo".

"Direcionamento do processo" é construir *com* o paciente os projetos terapêuticos ligados aos desejos dele, sugerindo-lhe procedimentos que a experiência e as pesquisas indicam ser úteis para ele rever seus desejos e testar seus limites e potenciais. A maioria dos pacientes não saberia fazê-lo por si só. E tampouco o descobre pela instigação ou pelo acolhimento afetivo do terapeuta.

Quanto aos conteúdos das cinco competências de convívio, eles têm uma longa história na psicologia. Em parte derivam da tradição rogeriana e humanista (empatia, escuta ativa). Também receberam ao longo do tempo acréscimos da terapia cognitiva e da psicologia positiva (deixar-se influenciar, cultivar afinidades, corrigir distorções cognitivas e atribuições negativas etc.). E sua base tem pressupostos psicanalíticos (identificações cruzadas, projeções, repetição da neurose e ambivalência) e sistêmicos (sintoma como emergente dos conflitos).

A meta ao fazer *projetos de experimentação* é obter e observar os diversos *graus de congruência* que você pode conseguir. A maioria de nós precisa sentir alguma congruência entre o que quer e o que acha que quer, bem como entre as possibilidades imaginárias e as reais. Diferente dos maníacos, dos impulsivos, dos que fogem da realidade e dos desesperados, que costumam agir sem olhar para a congruência.

Mas não há como conseguir 100% de congruência. Mudamos de humor, de opinião e temos desejos contraditórios. E não há muita coerência entre o que sentimos e o que achamos sentir. Além disso, nossa memória e nossa percepção nos pregam peças.

Neste livro discutimos os graus de congruência possíveis no casamento. Para tanto, sugeri que você seguisse os projetos de experimentação (Parte III) para testar as possibilidades de tornar as seis dimensões da Equação do Casamento mais convergentes.

Por exemplo, você pode tentar ajustar aspectos de sua personalidade, rever valores obsoletos, alterar hábitos ou mudar situações externas. A cada experimento você observa o grau de congruência obtido entre as dimensões e aprende mais sobre seus desejos (que, em parte, são inconscientes).

Mas não se trata só de convergência entre desejos e possibilidades. Digamos que com 80% de convicção você se sinta mais confortável para tentar se posicionar no casamento. Você só conseguirá se posicionar se tiver diminuído seu medo de errar, já que imagina ter 20% de chance de estar equivocado. Portanto, precisa também haver alguma congruência entre seus vários medos; é preciso obter um grau de confiança em seus recursos para corrigir erros ou para arcar com as consequências.

Como construir congruência entre tantos fatores? Sem terapia você pode se apoiar em leituras, vídeos, conselhos de pessoas mais experientes, crenças religiosas, mas no final dependerá mais de sua persistência, talento e equilíbrio emocional. Em terapia é possível fazer um trabalho mais sistemático, disciplinado, com foco e com todo apoio para lidar com dificuldades no caminho.

Tendo construído com meus pacientes sua Equação de Casamento, abordo os projetos de experimentação que cada um deseja seguir, de modo análogo às técnicas da terapia cognitiva. Você começa por avaliar se cada aspecto que deseja mudar é mesmo um problema. Depois pensa em hipóteses que expliquem de onde vem o problema e como poderia lidar com ele passo a passo. O mesmo com seu medo de errar. E se põe então a testar as hipóteses em experimentos imaginários e reais, aprendendo mais sobre si mesmo em cada tentativa.

Mas vejo cinco diferenças de ênfase entre meu modo de enxergar as coisas e trabalhar problemas e a terapia cognitiva padrão. A primeira é o peso que confiro à construção, a partir dos experimentos pessoais, de uma versão da sua Equação do Casamento. A segunda é minha insistência em que você respeite ao máximo a base sobre a qual sua vida se assenta: seu temperamento. A terceira é o valor que confiro à força das contingências externas (a aleatoriedade da vida, sorte e azar) e às estratégias para integrá-las em sua vida. Uma quarta diferença é minha dedicação à microanálise de seus hábitos (inclusive linguísticos e psicomotores). Hábitos podem retroagir sobre a personalidade e o humor. Mudá-los às vezes é decisivo. A quinta diferença reside no tempo que dedico a rever com pacientes a mentalidade e os valores sociais de seu meio. Tendemos a adotá-los de modo automático, acrítico. Testo com o paciente se esses valores lhe fazem sentido.

Cada experimento começa como um teste. Uma vez que você se convença dele num grau suficiente, torna-se uma aposta de casamento (ou de vida), que durará enquanto os sinais internos (da psique) e externos (do mundo) confirmarem a adequação da aposta. Se as evidências mudam é preciso flexibilidade e coragem para mudar. Não ao primeiro sinal. Persistência e resiliência lhe permitem aguentar e manter sua aposta. Mas a experiência ensina que em algum momento evidências negativas justificam mudanças. Você nunca terá certezas, só graus de convicção para decidir mudar ou não.

### Sobre as pesquisas que fundamentam este livro

Não desenvolvo pesquisas, leio-as e eventualmente as estudo. Elas estão disponíveis em *journals*, sites, teses e livros. Abrangem temas como relação terapeuta-paciente, teorias de personalidade, efeitos de longo prazo após o término da terapia etc. E não só a clínica me importa; também progressos em áreas afins, como neurociência, psicologia social e genética, entre outras.

Muitos dos argumentos deste livro se fundamentam em pesquisas específicas que estudei sobre dinâmica e terapia de casal e que constam nas notas.

Outras resultam de construções minhas, feitas a partir de pesquisas de base já existentes (não voltadas para a prática) e de algumas até mesmo não ligadas à clínica psicológica. Articulo essas informações e construo modelos explicativos. Para torná-las úteis na clínica, tento transformá-las em ferramentas para o consultório e as utilizo por anos, aperfeiçoando-as, ou concluo que não servem e deixo-as de lado. No caso da Equação do Casamento, lapidei-a durante quatro anos. Várias das intervenções que utilizo em sessão também foram construídas desse modo.

De certa forma, todos os meus pacientes são eternamente cobaias de algumas inovações. Mas nunca os exponho a experimentações malucas, apenas testo algumas ferramentas adicionais.

E nem sempre o conteúdo dessas ferramentas se origina da clínica. Por exemplo, a diferença entre "confiança" e "aposta", o recurso da "dignidade pessoal" para lidar com o infortúnio e a noção de "regressão" para lidar com expectativas de casamento derivaram das concepções de três autores, cujas ideias não estão ligadas à clínica: Kahneman, psicólogo ganhador do prêmio Nobel de economia; Nassim Taleb, investidor do mercado financeiro e professor de engenharia de risco na Universidade de Nova York; e Mlodinov, professor de física na Universidade Berkeley. Os três relatam tipos de erros cognitivos e emocionais na tomada de decisões. Kahneman fez pesquisas empíricas, ocupou-se dos raciocínios primitivos automáticos, arraigados em nossa estrutura mental. Taleb demonstra que não somos capazes de discriminar o efeito do acaso em nosso sucesso e fracasso. E Mlodinov mostra que a estatística pode ajudar em estratégias para lidar com a aleatoriedade em projetos de vida. São ideias relevantes para lidar com cognição, emoção e hábitos (temas da psicanálise, do behaviorismo e da terapia cognitiva). Merecem ser transformadas em ferramentas de consultório. Desenvolvi três. É pouco; outros poderão tirar muito mais desses autores.

Discutir as construções teórico-clínicas que utilizo no livro teria nos desviado do tema casamento. De qualquer modo você encontrará as pesquisas que as subsidiam nas notas reunidas a partir da página 333.

## Uma palavra sobre a minha linha de psicoterapia

Se rastrearmos as melhores ideias em psicologia, veremos que muitas já foram pensadas por algum pré-socrático e se perderam ao longo do tempo para serem reinventadas diversas vezes. Outras se mantiveram por milênios, sendo periodicamente recicladas. E continuamos reaproveitando diversas delas, só que agora o fazemos testando-as cientificamente. Mas nem tudo são reciclagens; em alguns raros momentos surgem de fato novos paradigmas.

Freud representou um desses momentos. Com sua teoria do conflito psíquico e o método verbal de cura, criou as bases da psicoterapia tal como a conhecemos hoje. Suas teorias sobre a formação do medo, sobre a noção de Eu, os mecanismos pré-verbais, a relação entre cognição, emoções e memória, a relação entre prazer e dor, e tantas outras, continuam atuais. Mas vêm sendo reinventadas com outros nomes por pesquisadores de escolas não ligadas a Freud, que rejeitam sua concepção de recalque sexual e, por extensão, todo o resto, e não lhe creditam a autoria original de muitas outras grandes ideias em psicologia. Além disso, muitos terapeutas e pacientes atuais não se adaptam ao método clínico freudiano (divã, interpretações, sessões diárias etc.).

Tenho um longo percurso na teoria freudiana. Por anos traduzi sua obra, e minha tese de doutorado foi sobre sua teoria das pulsões e afetos, a respeito da qual tenho um livro publicado. Também considero a teoria lacaniana fundamental para uma clínica mais refinada, com noções como ética do desejo, sujeito e tantas outras. Mas não sou militante nem adepto de linha alguma.

Tenho me dedicado durante anos à psicoterapia comparada. E cada vez mais constato que diferentes abordagens lidam com os mesmos fenômenos clínicos e acabam por convergir em inúmeros aspectos, ainda que a partir de pressupostos, estilos e ideologias incompatíveis.

Além da psicanálise, sou marcado também pela psicologia americana. Pelo atual behaviorismo radical, pela psicologia humanista, pelas teorias sistêmicas (em especial pela terapia cognitiva), mas também pela psicologia positiva. Em conjunto, essas e outras contribuições permitem transformações profundas na psicodinâmica em relativamente poucas sessões. Agrada-me seu pragmatismo, sua profundidade e sua constante autorrevisão. E que valorizam a transparência e a cooperação entre paciente e terapeuta. Desagradam-me seus preconceitos contra as abordagens analíticas (Freud, Jung, Lacan, Winnicott), e frequentemente ao pensamento não anglo-saxão. Como me desagrada a rejeição dos psicanalistas às outras linhas, taxando-as de adaptativas e superficiais, bem como a desconfiança preconceituosa que muitos têm ante o novo.

Seja qual for a linha, nós, psicólogos, conhecemos apenas um fragmento das antigas e novas ideias que mereceriam nossa atenção. Mapeá-las é uma tarefa para grandes equipes de pesquisa e levaria muitas décadas. Há vários grupos no mundo iniciando-as. A ideia que os anima não é eliminar a diversidade de visões, mas construir um modelo que as articule e faça pontes com novos avanços em outras áreas do conhecimento. Se sigo alguma linha, é essa.

# Agradecimentos

Alguns livros refletem não só o que o autor aprendeu ao longo da vida, mas o que continuou aprendendo até o último minuto da redação do manuscrito.

No meu caso, muito do que aprendi devo aos pacientes que me confiaram suas questões mais íntimas. Continuo a aprender com suas histórias, o que me levou — para o desespero dos editores — a diversas vezes resgatar o texto e reformular ideias.

Também aprendi muito com uma rede de pessoas de boa vontade que fizeram com que um rebuscado manuscrito de seiscentas páginas, intitulado *Da análise do casamento como fenômeno social à análise do casamento na esfera pessoal*, se transformasse num texto final menos acadêmico e muito melhor que o inicial.

A começar, devo muito aos colegas psiquiatras, psicólogos e psicanalistas, que tiveram a paciência de ler os enormes manuscritos e comentá-los, por vezes página a página. Em especial, agradeço a Suzanna Robell, Renato Mezan e Roberto Banaco. Suas leituras cuidadosas permitiram que do manuscrito começasse a surgir um livro. Agradeço também a Mario Eduardo Pereira, que, apesar das divergências teórico-clínicas, se dispôs generosamente a debatê-las comigo.

Agradeço também aos profissionais de outras áreas que me emprestaram seu olhar: ao historiador Leandro Karnal e à professora de literatura e escritora Noemi Jaffe.

Devo muito a alguns leitores não acadêmicos, Rodrigo Pereira, Fábio Di Mauro e Cristian Gonzalez Bergweiler, grandes conhecedores da alma humana. Eles foram os primeiros a ler o manuscrito, e seus comentários foram decisivos para dar estrutura ao material.

Um especial agradecimento a Jair Ribeiro, pelo apoio vibrante. Embora ele não deva se lembrar, a inspiração inicial para este projeto partiu dele, assim como a indicação de diversas leituras cruciais à formulação de minhas ideias. Também agradeço ao diretor da Casa do Saber, Mario Vitor Santos, e a sua equipe, pelo apoio generoso e pela curadoria dos cursos que lá ministro. Sua curadoria se reflete em toda a concepção atual deste livro. Também foi importante a leitura crítica de Lucia Müller, Karina Alperowitch e Emiliana Alves de Castro, que testaram a legibilidade do material final, dando-me subsídios para diversos ajustes.

Mas nada disso teria sido possível sem os editores e a equipe da Paralela, selo editorial da Companhia das Letras. Ao *publisher* Matinas Suzuki Jr. e à editora Thais Pahl sou muito grato pela imensa paciência que tiveram com minha ansiedade e por seu respeito às opções do autor. Sei que lhes dei bastante trabalho. Ensinaram-me muito sobre como fazer um livro mais acessível sem abdicar da consistência teórica. Certamente meus textos acadêmicos irão se beneficiar muito dessa aprendizagem. E sou grato à Mariana Delfini, que teve o pesado trabalho de preparação de um texto ainda tão bruto. À Lucia Riff, minha agente literária, que abraçou este projeto com grande entusiasmo, agradeço por ter me guiado com segurança pelo intricado mundo editorial.

Em especial, devo agradecer a minha querida esposa, Daniela, que foi quem mais me ensinou sobre relacionamentos — e leu criteriosamente os manuscritos, fazendo sugestões que só alguém tão conectada comigo poderia fazer. Além da paciência de aguentar minha ausência, Daniela também cobriu muitas funções familiares que caberiam a mim. E não posso deixar de ser grato às minhas filhas, Antonia e Julia, que, numa idade em que ainda se ressentem da ausência do pai, não deixaram de me apoiar.

# Notas

INTRODUÇÃO: O QUE VOCÊ DEVERIA SABER ANTES DE SE CASAR [PP. 11-9]

p. 12: *Hoje, graças ao avanço da liberdade pessoal, à igualdade de gêneros e à transparência, as tarefas entre marido e mulher redistribuíram-se de modo mais equitativo, mas novas dificuldades surgiram para ambos.* Há algumas razões para isso: 1) Por incrível que pareça, casais em culturas onde não existe liberdade de escolha e cujos costumes são rígidos podem ter mais satisfação e felicidade matrimonial do que nas culturas em que os cônjuges têm a angústia de tomar decisões, fazer a melhor escolha, e padecem do arrependimento por ter feito a pior escolha. Ver Sheena Iyengar, *The Art of Choosing* (Nova York: Twelve Hachette, 2010); 2) O ato de comparar socialmente (cujas condições aumentaram muito a partir da segunda metade do século XX) provoca muita angústia. Ver Judith B. White, Ellen J. Langer, Leeat Yariv e John C. Welch, "Frequent Social Comparisons and Destructive Emotions and Behaviors: The Dark Side of Social Comparison" (*IV Journal of Adult Development*, v. 13, n. 1, mar. 2006); 3) Na maior parte da história a busca da realização pessoal não era a principal meta de vida. A atual busca da felicidade traz um ônus adicional, uma obrigação que, se não for atingida, se torna perturbadora. Ver Darrin McMahon, *Felicidade: Uma História* (Rio de Janeiro: Globo, 2007).

p. 12: *Não sabemos como acomodar o romantismo do século* XIX, *a solidez confiável do modelo vitoriano "papai e mamãe", os ideais do feminismo e libertarismo dos anos 1960, o individualismo dos anos 1980, a valorização da qualidade de vida dos anos 1990 e o valor da transparência nas relações dos anos 2000.* Sobre as mudanças nas condições do casamento patriarcal vitoriano até os dias de hoje ver Stephanie Coontz, *Marriage: A History* (Nova York: Penguin, 2006).

p. 14: *Somos mais produtivos que no início do século* XX, *mas continuamos trabalhando muito.* Para a classe média das grandes metrópoles, a tendência é haver maior diversidade de atividades produtivas dentro e fora do trabalho; até o lazer é programado e otimizado com dezenas de procedimentos, sobrando menos tempo para amigos e ócio. Ver Jean Kimmel, *How Do We Spend Our Time? Evidence from the American Time Use Survey* (Michigan: W. E. Upjohn Institute for Employment Research Kalamazoo, 2008). Em geral, o trabalho não braçal também se intensificou, pois o avanço da informática permitiu racionalizar a alocação do tempo dos funcionários. Ver Francis Green, "Why Has Work Effort Become More Intense?" (*Industrial Relations: A Journal of Economy and Society*, v. 43, n. 4, pp. 709-41, out. 2004).

p. 14: *Somos mais livres, mas temos mais estresse, depressão e ansiedade.* O aumento sobretudo dos casos de depressão, mas também de ansiedade, pode ser em parte uma ilusão estatística devido à maior atenção dada ao tema e aos novos modos de diagnosticá-lo, mas há indicações de que nos últimos sessenta anos houve um aumento significativo de casos. Ver Martin Seligmann, Elaine Walker e David Rosenham, *Abnormal Psychology* (Nova York: Norton, 2000, pp. 200-48).

p. 14: *Os homens, por motivos análogos, casam-se entre trinta e 35 anos.* Nos últimos trinta anos, a idade média em que as pessoas se casam tem subido na maioria dos países. Um dos motivos é que a fase dos vinte aos trinta anos agora é dedicada a obter diplomas e encaminhar a carreira; e dos trinta aos quarenta anos, a estabelecer uma família. Ver Anastasia de Wall, "Average Age for Women to Marry Hits 30 for First Time" (Disponível em: <http://www.telegraph.co.uk/

news/8415852/Average-age-for-women-to-marry-hits-30-for-first-time.html>. Acesso em: 19 maio 2013). Alguns exemplos da idade média de casamento apresentada por país, por idade do homem e da mulher, sem discriminação da escolaridade: ALEMANHA: 33 e 30; ARGENTINA: 25,6 e 23,3; BRASIL: 28 e 26; CANADÁ: 31,1 e 29,1; ESTADOS UNIDOS: 28,9 e 26,9; FRANÇA: 31,6 e 29,6; JAPÃO: 30,5 e 28,8; MÉXICO: 28 e 25. Fonte: Wikipedia. Disponível em: <http://en.wikipedia.org/wiki/Age_at_first_marriage>. Acesso em: 19 maio 2013.

p. 17: *Nos casais de hoje, a insatisfação é mais comum por parte das mulheres. Em média, 70% dos pedidos de divórcio partem delas.* Ver Darvid Popenoe e Robert Whitehead, *The State of Our Unions* (New Brunswick, NJ: National Marriage Project, Rutgers University, 2005).

p. 18: *O número crescente de divórcios, o incremento das queixas, a insatisfação matrimonial e a dificuldade dos solteiros em achar um companheiro ou dos divorciados em se casar de novo são testemunhos da árdua tarefa de ajustar tantas expectativas.* Embora se discuta se a taxa de divórcios se estabilizou ou continua a crescer, há consenso de que ela aumentou em relação aos anos 1950 e 1960, e que o tempo médio de duração do matrimônio nos casais jovens diminuiu. A maioria dos estudos situa em 50% a probabilidade de você se divorciar nos próximos dez anos se estiver casando hoje. Além disso, as pesquisas indicam que achar um parceiro para um segundo ou terceiro casamento tende a ser mais difícil, e a taxa de divórcio pode ser ainda maior. Ver Andrew Cherlin, *Marriage, Divorce, Remarriage* (Cambridge: Harvard University Press, 1992). Penso que os dados sobre a suposta maior dificuldade no segundo casamento podem estar distorcidos pelo fato de que mais pessoas com transtornos de personalidade se separam, e justamente estas terão novamente dificuldades em se acertar com novos parceiros. Minha experiência clínica é de que entre pacientes comuns, a taxa de satisfação no segundo casamento é em média maior do que no primeiro.

p. 19: *E de aprender novas competências para lidar com os desafios de estar casado hoje.* A preparação pré-matrimonial pode fazer toda a diferença. Ver Jason S. Carroll e William J. Doherty, "Evaluating the effectiveness of premarital prevention programs: A meta-analytic review of outcome research" (*Family Relations*, n. 52, pp. 105-18, 2003). Ver também: Scott Stanley, Paul Amato, Christine Johnson e Howard Markman, "Premarital Education, Marital Quality, and Marital Stability: Findings from a Large, Random Household Survey" (*Journal of Family Psychology*, v. 20, n. 1, pp. 117-26, 2006).

### PARTE I: A EQUAÇÃO DO CASAMENTO

### POR QUE CONSTRUIR UMA EQUAÇÃO DO CASAMENTO [PP. 22-6]

p. 22: *Você não encontrará na Equação nada em que já não tenha pensado antes e que não conste das dezenas de teorias e métodos para tratar de relacionamentos de casal.* Sobre os fatores-chave para a satisfação ou insatisfação matrimonial há dezenas de pesquisas e teorias. Um grande estudo americano com uma amostra de 21e.f501 parceiros casados que preencheram o Inventário de Casal (Enrich) encontrou cinco categorias principais que são previsoras de felicidade matrimonial: 1) comunicação, 2) flexibilidade, 3) intimidade de casal, 4) compatibilidade de personalidade e 5) habilidade para lidar com conflitos. Ver David H. Olson e Amy K. Olson, "Empowering Couples: Building on Your Strengths" (*Life Innovations*, Minneapolis, 2000). Este artigo aponta ainda quais características costumam estar ausentes em famílias com problemas: 1) conexão, 2) flexibilidade, 3) recursos sociais e econômicos, 4) clareza, 5) expressões emocionais abertas, 6) visão otimista e espiritualidade. Ver também Froma Walsh, *Strengthening Family Resilience* (Nova York: The Guilford, 1998). O modelo mais semelhante à Equação do Casamento deste livro é o esquema muito bem detalhado do "Triângulo de Casamento" de Jeffry Larson, que correlaciona características individuais, da relação e dos contextos. Ver Jeffry Larson, *Should We Stay Together?* (Denver: Jossey-Bass, 2000).

### 4. ATRAÇÃO E VIDA SEXUAL [PP. 55-71]

p. 55: Erotismo *é aquilo que o excita e pode levá-lo ao orgasmo.* Há muito material a respeito do erotismo na literatura psicanalítica, mas não há uma teoria formalizada tão extensa e detalhada do erotismo em outras abordagens da psicologia clínica. Desde Freud, os psicanalistas estudam a sexualidade a partir dos "desvios perversos" que nos ensinam muito sobre a sexualidade em geral. Ver coletânea de Jean Clavreul, *O desejo e a perversão* (Campinas: Papirus, 1991); também Joël Dor, *Estrutura e perversões* (Porto Alegre: Artes Médicas, 1991), que entrecruza estruturas de personalidade com erotismo. Serge Leclaire e Nata Minor, em seu livro *On tue un Enfant* (Paris: Seuil, 1981), abordam no capítulo "L'Amour d'Helena" o discurso feminino e masculino. Um texto complexo sobre a questão do gozo é o clássico de Lacan, "Kant com Sade", em *Escritos* (Rio de Janeiro: Zahar, 1998). Da teoria freudiana se originam conceitos como "zonas erógenas" e o entendimento de que todas as partes do nosso corpo podem se investir de excitação sexual e que temos um "corpo erógeno". Também vem de Freud a descrição das "pulsões sexuais parciais" (uma espécie de "tesão dos órgãos"), da "fusão pulsional" (fusão de excitações sexuais que se somam) e a ideia de "processos psíquicos primários e secundários" (sensações e pensamentos mais primitivos e mais elaborados) se misturam — tal como dor e prazer. Freud sublinha também a concepção de que o feminino e o masculino são "construções" psíquicas e sociais, e de que ambos os sexos têm gozo "passivo ou ativo", embora em geral um tipo de gozo prevaleça. Não é possível apontar um texto específico para cada conceito; eles aparecem ao longo de toda obra em diferentes contextos e momentos. Mas pode-se destacar os "Três ensaios sobre a teoria da sexualidade" [1905] e "Fetichismo" [1927] (Edição brasileira das obras completas de Sigmund Freud. Org. Jayme Salomão. Rio de Janeiro: Imago, 1969, v. VII, v. XXI), e "Bate-se numa criança" [1919] (*Obras completas de Sigmund Freud*. Org. e trad. Paulo César de Souza. São Paulo: Companhia das Letras, 2010, v. 14).

p. 66: *Especula-se que preferências e repulsas eróticas sejam influenciadas por uma combinação de fatores biológicos* [...] *com fatores psicológicos, como vivências infantis e adolescentes e as primeiras experiências sexuais*. Sobre mecanismos bioquímicos possivelmente envolvidos na atração sexual há inúmeros trabalhos que abrangem complementaridade imunológica, papel de hormônios, do olfato, de mecanismos genéticos de seleção estética. Ver Mark Spehr et al., "Essential Role of the Main Olfactory System in Social Recognition of Major Histocompatibility Complex Peptide Ligands" (*Journal of Neuroscience*, v. 26, n. 7, 15 fev. 2006); D. Singh e P. M. Bronstad, "Female Body Odour is a Potential Cue to Ovulation" (*Proceedings: Biological Sciences*, v. 268, n. 1469, pp. 797-801, 22 abr. 2001); Claus Wedekind et al., "MHC-Dependent Mate Preferences in Humans" (*Proceedings: Biological Sciences*, v. 260, n. 1359, pp. 245-9, 22 jun. 1995); Jan Havlicek e S. Craig Roberts, "HLA-Correlated Mate Choice in Humans: A Review" (*Psychoneuroendocrinology*, v. 34, n. 4, pp. 497-512, maio 2009); Randy Thornhill et al., "Major Histocompatibility Complex Genes, Symmetry, and Body Scent Attractiveness in Men And Women" (*Behavioral Ecology*, n. 14, pp. 668-78, 2003). Afora as teorias de compatibilidade imunológica e mecanismos hormonais de atração, há quatro principais linhas de pensamento sobre mecanismos psicológicos de atração, as teorias psicanalíticas, as behavioristas, a psicologia evolucionista e a sociobiologia.

## 5. CICLOS DE VIDA, PRESSÕES E FRUSTRAÇÕES EXTERNAS [PP. 72-9]

p. 75: *Casamentos ligam-se a ciclos biológicos, econômicos e psicológicos de cada parceiro, bem como aos ciclos de vida dos próprios pais e filhos.* Há muitos modos de se dividir o casamento em ciclos. A maioria dos modelos de ciclo é estereotipada e só serve para determinadas classes sociais, culturas (em geral com casamentos tradicionais e cujos filhos nasceram pouco depois do matrimônio). Por exemplo, no livro *In The 7 Stages of Marriage* (Nova York: Readers Digest, 2006), as autoras Sari Harrar e Rita M. DeMaria identificam estágios que denominam de paixão, realização, rebelião, cooperação, reunião, explosão e completude. Em *The Nine Phases of Marriage* (Nova York: St. Martin's Griffin, 2012), com Susan Shapiro Barash refere-se a nove fases básicas: 1) paixão e desejo; 2) conformar-se com esposa perfeita; 3) vida real: centralidade da criança; 4) tensão, uma cama: dois sonhos; 5) distância, duas camas: dois quartos; 6) fratura: divórcio de meia--idade; 7) segunda chance: casar novamente e renegociar; 8) balanço e concessões; 9) formação bem-sucedida de casal. De modo geral, os ciclos se referem a três fases: 1) recém-casamento (algo entre um a quatro anos); 2) constituir família e patrimônio; 3) eventualmente finalizar a criação dos filhos e consolidar carreira e patrimônio, quando então cada cônjuge passa a ter tempo e se ocupar mais da qualidade de vida. Nessa última fase, os parceiros poderão tanto aprofundar a união como se separar, já que o tumulto da vida e as tarefas não mais os unem. Outros autores se referem à fase do romance, da desilusão e do amor maduro, como Jeffry Larson em *The Great Marriage Tune-Up Book* (Denver: Jossey-Bass, 2003).

p. 76: *Freud nomeava essa capacidade de "sublimação"* [...]. Ver Sigmund Freud, "Mal-estar na civilização" [1930] (*Obras completas de Sigmund Freud*. Org. e trad. Paulo César de Souza. São Paulo: Companhia das Letras, 2010, v. 18); e "Novas conferências introdutórias à psicanálise" [1932] (Ibid.).

p. 76: [...] *também o conceito de* "flow", *desenvolvido por Mihaly Csikszentmihalyi, se refere a engajamentos desse tipo.* Mihaly Csikszentmihalyi, *Fluir* (Rio de Janeiro: Imago, 2002).

6. VANTAGENS DE PERMANECER CASADO [PP. 80-5]

p. 83: *Freud advertia contra o* furor curandi (*furor da cura*). Refere-se ao desejo imaturo do analista de obter resultados meteóricos em curto prazo e impor ritmos e metas incompatíveis com os desejos e as possibilidades do paciente. Ver Sigmund Freud, "Observações sobre o amor transferencial" (Novas recomendações sobre a técnica da psicanálise III) [1914-15] (*Obras completas de Sigmund Freud*. Org. e trad. Paulo César de Souza. São Paulo: Companhia das Letras, 2010, v. 12).

p. 85: *É um apelo poderoso e possivelmente um elemento relevante de sustentação do casamento tradicional até os dias de hoje.* Jean Luc Ferry, *Famílias, amo vocês* (Rio de Janeiro: Objetiva, 2007).

## PARTE II: SOBRE A ARTE DE CONVIVER

### POR QUE DESENVOLVER A ARTE DE CONVIVER [PP. 94-5]

p. 94: *Em outras épocas e regiões, as competências de convívio mais importantes podem ter sido (ou ainda são) autodisciplina, humildade e fé, ou até a arte de dissimular.* A respeito dos comportamentos esperados de esposas no ambiente anglo-saxão do século XIX, ver Naomi Cahn, "Faithless Wives and Lazy Husbands: Gender Norms in Nineteenth Century Divorce Law" (*Law Review*, Universidade Illinois p. 651, 2002). De qualquer modo, a história do casamento não é homogênea. Ver debates entre Lawrence Stone e Alan Macfarlane sobre o casamento da Inglaterra do século XIV até o XIX em Lawrence Stone, *The Family, Sex and Marriage in England, 1500-1800* (Nova York: Harper Perennial, 1983) e Alan Macfarlane, *Marriage and Love in England* (San Francisco: Blackwell, 1986). [Ed. Bras.: História do casamento e do amor. Trad. Paulo Neves. São Paulo: Companhia das Letras, 1990.]

### 8. EXPLORANDO OS BOTÕES VERDES E VERMELHOS [PP. 96-115]

p. 99: *Para facilitar, você pode utilizar um modelo simplificado de três emoções negativas básicas:* medo, tristeza *e* raiva. O tema das emoções ocupa a humanidade desde a filosofia grega até os dias de hoje, e há inúmeros modelos de classificação das emoções positivas e negativas. Utilizo aqui um modelo muito empregado por terapeutas cognitivos, que é o tripartite das emoções de medo, ansiedade e raiva, inspirado nas ideias de Richard Lazarus (*Emotion and Adaption.* Londres: Oxford University Press, 1991). Embora muito simplificado, seu uso na clínica é extremamente eficaz.

### 10. LIDAR COM DIVERGÊNCIAS E IMPOR LIMITES [PP. 129-45]

p. 133: *Diálogo em conexão.* O que denomino de "diálogo em conexão" é uma variante de diálogo utilizado por diversos autores. Ver, por exemplo, o modelo de comunicação não violenta de Marshall Rosenberg em *Non Violent Communication* (Del Mar: Puddlerdancer, 1999). Também o terapeuta de casais John Gottmann enfatiza a importância de um modelo com escuta ativa, em que se evite o que ele denomina de quatro cavaleiros do apocalipse matrimonial: criticismo, desprezo, contra-ataque e fechar-se em muralha. (*The Seven Principles for Making Marriage Work*. Nova York: Three Rivers, 1999.) Outro modelo de diálogo em conexão você encontra no livro de David Servan-Schreiber, *Curar: O estresse, a depressão, a ansiedade* (São Paulo: Sá, 2004), no qual descreve como utiliza com seus alunos um modelo denominado FTACEN, acróstico que localiza a Fonte do problema e propõe o diálogo no Tempo e Lugar adequados, utilizando uma Abordagem amigável, Comportamento objetivo, sem julgar e adjetivar moralmente, descrevendo a Emoção que isso lhe causa e mencionando qual a Necessidade que você tem e gostaria de ver atendida. Também os modelos de comunicação emocional vão nessa direção; ver Joseph A. DeVito, *The Interpersonal Communication Book* (Boston: Pearson, 2009).

## 11. ETIQUETA DE CASAL OU COMO APERTAR BOTÕES VERDES [PP. 146-55]

p. 147: *Há uma pesquisa muito citada de John Gottmann* [...]. John Gottmann sobre interações negativas e positivas (cinco para um). Ver *Non Violent Communication* (Del Mar: Puddlerdancer, 1999).

## 12. VIVER EM CONEXÃO COM SEU PARCEIRO [PP. 156-80]

p. 156: *Estar em conexão com o outro é percebê-lo. É engajar-se, envolver-se.* Envolver-se, conectar-se tanto na forma de se comunicar como na prática cotidiana, é algo que todos os terapeutas de casal enfatizam. Ver, por exemplo, Sue Johnson, *Hold Me Tight* (Nova York: Little Brown, 2008).

APÊNDICE C

ATUAIS CONHECIMENTOS SOBRE TERAPIA DE CASAL E A CONTRIBUIÇÃO DESTE LIVRO [PP. 318-30]

p. 318: *Ocitocina (hormônio relacionado ao vínculo) pode ajudar na terapia de casal?* Sobre o uso de ocitocina, ver Robert Resnikoff, "Couples Therapy and Psychopharmacology" (*Psychiatric Times*, n. 19, 2002); David Smith, "Clashing Couples To Get a Spray of Love" (*Sydney Morning Herald*, 26 maio 2007). Sobre coabitação e prognóstico de casamento, ver Xiaohe Xu, Clark D. Hudspeth e John P. Bartkowsk, "The Role of Cohabitation in Remarriage" (*Journal of Marriage and Family*, v. 68, n. 2, pp. 261-74, 2006); Jonathan Hill e Samuel Evans, "Effects of Cohabitation Length on Personal and Relational Well-Being" (*API Study*, Alabama Policy Institute, pp. 1-13, 2006).

p. 319: *Também nós sofremos de um diabólico problema metodológico denominado "subdeterminação da teoria pelas provas": diferentes teorias explicam igualmente bem os mesmos dados.* Subdeterminação da teoria pela prova, um bom resumo do tema pode ser encontrado na *Stanford Encyclopedia of Philosophy*. Disponível em: <http://plato.stanford.edu/entries/scientific-underdetermination>. Acesso em: 19 maio 2013.

p. 319: *Como em economia, diante da complexidade empírica, o fundamento da argumentação tem um papel-chave também em psicologia.* Adaptei os critérios de argumentação a partir das exigências de racionalidade argumentativa discutidas por Imre Lakatos em "Criticism and the Growth of Knowledge" (*Proceedings of the International Colloquium in the Philosophy of Science*, Londres, v. 4, pp. 91-196, 1965).

p. 319: *É comum que terapeutas pouco conheçam as linhas rivais e, no afã de vencer o debate, as distorçam de forma preconceituosa.* Nesse caso, não citarei fontes para não criar mais polêmicas infrutíferas como as que tive com alguns colegas no Brasil e no exterior. Tenho tido experiências durante minha vida acadêmica, nos muitos congressos científicos dos quais participei e como presidente da Associação Brasileira de Psicoterapia, entidade que ajudei a fundar e que tem como um dos principais intuitos lançar e apoiar pesquisas em psicologia clínica, de como é pequeno o interesse da maioria dos psicólogos em pensar nos problemas científicos a partir de perspectivas.

p. 320: *Citarei quatro das principais matrizes das quais muitas delas derivam: a sistêmica, a psicanalítica, a cognitiva e a comportamental.* Uma excelente visão geral do campo se encontra em Alan Gurman, *Clinical Handbook of Couple Therapy* (Nova York: The Guilford, 2002).

p. 321: *Em vários estudos há mais variação devido a diferenças de qualidade entre terapeutas que em função da linha adotada.* Sobre as pesquisas que indicam o "efeito terapeuta" no resultado, ver Paul Crits-Christoph e Robert Gallop, "Therapist Effects in the National Institute of Mental Health Treatment of Depression Collaborative Research Program and Other Psychotherapy Studies" (*Psychotherapy Research*, v. 16, n. 2, pp. 178-81, 2006); Paul Crits-Christoph et al., "Meta-Analysis of Therapist Effects in Psychotherapy Outcome Studies" (*Psychotherapy Research*, v. 1, n. 2, pp. 81-91, 1991). Ver também Irene Elkin, "A Major Dilemma in Psychotherapy Outcome Research: Disentangling Therapists from Therapies" (*Clinical Psychology: Science and Practice*, n. 6, pp. 10-32, 1999).

p. 321: [...] *a Associação Americana de Psicologia (APA, na sigla em inglês) trocou o selo que credenciava terapias como "validada empiricamente"* [empirically validated] *pela designação de "apoiada em evidências empíricas"* [empirically supported] [...]. Um bom resumo da evolução desses conceitos na APA se encontra em "Empirically Supported Treatments in Psychology: Recommendations for Canadian Professional Psychology". Disponível em: <http://www.cpa.ca/documents/empiric_p2.html>. Acesso em: 19 maio 2013. Sobre critérios para avaliar a eficácia de psicoterapias e a variação do efeito psicoterapeuta (aludida na nota acima), ver Steven D. Hollon e Dianne L. Chambless, "Defining Empirically Supported Therapies" (*Journal of Consulting and Clinical Psychology*, v. 66, n. 1, pp. 7-18, fev. 1998). Sobre pesquisas em psicoterapia e suas dificuldades e avanços, ver Anthony Roth e Peter Fonagy, *What Works for Whom* (Nova York: The Guiford, 2005).

p. 321: *Sobre psicoterapia de casal há menos pesquisas de eficácia, mas as poucas que temos também indicam que ela funciona.* Na maioria dos países, o sistema de seguro saúde não aceita tratar de problemas matrimoniais, pois não se enquadram na categoria de "doença mental", portanto há menos interesse econômico na pesquisa de eficácia em terapia de casais. Também é bem mais complexo e caro fazer pesquisas na área, pois, além de incluir todos os fatores envolvidos na psicologia individual, adicionam-se dezenas de fatores específicos do funcionamento de casais.

p. 321: *E parte dos 30% que se separam acham que a terapia os ajudou a lidar melhor com o divórcio.* Estatísticas sobre eficácia de psicoterapia em geral não distinguem tipos de casal, tipos de problemas, o tempo que a relação já vem se deteriorando e tampouco cruzam esses dados com informações sobre as características do tratamento e dos psicoterapeutas. Em geral, o sucesso em terapia de casal é definido pela taxa de reconciliação e eventualmente pela qualidade da relação (medida por indicadores de questionários padronizados). Ver Neil S. Jacobson e Michael E. Addis, "Research on Couples and Couple Therapy What Do We Know? Where Are We Going?" (*Journal of Consulting and Clinical Psychology*, v. 61, n. 1, pp. 85-93, fev. 1993). A meu ver o sucesso seria mais bem contabilizado aferindo-se o quanto cada cônjuge conseguiu de conforto e convicção para tomar decisões (de se separar, incrementar a relação ou aprender a lidar com a relação como ela é).

p. 322: [...] *interliga suas características psicológicas pessoais à mentalidade de sua época e à sua situação de vida.* A interligação inerente entre a psique individual, a psicologia social e a contingência — esta última denominada por Freud de "situação atual" — já era discutida por ele desde os anos 1920. Freud sugere que nossos ideais pessoais (ideais de Eu) correspondem aos ideais da cultura que nos são transmitidos pelas pessoas que temos como modelo (pais, professores, ídolos, amigos etc.). Não seria possível pensar numa Equação do Casamento que não interligasse o indivíduo, seu contexto cultural e a sua atual situação pessoal. Todas as atuais abordagens que trabalham com modelos de construção social, representação social e visão sistêmica partem do mesmo pressuposto: de que psicologia individual e social são facetas indissociáveis. Ver Sigmund Freud, "À guisa de introdução ao narcisismo" [1914], "Psicologia de massas e a análise do Eu" [1921] e "O declínio do complexo de Édipo" [1924] (*Obras completas de Sigmund Freud*. Org. e trad. Paulo César de Souza. São Paulo: Companhia das Letras, 2010, v. 12, 15 e 16).

p. 324: *Muitos terapeutas criticam o direcionamento na terapia.* "Direcionamento" em terapia é também designado de "diretividade". A questão é muito debatida entre as psicoterapias denominadas "psicodinâmicas" (menos diretivas) e as ditas "terapias estruturadas" (mais diretivas). Se desconsiderarmos os extremos de cada lado (uma postura passiva ou prescritiva), ambos os grupos divergem na questão: o que favorece o autoconhecimento e a autoexperimentação, uma sessão mais livre ou mais estruturada? Na prática clínica internacional, o número de terapeutas ecléticos aumenta cada vez mais, empregando moderadamente ambas as estratégias. De acordo com o paciente e a problemática, alternam a intensidade de uma ou outra estratégia.

p. 328: *Os três relatam tipos de erros cognitivos e emocionais na tomada de decisões.* Ver Daniel Kahneman, *Rápido e devagar, duas formas de pensar* (Rio de Janeiro: Objetiva, 2011); Nassim Taleb, *Fooled by Randomness* (Nova York: Penguin, 2004); Leonard Mlodinov, *O andar do bêbado* (Rio de Janeiro: Zahar, 2009).

p. 329: *Por anos traduzi sua obra, e minha tese de doutorado foi sobre sua teoria das pulsões e afetos, a respeito da qual tenho um livro publicado.* Ver Luiz Hanns, *A teoria pulsional na clínica de Freud* (Rio de Janeiro: Imago, 1999). Ver também *Dicionário comentado do alemão de Freud* (Rio de Janeiro: Imago, 1996).

p. 329: *Tenho me dedicado durante anos à psicoterapia comparada.* Não existe formalmente uma disciplina de "psicoterapia comparada". Ocasionalmente, o termo é utilizado para estudos comparativos de eficácia, mas há poucos estudos que de fato se propõem a comparar as semelhanças e as diferenças entre a teoria e a prática clínica das diversas linhas. Sobre esse tema, ver, por exemplo, Donald H. Ford e Hugh B. Urban, *Contemporary Models of Psychotherapy: A Comparative Analysis* (Londres: John Wiley & Sons, 1998). Também há alguns modelos que se empenham em comparar os processos psicoterapêuticos, ou seja, como transcorre uma sessão e como transcorrem mudanças psíquicas em cada abordagem, ver Chong Suh, Stephanie S. O'Malley et al. "The Vanderbilt Psychotherapy Process Scale (VPPS)" (*Journal of Cognitive Psychotherapy*, v. 3, n. 2, pp. 123-154, cap. 32, 1989). Aos interessados em obter uma visão das semelhanças e diferenças entre abordagens, vale ler alguns dos bons manuais de psicoterapia geral, que apresentam diferentes abordagens de modo padronizado. Ver Windy Dryden, *Handbook of Individual Therapy* (San Francisco: Sage, 2007).

p. 330: *Há vários grupos no mundo iniciando-as.* Um dos primeiros trabalhos nesse sentido foi de John Dollart e Neil E. Miller, que tentaram fundir a teoria comportamental e a psicanálise. Ver *Personality and Psychotherapy: An Analysis in Terms of Learning, Thinking, and Culture* (Nova York: McGraw-Hill, 1950). Desde então, muitos vêm tentando integrar duas ou três terapias, e hoje muitas linhas consolidadas são fruto dessas integrações, como por exemplo, cognitiva-construtivista, comportamental-cognitiva, cognitiva-psicanalítica, interpessoal-psicanalítica, entre outras. Há também modelos integracionistas mais amplos que criam uma teoria geral integrando cinco ou mais linhas. Também nota-se um esforço internacional de décadas em busca dos assim denominados "fatores terapêuticos comuns" a todas as abordagens. A Sociedade para a Integração da Psicoterapia (Society for Psychotherapy Integration, Sepi) congrega inúmeros autores que se empenham em criar modelos mais abrangentes. Nos países anglo-saxãos, a maioria dos terapeutas se diz eclética e busca modelos integracionistas. Essa tendência também tem se incrementado na Europa. Na América Latina há uma tendência ainda muito forte em formar "partidos" mais "ortodoxos".

# Bibliografia

ASSOCIAÇÃO CANADENSE DE PSICOLOGIA. "Empirically Supported Treatments in Psychology: Recommendations for Canadian Professional Psychology". Disponível em: <http://www.cpa.ca/documents/empiric_p2.html>. Acesso em: 19 maio 2013.

BARASH, Susan. *The Nine Phases of Marriage*. Nova York: St. Martin's Griffin, 2012.

CAHN, Naomi. "Faithless Wives and Lazy Husbands: Gender Norms in Nineteenth Century Divorce Law, Naomi Cahn". *Law Review*, Universidade Illinois, p. 651, 2002.

CARROLL, Jason S.; DOHERTY, William J. "Evaluating the Effectiveness of Premarital Prevention Programs: A Meta-Analytic Review of Outcome Research". *Family Relations*, n. 52, pp. 105-18, 2003.

CHERLIN, Andrew. *Marriage, Divorce, Remarriage*. Cambridge: Harvard University Press, 1992.

CLAVREUL, Jean. *O desejo e a perversão*. Campinas: Papirus, 1991.

COONTZ, Stephanie. *Marriage: A History*. Nova York: Penguin, 2006.

CRITS-CHRISTOPH, Paul; GALLOP, Robert. "Therapist effects in the National Institute of Mental Health Treatment of Depression Collaborative Research Program and Other Psychotherapy Studiespages". *Psychotherapy Research*, v. 16, n. 2, pp. 178-81, 2006.

________ et al. "Meta-Analysis of Therapist Effects in Psychotherapy Outcome Studies". *Psychotherapy Research*, v. 1, n. 2, pp. 81-91, 1991.

CSIKSZENTMIHALYI, Mihaly. *Fluir*. Rio de Janeiro: Imago, 2002.

DEVITO, Joseph A. *The Interpersonal Communication Book*. 12. ed. Boston: Pearson, 2009.

DOR, Joël. *Estrutura e perversões*. Porto Alegre: Artes Médicas, 1991.

DRYDEN, Windy. *Handbook of Individual Therapy*. San Francisco: Sage, 2007.

ELKIN, Irene E. "A Major Dilemma in Psychotherapy Outcome Research: Disentangling Therapists from Therapies". *Clinical Psychology: Science and Practice*, n. 6, pp. 10-32, 1999.

ENCICLOPÉDIA STANDFORD DE FILOSOFIA. "Underdetermination of Scientific Theory". Disponível em: <http://plato.stanford.edu/entries/scientific-underdetermination>. Acesso em: 19 maio 2013.

FERRY, Jean Luc. *Famílias, amo vocês*. Rio de Janeiro: Objetiva, 2007.

FORD, Donald H.; URBAN, Hugh B. *Contemporary Models of Psychotherapy: A Comparative Analysis*. 2. ed. Londres: John Wiley & Sons, 1998.

FREUD, Sigmund. "À guisa de introdução ao narcisismo" [1914]. In: *Obras completas de Sigmund Freud*. Org. e trad. Paulo César de Souza. São Paulo: Companhia das Letras, 2010, v. 12.

________. "Bate-se numa criança" [1919]. In: *Obras completas de Sigmund Freud*. Org. e trad. Paulo César de Souza. São Paulo: Companhia das Letras, 2010, v. 14.

________. "Mal-estar na civilização" [1930]. In: *Obras completas de Sigmund Freud*. Org. e trad. Paulo César de Souza. São Paulo: Companhia das Letras, 2010, v. 18.

________. "Novas conferências introdutórias à psicanalise" [1932]. In: *Obras completas de Sigmund Freud*. Org. e trad. Paulo César de Souza. São Paulo: Companhia das Letras, 2010, v. 18.

________. "O declínio do complexo de Édipo" [1924]. In: *Obras completas de Sigmund Freud*. Org. e trad. Paulo César de Souza. São Paulo: Companhia das Letras, 2010, v. 16.

________. "Observações sobre o amor de transferência" [1915]. In: *Obras completas de Sigmund Freud*. Org. e trad. Paulo César de Souza. São Paulo: Companhia das Letras, 2010, v. 12.

________. "Psicologia de massas e a análise do Eu" [1921]. In: *Obras completas de Sigmund Freud*. Org. e trad. Paulo César de Souza. São Paulo: Companhia das Letras, 2010, v. 15.

________. "Fetichismo" [1927]. In: *Sigmund Freud*. Ed. standard brasileira das obras psicológicas completas de Sigmund Freud. Org. Jayme Salomão. Rio de Janeiro: Imago, 1969, v. XXI.

________. "Três ensaios sobre a sexualidade" [1905]. In: *Sigmund Freud*. Org. Jayme Salomão. Rio de Janeiro: Imago, 1969, v. VII.

GOTTMANN, John. *The Seven Principles for Making Marriage Work*. Nova York: Three Rivers, 1999.

GREEN, Francis. "Why Has Work Effort Become More Intense?". *Industrial Relations: A Journal of Economy and Society*, v. 43, n. 4, pp. 709-41, out. 2004.

GURMAN, Alan. *Clinical Handbook of Couple Therapy*. 3. ed. Nova York: The Guilford, 2002.

HANNS, Luiz. *A teoria pulsional na clínica de Freud*. Rio de Janeiro: Imago, 1999.

________. *Dicionário comentado do alemão de Freud*. Rio de Janeiro: Imago, 1996.

HARRAR, Sari; DEMARIA, Rita M. *The 7 Stages of Marriage*. Nova York: Readers Digest, 2006.

HAVLICEK, Jan; ROBERTS, S. Craig. "HLA-Correlated Mate Choice in Humans: A Review". *Psychoneuroendocrinology*, v. 34, n. 4, pp. 497-512, maio 2009.

HILL, Jonathan; EVANS, Samuel. "Effects of Cohabitation Length on Personal and Relational Wellbeing". *API Study*, Alabama Policy Institute, pp. 1-13, 2006.

HOLLON, Steven D. "Defining Empirically Supported Therapies". *Journal of Consulting and Clinical Psychology*, Washington, D. C., v. 66, n. 1, pp. 7-18, fev. 1998.

IYENGAR, Sheena. *The Art of Choosing*. Nova York: Twelve Hachette, 2010.

JACOBSON, Neil S.; ADDIS, Michael E. "Research on Couples and Couple Therapy What Do We Know? Where Are We Going?". *Journal of Consulting and Clinical Psychology*, v. 61, n. 1, pp. 85-93, fev. 1993.

JOHNSON, Sue. *Hold Me Tight*. Nova York: Little Brown, 2008.

KAHNEMAN, Daniel. *Rápido e devagar, duas formas de pensar*. Rio de Janeiro: Objetiva, 2011.

KIMMEL, Jean. *How Do We Spend Our Time? Evidence from the American Time Use Survey*. Michigan: W. E. Upjohn Institute for Employment Research Kalamazoo, 2008.

LACAN, Jacques. "Kant com Sade". In: *Escritos*. Rio de Janeiro: Zahar, 1998.
LAKATOS, Imre. "Criticism and the Growth of Knowledge". *Proceedings of the International Colloquium in the Philosophy of Science*, Londres, v. 4, pp. 91-196, 1965.
LARSON, Jeffry. *The Great Marriage Tune-Up Book*. Denver: Jossey-Bass, 2003.
________. *Should We Stay Together?* Denver: Jossey-Bass, 2000.
LAZARUS, Richard. *Emotion and Adaption*. Londres: Oxford University Press, 1993.
LECLAIRE, Serge; MINOR, Nata. *On tue un Enfant*. Paris: Seuil, 1981.
MACFARLANE, Alan. *Marriage and Love in England*. San Francisco: Blackwell, 1986. [Ed. Bras.: *História do casamento e do amor*. Trad. Paulo Neves. São Paulo: Companhia das Letras, 1990.]
MCMAHON, Darrin. *Felicidade: Uma história*. Rio de Janeiro: Globo, 2007.
MILLER, Neil E.; DOLLARD, John. *Personality and Psychotherapy: An Analysis in Terms of Learning, Thinking, and Culture*. Nova York: McGraw-Hill, 1950.
MLODINOV, Leonard. *O andar do bêbado*. Rio de Janeiro: Zahar, 2009.
OLSON, David H.; OLSON, Amy. K. *Empowering Couples: Building on Your Strengths*. Minneapolis, MN: Life Innovations, 2000.
POPENOE, David; WHITEHEAD, Barbara D. *The State of Our Unions*. New Brunswick, NJ: National Marriage Project, Rutgers University, 2005.
RESNIKOFF, Robert. "Couples Therapy and Psychopharmacology". *Psychiatric Times*, n. 19, 2002.
ROSENBERG, Marshall, *Non Violent Communication*. Del Mar: Puddlerdancer, 1999.
ROTH, Anthony; FONAGY, Peter. *What Works for Whom*. Nova York: The Guiford, 2005.
SELIGMANN, Martin; WALKER, Elaine; ROSENHAM, David. *Abnormal Psychology*. Nova York: Norton, 2000, pp. 200-48.
SERVAN-SCHREIBER, David. *Curar: O estresse, a depressão, a ansiedade*. São Paulo: Sá, 2004.
SINGH, D.; BRONSTAD, P. "Female Body Odour is a Potential Cue to Ovulation". *Proceedings: Biological Sciences*, v. 268, n. 1469, pp. 797-801, 22 abr. 2001.
SMITH, David. "Clashing Couples to Get a Spray of Love". *Sydney Morning Herald*, 26 maio 2007.

SPEHR, Mark et al. "Essential Role of the Main Olfactory System in Social Recognition of Major Histocompatibility Complex Peptide Ligands". *Journal of Neuroscience*, v. 26, n. 7, 15 fev. 2006.

STANLEY, Scott M.; AMATO, Paul R.; et al. "Premarital Education, Marital Quality, and Marital Stability: Findings from a Large, Random Household Survey". *Journal of Family Psychology*, v. 20, n. 1, pp. 117-26, 2006.

STONE, Lawrence. *The Family, Sex and Marriage in England, 1500-1800*. Nova York: Harper Perennial, 1983.

SUH, Chong S.; O'MALLEY, Stephanie S.; STRUPP, Hans H.; JOHNSON, Marianne E. "The Vanderbilt Psychotherapy Process Scale (VPPS)". *Journal of Cognitive Psychotherapy*, v. 3, n. 2, pp. 123-154, cap. 32, 1989.

TALEB, Nassim. *Fooled by Randomness*. Nova York: Penguin, 2004.

THORNHILL, Randy et al. "Major Histocompatibility Complex Genes, Symmetry, and Body Scent Attractiveness in Men And Women". *Behavioral Ecology*, v. 14, pp. 668-78, 2004.

WALL, Anastasia de. "Average Age for Women to Marry Hits 30 for First Time". Disponível em: <http://www.telegraph.co.uk/news/8415852/Average-age-for-women-to-marry-hits-30-for-first-time.html>. Acesso em: 19 maio 2013.

WALSH, Froma. *Strengthening Family Resilience*. Nova York: The Guilford, 1998.

WEDEKIND, Claus; SEEBECK, Thomas; BETTENS, Florence; PAEPKE, Alexander J. "MHC-Dependent Mate Preferences in Humans". *Proceedings: Biological Sciences*, v. 260, n. 1359, pp. 245-9, 22 jun. 1995.

WHITE, Judith B.; LANGER, Ellen J.; YARIV, Leeat; WELCH, John C. "Frequent Social Comparisons and Destructive Emotions and Behaviors: The Dark Side of Social Comparison". *IV Journal of Adult Development*, v. 13, n. 1, p. 4, mar. 2006.

WIKIPEDIA. <http://en.wikipedia.org/wiki/Age_at_first_marriage>. Acesso em: 19 maio 2013.

XU, Xiaohe; HUDSPETH, Clark D.; BARTKOWSK, John P. "The Role of Cohabitation in Remarriage". *Journal of Marriage and Family*, v. 68, n. 2, 2006, pp. 261-74.

TIPOLOGIA Adriane por Marconi Lima e Avevir
DIAGRAMAÇÃO Mateus Valadares
PAPEL Pólen Natural, Suzano S.A.
IMPRESSÃO Gráfica Bartira, março de 2023

A marca FSC® é a garantia de que a madeira utilizada na fabricação do papel deste livro provém de florestas que foram gerenciadas de maneira ambientalmente correta, socialmente justa e economicamente viável, além de outras fontes de origem controlada.